William Stevenson
90 Minuten in Entebbe

William Stevenson
in Zusammenarbeit
mit Uri Dan

90 Minuten in Entebbe

Ullstein

Verlag Ullstein GmbH · Frankfurt/M.
Berlin – Wien
Titel der amerikanischen
Originalausgabe: 90 Minutes at Entebbe
Übersetzt von Gudrun Schlichting und
Anne Uhde

Printed in Germany 1976
Gesamtherstellung: Mohndruck
Reinhard Mohn OHG, Gütersloh

CIP-Kurztitelaufnahme
der Deutschen Bibliothek
Stevenson, William
Neunzig Minuten in Entebbe
– in Zusammenarbeit mit Uri Dan –
Frankfurt/M., Berlin, Wien:
Ullstein, 1976.
Einheitssacht.: Ninty minutes at
Entebbe; [dt.]
ISBN 3-550-07348-8

Dem Andenken von
Yerucham Amitai

Inhalt

Einführung

Am Sonntag, dem 4. Juli 1976, gelang es einem israelischen Kommando-Unternehmen, mitten aus dem Herzen Afrikas mehr als hundert Geiseln herauszuholen, die ein schwarzer Diktator dort festgehalten hatte. Das Unternehmen Thunderbolt stürzte sich – nach einem Flug von 2500 Meilen – mit Luftlandetruppen in eine spektakuläre 90-Minuten-Schlacht gegen den internationalen Terrorismus.

Amerika begann in diesen Stunden gerade mit den Feiern zum 200. Jahrestag seiner Unabhängigkeit. Die Meldung kam zuerst über das starke elektronische Ohr des Sicherheitsdienstes. Man hatte kurze Radiogespräche von Israelis aufgefangen, die in Uganda kämpften, einer der letzten unabhängig gewordenen britischen Kolonien.

Die Meldungen in hebräischer Sprache gingen hin und her zwischen Army-Jeeps, Infanterieträgern, vier riesigen Herkules-Maschinen, zwei Boeing 707 und einem schwarzen Mercedes, der scheinbar, nicht aber in Wirklichkeit, dem Präsidenten Idi Amin Dada – zuweilen mit bitterem Humor Big Daddy genannt – gehörte. In einer der Boeings saßen der Chef der israelischen Air Force und ein komplettes Angriffskommando. Sie flogen 5 Meilen hoch.

Dies alles war in Washington nicht gleich verständlich. Uganda muß den Dolmetschern im Sicherheitsdienst so entfernt vorgekommen sein wie eine Mondlandschaft, besonders da das Land vor allem wegen seiner berühmten Mondberge bekannt ist und weniger wegen seiner Rolle in der Weltpolitik. Aber die Berichte, die man Außenminister Kissinger vorlegte, waren klar und deutlich. Er hatte vor wenigen Minuten die Nachricht erhalten, daß israelische Langstreckenflugzeuge mit etwa fünfhundert Soldaten plus Flugpersonal am Roten Meer entlangflogen, vorbei an russischen Radarwächtern und feindlichen arabischen Staaten, und daß sie über Ostafrika entlang dem Rift Valley nach Entebbe vorstießen.

Israel hatte bis zur letzten Minute gewartet, bevor es die Vereinigten Staaten von dem kaum glaublichen militärischen Schritt unterrichtete. Eine kleine Gruppe von Männern in Jerusalem nahm allein die Verantwortung auf sich. Eine Woche lang hatten sie sich mit einer Krise herumgeschlagen, bei der ihnen andere Staaten hätten zu Hilfe kommen sollen und es nicht taten: eine Krise, für die es keine fertigen Antworten, keinen Präzedenzfall und keine perfekte Lösung gab. Israels Botschafter informierten Henry Kissinger und andere Außenminister, damit eine überstürzte militärische Reaktion vermieden wurde. Sie meldeten das Unternehmen, nachdem von Jerusalem aus eine einzige chiffrierte Meldung an die Hauptstädte der Welt gegeben worden war, und zwar so spät, daß keine Regierung mehr Zeit zu einem Protest oder zu Gegenmaßnahmen hatte.

Die Krise, der Israel ganz allein gegenüberstand, rief bittere Erinnerungen an andere Tragödien hervor, bei denen Israel seinem Schicksal überlassen geblieben war. Bei der Rekonstruktion der Vorfälle, die zu jenen neunzig Minuten in Entebbe führten, hörte ich von den Israelis keinerlei Berichte über die Jahre der Ausrottung, über Pogrome und Inquisitionen. Keiner der Soldaten, Flieger, Politiker und Staatsmänner zog irgendeinen Vergleich. Die Tatsachen sprachen für sich selbst. Als ich zum Beispiel mit Premierminister Yitzhak Rabin in seinem Jerusalemer Arbeitszimmer zusammen saß, war keine Spur von Selbstmitleid in seinem Bericht über die vergangenen schrecklichen Tage des Bangens hörbar. Es gab keine Vorwürfe. Als der Verteidigungsminister Shimon Peres erzählte, wie verzweifelt man sich um internationale Hilfe bemüht hatte, da wurde niemand verurteilt. Als der Chef des Stabes, General Mordechai Gur, plötzlich erschöpft den Kopf in den Armen vergrub, da war das nichts als die Geste eines Mannes, der seiner Erleichterung darüber Ausdruck gab, daß es für die Juden einen nie versagenden Beschützer gibt: den Staat Israel.

Und darum ging es bei dem Unternehmen Thunderbolt. Israel hat für diese Aktion den stärksten aller Gründe: Ohne Israel wären die Geiseln in Entebbe umgekommen oder wären zu Schachfiguren in einem neuen Guerillakrieg geworden, der Humanitas nicht kennt. Die Geiseln waren Juden, und keine Regierung der Welt fühlte sich bemüßigt, sie durch eine militärische Aktion zu retten.

Das Unternehmen Thunderbolt stellt eine Wende dar in der Reaktion der freien Welt auf die neue Technik des Terrors. Seit Jahren haben wir uns an Anarchie und Erpressung gewöhnen müssen; und die Entführung einer Air-France-Maschine auf dem Wege von Athen nach Paris sah fast aus wie Routine. Der Flug Nr. 139 begann in Tel Aviv am Morgen des 27. Juni, einem Sonntag. Zu dieser Zeit gingen die Männer, die die folgende Woche in nervenzerrüttenden Überlegungen schlaflos verbringen sollten, noch wie an jedem Tage ihren Geschäften nach. Soldaten mit zivilen Beschäftigungen waren darunter, Piloten, die an der Universität studierten, Politiker mit einer Neigung für Philosophie oder Archäologie. Ich kenne einen Mann, der in Entebbe einen der härtesten Terroristen erschoß: Er unterhielt sich an diesem Sonntag über Bildhauerkunst mit einem Schulkameraden in der Künstlerkolonie von Safed.

Flug Nr. 139 verschwand eine Weile von den Karten und aus den Köpfen der meisten Zeitungsleser, sofern sie nicht Angehörige an Bord hatten; ausgenommen die Israelis, die ihr Recht zum Leben von neuem bedroht spürten. Und doch war Flug Nr. 139 auch für alle jene von Bedeutung, die keine Juden sind, aber die gleichen ethischen Werte haben.

Für die Geschichte dieses Fluges gab es viele verschiedene Aspekte. Die Terroristen, die die Maschine entführten, taten das nach einem sorgfältig ausgeklügelten Plan. Unterstützt wurden sie vom Präsidenten der Republik Uganda: der erste Präsident einer modernen Nation, der sich zum Sprecher und Beschützer von Piraten und politischen Erpressern machte. Sie wurden ferner unterstützt von einer internationalen Terroristenorganisation mit dem Hauptquartier im Nachbarland Somalia, dem strategischen Verbündeten der Sowjetunion. Dem Nachbarn Kenia wurde praktisch der Krieg erklärt, weil er sich entschlossen gegen alle Einflüsse aus dem Sowjetblock und China zur Wehr setzte.

Anführer der Terroristen waren zwei Deutsche, ein Mann und eine Frau, die sich nach Aussage einer der Geiseln (die selbst die tätowierte Nummer eines Konzentrationslagers trug) wie Nazis verhielten. Immer wieder sprach man vom Schakal, einem Mörder mit weltweiten Beziehungen. Der Schakal ist keine Romanfigur, er ist ein Techniker des Todes, den die Revolutionäre aus akademischem oder ähnlichem Milieu für ihre Zwecke einspannen. So wurden zum Beispiel ihre Verhandlungen mit dem Staate Israel mit der ganzen Arroganz von Männern und Frauen geführt, die mächtige Leute hinter sich wissen. Einer ihrer Helfer war Libyen, wo der Flug Nr. 139 zuerst zum Auftanken unterbrochen wurde. Libyen hat einen Teil seiner enormen Einnahmen aus Öl für Guerilla-Gruppen verwendet: 50 Mill. Dollar für Revolutionäre im Libanon, 100 Mill. Dollar für den Schwarzen September, den Terroristenflügel der Al Fatah, und weitere Millionen für andere Mörder und Brandstifter, wie etwa die »Todesengel« in Eritrea. Die Namen bedeuten den meisten von uns gar nichts – bis es zu spät ist. Sie waren auch bedeutungslos für die Passagiere des Fluges Nr. 139, die gegen gefangene Terroristen ausgetauscht werden sollten – was heute so üblich geworden ist, daß wir es als normal betrachten.

In Israel gilt der Austausch von Unschuldigen gegen Kriminelle auch heute noch als nicht moralisch zu rechtfertigen. Die Passagiere des gekaperten Flugzeugs müßten behandelt werden wie »Soldaten an der Front«, sagten mir die Experten der Antiterroristen schweren Herzens. Sie wogen eine Anzahl Menschenleben ab gegen das Geschick einer Nation und eines Volkes. Wer Israel kennt, weiß, wie schwer der Verlust auch nur eines einzigen Menschenlebens in den Jahren immerwährender Kriege zählt. Nur: Israel kennt besser als wir andern die Dimension und die fürchterliche Zukunft, die der internationale Terrorismus mit sich bringt.

Der Kampf um das Leben der Fluggäste war daher ein Kampf gegen die Tücke und erbarmungslose Findigkeit der Leute, die hinter dem Schakal und ähnlichen einfallsreichen Killern stehen. Sie wissen, wie man die Demokratien in die Knie zwingt, und ihre Niederlage in Entebbe war – wenngleich eindrucksvoll – nur ein Zwischenspiel. Das Unternehmen Thunderbolt hat bewiesen, daß es noch Männer und Frauen gibt, die den Mut zum Zurückschlagen haben, und die Reaktion in der Öffentlichkeit zeigte, daß die Allgemeinheit viel dringender als die Regierungen den Wunsch hat, Maßnahmen gegen die neue Gefahr zu ergreifen. Der Triumph in Entebbe resultierte – und das läßt für die Zukunft hoffen – aus der Zusammenarbeit von Einzelnen in vielen anderen Teilen von Afrika und der westlichen Welt. Und vielleicht kommt es darauf überhaupt an. Während Staatsmänner nichts unternahmen und Regierungen sich abwandten, erhielt Israel vielerlei Hilfe auf ungewöhnliche Art und Weise. »Der Mut der Männer, die in Entebbe kämpften«, sagte ein hoher israelischer Offizier, »war nicht größer als die Kühnheit und Hingabe unserer Nachrichtenexperten und ihrer Freunde an vielen anderen Stellen.«

William Stevenson,
New York City, Juli 1976

Wo ist Flug Nr. 139?

Die junge Frau, die am Sonntag, dem 27. Juni 1976, früh um 6.17 Uhr in die Transithalle des Athener Flughafengebäudes trat, trug einen dunkelblauen Rock, eine hellblaue Bluse und flache Schuhe. Sie hatte leicht gerötete Augen und mehrere Aknenarben im Gesicht. Sie sah aus wie Ende zwanzig. Ruhig stand sie neben einem unauffällig gekleideten jungen Mann, der zusammen mit ihr auf dem Flug Nr. 763 der Singapore Airlines aus Bahrein gekommen war. Auf den Flugscheinen waren sie als Mrs. Ortega und Mr. Garcia angegeben.

Zwei junge Männer mit arabischen Pässen waren mit derselben Maschine angekommen, hielten sich jedoch in einiger Entfernung. Sie waren ebenfalls gebucht für den Flug Nr. 139 der Air-France-Maschine von Tel Aviv nach Paris, die um Mittag in Athen ankommen sollte. Nach den Tickets hießen sie Fahim al-Satti und Hosni Albou Waiki.

Die Sicherheitsvorkehrungen in Athen waren lax, und ein plötzlicher Streik des Bodenpersonals führte dazu, daß die Flughafenpolizisten auch die elementarsten Untersuchungen außer acht ließen. Der Zeitpunkt des Streiks sollte sich später noch als bedeutungsvoll erweisen, und ebenso die Beobachtung des einzigen Wächters, der an diesem Morgen auf dem Athener Flughafen nicht geschlafen zu haben scheint. Seine eingehenden Beschreibungen der beiden seltsamen Paare deuteten später darauf hin, daß es sich bei der Frau um Gabriele Kröcher-Tiedemann handelte, die 24jährige Terroristin, die in Wien im Dezember 1975 an dem Überfall auf die OPEC beteiligt und überdies die Freundin eines anderen Deutschen war, der kürzlich bei der Explosion seines Koffers im Flughafen von Tel Aviv ums Leben kam. Gabriele Kröcher-Tiedemann hatte mit Carlos, dem Schakal, zusammengelebt, dem berüchtigsten und in der ganzen Welt gesuchten Terroristen. Ihr Begleiter an diesem Tage war ein Mitglied der Baader-Meinhof-Bande.

Einer der Araber sollte als einer der Gründer und Planer der terroristischen Volksfront für die Befreiung Palästinas (PFLP) identifiziert werden.

Die vier Reisenden traten den Flug Nr. 139 an, ohne Leibesvisitation und

ohne Gepäckkontrolle. Nach dem Betreten der Maschine trennten sie sich. Einer der Araber saß in der Nähe von Moshe Peretz, einem 26jährigen Medizinstudenten aus Israel. Er war ein gewissenhafter junger Mann und hatte angefangen, auf der Rückseite seines Flugscheins ein paar tagebuchartige Notizen zu kritzeln. Im Laufe der nächsten Stunden und Tage, als das Kritzeln nicht mehr ungefährlich war, änderte sich das Geschriebene. Zuerst war es nur ein Bericht, halb aus Spaß, den er vielleicht aufbewahren wollte, und aus dem am Ende hastige hebräische Satzfetzen wurden, hingeworfen auf die für Luftkranke vorgesehenen Papierbeutel, auf Zettel und Papierservietten: Eintragungen, die genau eine Woche und drei Stunden später dort verstummten, wo sie angefangen hatten, in Tel Aviv.
Tagebuch des Medizinstudenten Moshe Peretz, Flug Nr. 139. Sonntag, 27. Juni:

12.10 Uhr. Ein paar Minuten nach dem Start höre ich plötzlich einen lauten Schrei. Zuerst dachte ich, jemand sei ohnmächtig geworden. Zwei Leute stürzen nach vorn: ein junger Mann, langhaarig, mit rotem Hemd, grauer Hose und beigem Pullover, und einer mit dichtem Schnurrbart, langen Hosen und gelbem Hemd. Sie laufen auf das Erste-Klasse-Abteil zu.

12.12 Uhr. Erschreckte und hysterische Stewardessen kommen aus dem Erste-Klasse-Abteil. Zitternd versuchen sie, die Passagiere, die unruhig werden, zu beschwichtigen. Nach einer Minute hören wir die aufgeregte Stimme einer Frau durch den Lautsprecher. Sie spricht Englisch mit fremdem Akzent und teilt uns mit, die Maschine stehe unter der Kontrolle der »Che-Guevara-Gruppe« und der »Gaza-Einheit« der PFLP. Das mit der Che-Guevara-Gruppe macht mir Angst, weil ich glaube, die würden nicht zögern, die Maschine in die Luft zu jagen. Die hysterische Stimme im Lautsprecher sagt, alle Passagiere sollen die Hände hochheben und sich nicht rühren. Am Eingang zur Ersten Klasse stehen zwei Terroristen mit gezogenen Revolvern und Handgranaten ohne Sicherheitsstift. Sie machen sich daran, alle Passagiere genau zu durchsuchen. Einer nach dem andern wird aufgerufen, eine gründliche körperliche Untersuchung folgt, die später etwas oberflächlicher wird. Wer eine Waffe besitzt, soll sie sofort abgeben. Einige geben Messer und Gabeln ab. Ich werde auch durchsucht, nicht sehr gründlich. Das alles dauert bis fast 15 Uhr.

15.00 Uhr. Keine Ahnung, wohin wir fliegen. Auf einmal sehen wir durch die Fenster eine Küste, ausgedörrte Bodenflächen und eine schmale Landepiste. Benghasi, so nehmen wir an. Die Maschine umkreist den

Flugplatz zehnmal, bevor wir landen. Dann gibt der Anführer der Terroristen, der Mann in dem roten Hemd, bekannt, daß wir tatsächlich in Benghasi gelandet sind. Der neue Flugkapitän ist ab jetzt Bazin el Nubazi, Führer der »Gaza«. Er sagt, das Flugzeug wird nur auf Meldungen eingehen, die mit »Haifa« adressiert sind. Zwei Stunden warten wir. Inzwischen stellen sie eine runde Dose, aus der eine Zündschnur hervorragt, an den linken Ausgang und eine viereckige Dose nach rechts. Der Mann im gelben Hemd sagt, die Türen seien mit Sprengstoff versehen, damit sie nicht geöffnet werden. (Um die Wahrheit zu sagen: Die Dosen sehen nicht sehr furchterregend aus.)

17.00 Uhr. Eine der Mitreisenden, die sich schlecht fühlt, darf das Flugzeug verlassen.

17.15. Uhr. Die Terroristen sammeln die Pässe ein und stecken sie in einen Nylonbeutel. Ich händige ihnen meinen Paß, meinen Militärausweis, meinen Führerschein aus – sämtliche Papiere, die ich bei mir habe. Wer nicht alle Papiere abgibt, muß mit strenger Bestrafung rechnen. Sie sprechen Englisch, eine der Stewardessen übersetzt ins Französische. Die Atmosphäre im Flugzeug ist ruhig.

18.00 Uhr. Eine Mitreisende wird ohnmächtig, ein Arzt gibt ihr erste Hilfe. Wir sitzen immer noch da und schauen aus den Fenstern. Eine öde Landschaft, vier gelangweilte Soldaten sitzen auf der Piste, ein paar Feuerwehrwagen stehen herum.

19.15 Uhr. Kaltes Abendbrot, nicht schlecht. Die Stewards bringen uns Saftdosen mit arabischer Aufschrift. Ich habe inzwischen einen blonden Terroristen und auch die Deutsche gesehen. Sie gehört zu den Leuten, die alles schnell erledigen. Wer zur Toilette will, hebt einen Finger und sie befiehlt zu gehen. Als einmal zwei Passagiere gleichzeitig aufstehen, schreit sie tierisch los.

19.25 Uhr. Der Flugkapitän (der Deutsche) verkündet, daß er den Vorfall und die Mißhelligkeiten bedaure. Man werde so bald wie möglich starten.

21.35 Uhr. Endlich fliegen wir wieder, kaum zu glauben nach sechseinhalb Stunden Aufenthalt. Die Behandlung ist nicht schlecht. Aber wohin fliegen wir? Nach Damaskus? Bagdad? Beirut? Tel Aviv? Oder nach Paris? Die Passagiere veranstalten ein Ratespiel über den Bestimmungsort. Wir sprechen frei miteinander; die Unbekannten sind jetzt der Zielort und die Forderung der Entführer.

23.00 Uhr. Nach kurzem Schlaf bin ich aufgewacht. Sehr kalt. Ich decke mich mit israelischen Zeitungen zu.

Vom Flug Nr. 139 hörte man schon bald nach dem Start in Athen nichts mehr. Der Ausfall des Radiokontaktes regte die griechische Flugsicherung nicht weiter auf; doch in Israel setzte jetzt eine Woche geradezu stürmischer Operationen ein. Es war die Woche vom Sonntag, 27. Juni, bis Sonntag, 4. Juli 1976, eine Woche, die in den Akten des israelischen Sicherheitsdienstes mit der Überschrift »Thunderbolt« und dem Vermerk »Top secret« erscheint.

Das plötzliche Verschwinden des Flugzeugs wurde von einer Spezialeinheit des Sicherheitsdienstes vermerkt, für die es, soviel man weiß, keine Parallele gibt. Ihr obliegt die Luftkontrolle der Welt durch starke elektronische und andere Geräte. Sie wacht über die Fluggäste aus einzigartigen Gründen: Damit Israel nicht isoliert und dadurch vernichtet werden kann. Dazu gehört der Schutz der Reisenden aus und nach Israel ebenso wie das Aufspüren von Killern, die Israel in ein Ghetto verwandeln wollen, um es dann zu belagern und auszuhöhlen, damit es von der Umwelt getrennt und nach Belieben vernichtet werden kann.

Die erste Meldung lautete: »Flug Nr. 139 mit vielen Israelis an Bord ist entweder abgestürzt oder entführt worden. Die Maschine ist ein Airbus der Air France, der heute morgen kurz vor 9 Uhr vom Ben-Gurion-Flughafen in Tel Aviv startete.« Die Meldung erreichte das israelische Kabinett, als die routinemäßige Sonntagssitzung halb beendet war. Gad Yaakobi, ein 41jähriger Wirtschaftswissenschaftler und Minister für das Transportwesen, gab sie an Yitzhak Rabin weiter. Es war 13.30 Uhr. Erst vor wenigen Minuten hatte der Kontakt mit der Maschine, die in Athen aufgetankt hatte, ausgesetzt.

Premierminister Rabin, ein pensionierter General und früher Chef des militärischen Stabes, sagte zu Yaakobi, der als Soldat und dann als Leutnant gedient hatte: »Wenn sie entführt ist, übernehmen Sie die Informationen.«

Gad Yaakobi begriff sofort, in welcher Beziehung er jetzt in der Feuerlinie stand. Der Leutnant wußte, was ein hohes Amt bedeutete.

Weitere Informationen kamen herein. An Lunch dachte niemand. »Der Airbus ist hier gestartet mit 245 Passagieren und 12 Mann Besatzung«, berichteten die Sicherheitsbeamten des Ben-Gurion-Flughafens, die schon dabei waren, ihre Kartei durchzusehen. »Wir nehmen an, 83 Israelis, aber es können mehr sein, weil einige noch die Staatsangehörigkeit anderer Länder besitzen. Eine unbekannte Anzahl Araber ist vermutlich in Athen zugestiegen aus der aus Singapore gelandeten Maschine, die kurz vor dem Airbus ankam.«

Um 15.30 Uhr wurde ein Krisenstab gebildet: zwei Stunden nach der ersten Meldung des Sicherheitsdienstes und 15 Minuten, bevor die Kabinettssitzung abgebrochen wurde. Zum Krisenstab gehörten der Premierminister und fünf Mitglieder seines Kabinetts, ferner Motta Gur, Stabschef und bekannter General der Fallschirmtruppen, der durch schnelle und unerwartete Aktionen berühmt geworden war.

Jeder im Krisenstab wurde durch Spezialisten unterstützt: Experten im neuen internationalen Netzwerk von Terroristen, deren Angriffe auf Israel ideologisch dieselbe Bedeutung hatten wie die Bombenanschläge in Irland; Experten in der Anti-Überfall-Taktik, Experten auf militärischem, politischem und diplomatischem Gebiet. Schnell und reibungslos nahmen sie die Zusammenarbeit auf. Solche Fälle waren schon früher passiert, wenn auch wohl nicht in dieser Größenordnung. Noch wußte niemand, ob die Maschine ein Totalverlust war oder ob sie sich in der Hand von Terroristen befand, die einen dramatischen Massenmord vorhatten. Vielleicht war sie auch in der Gewalt einer neuen Art gut trainierter Entführer, die sich mit Flugzeugoperationen und politischer Erpressung auskannten.

»Ich fürchte das letztere«, sagte Rabin zu Dr. Yehezkel Dror, dem wissenschaftlichen Berater des Verteidigungsministeriums. »Sehen wir doch den Tatsachen ins Auge. Noch nie haben unsere Feinde einen solchen Beutezug gemacht – rund hundert Juden, die vielleicht in der ganzen Welt einflußreiche Verwandte und Freunde haben. Und jeder von ihnen wird unter Druck weich werden.«

Dror war der Verfasser einer Studie mit dem Titel: »Wie man mit einem Terrorismus fertig wird, der sich mit Wahnsinns-Regimes verbindet.« Er ahnte nicht, wie prophetisch seine Arbeit gewesen war. Auch Verteidigungsminister Shimon Peres konnte nicht wissen, daß seine in der heutigen Kabinettssitzung vorgebrachten Argumente einen Schatten über die kommenden Ereignisse werfen sollten. Er war damit den Einwänden gegen den ›Westwind‹ entgegengetreten, ein Jet-Flugzeug, das von Israelis gebaut und von israelischen Steuergeldern bezahlt worden war. Die Maschine, sagte Peres, sei eine Investition in die zukünftige Flugzeugindustrie des Landes. Ironisch fügte er hinzu: »Sogar Präsident Idi Amin in Uganda hat sich gegen die besten Maschinen der Welt für den ›Westwind‹ entschieden.«

Daß der Diktator in Uganda einen von Israel gebauten Jet besaß, war an diesem Sonntag nichts als ein schlechter Scherz. Soviel man wußte, befand sich der gekaperte Airbus noch in der Luft, nur flog er in südlicher Richtung anstatt in Richtung auf seinen vorgesehen Zielort Paris.

Paris ächzte unter der schlimmsten Hitzewelle seit hundert Jahren. Wer konnte, flüchtete aus der Stadt. Präsident Valéry Giscard d'Estaing flog gerade nach Puerto Rico zur Gipfelkonferenz mit Präsident Ford, zusammen mit mehreren wichtigen Ministern. Wer etwa am Flughafen Charles de Gaulle auf die Maschine mit der Flugnummer 139 wartete, sah nur, daß neben der vorgesehenen Landezeit von 13.35 Uhr (14.35 Pariser Zeit) das einzige Wort »Verspätet« stand. »Attention!« kam die Stimme einer Bodenhosteß durch den Lärm. »Attention, s'il vous plaît.« Wenige der schwitzenden Verwandten und Freunde hörten oder verstanden die kurze Ankündigung. »Air France bedauert die Verspätung des Flugs Nr. 139. Die Wartenden werden gebeten, sich ins Büro der Air France zu begeben.«

Genau zu der Zeit, als der Airbus in Paris ankommen sollte, erhielt die Maschine Landeerlaubnis in Benghasi. Die Fluggäste wurden von Angst gepackt.

In Israel fiel die Abenddämmerung, als der Krisenstab mit der Nachtsitzung begann. Einige Fakten hatte man inzwischen erfahren. Die Entführer hatten sich auf Libyen als den ersten Schachzug in einem komplizierten Spiel eingestellt. Sie waren Experten in diesem Krieg gegen Israel, den die PFLP unter Leitung von Dr. Wadi Hadad führte.

Hadad war der Leiter einer internationalen Gruppe von Fanatikern, die mit den Waffen des Terrors ausgerüstet waren. Der israelische Sicherheitsdienst nahm an, er habe den chaotischen Libanon verlassen, um an einem sichereren Ort in Afrika jungen Anhängern die Gewaltmethoden der Revolution beizubringen. Sie teilten vielleicht nicht seinen Haß auf Zion, aber sie wollten teilhaben an seinen Waffenlagern und der Kenntnis der Guerilla-Kriegführung. In Israel fürchtete man eine Wiederholung des Überfalls, den Hadas Männer im Mai 1972 auf eine belgische Verkehrsmaschine verübt hatten. Sie wurde zur Rückkehr zum Ben-Gurion-Flughafen gezwungen, und israelische Experten – verkleidet als Mechaniker und Bodenpersonal – hatten die Maschine zurückerobert und dabei zwei der arabischen Revolverhelden getötet, aber siebenundneunzig Fluggäste gerettet.

Wenn die Entführer heute nach einem Plan vorgingen, wie es die elektronisch aufgefangenen Radiomeldungen der afrikanischen und arabischen Sender vermuten ließen, so stand den Truppen General Gurs eine schwere Aufgabe bevor. Unauffällig fanden sie sich auf dem Ben-Gurion-Flughafen ein, angetan mit den weißen Mechanikerkitteln oder der leichten Sommerkleidung von Fluggästen.

Es sah aus, als werde die Maschine, angeführt von Hadads Experten in Terror und Erpressung, nach Tel Aviv zurückkehren.

Wenn die Maschine in Israel landete und Rabin sich dann mit den Entführern konfrontiert sah, so brauchte der Premierminister seine ganze Selbstbeherrschung, denn jeder Angriff auf die Entführer gefährdete das Leben der Passagiere. Die Welt würde Israel dafür zur Verantwortung ziehen. Rabin machte sich also auf lange Verhandlungen gefaßt und installierte einen Stab im Büro des Managers der EL AL. Mordechai Ben-Ari hatte nach seiner früheren Tätigkeit, bei der er Flüchtlinge aus deutschen Todeslagern mit Hilfe eines improvisierten Transportnetzes in Sicherheit gebracht hatte, in Israel eine große Fluglinie aufgebaut.

Ein afrikanischer Diktator übernimmt das Kommando

Aus London kam am Sonntagabend die erste eingehende Beschreibung der Entführer. Die Anführer waren offenbar zwei Deutsche; man nahm an, daß die Terroristen tatsächlich nach einem wohlüberlegten Plan handelten und daß der Flug »irgendwo mit einem für die Entführer günstigen Resultat enden werde«. Diese wichtigen Hinweise kamen von einer jungen Engländerin, Patricia Heyman, dreißig Jahre alt. Sie hatte die Entführer dazu gebracht, sie in Benghasi freizulassen, weil sie schwanger war und eine Frühgeburt nicht ausgeschlossen schien.

Patricia Heyman hatte einen britischen Paß, aber sie war in Petach Tikva in Israel zu Hause. Sie sagte nichts, bis ein libysches Flugzeug sie sicher nach London gebracht hatte, wo Scotland Yard den Fall in die Hand nahm. In fünf Stunden gelangte sie aus den Händen politischer Piraten in die Hände von Spezialisten in Antiterrortaktik. Die Regierungen mochten zur Beschwichtigung neigen, aber die Polizei der freien Welt hatte ihr eigenes Netz zum Austausch von Nachrichten geschaffen.

»Fünf Minuten nach dem Start in Athen wurde nach Aussage einer entlassenen Geisel die Maschine von zwei Deutschen übernommen, einem Mann und einer Frau, und von drei Männern, die offenbar Araber waren«, meldete London an Israel. »Alle scheinen bewaffnet. Sprengstoff – als Dattelkonserven getarnt – wurde an den Ausgängen befestigt. In Benghasi wurde nur kurz angehalten. Offenbar ist Zentralafrika das Endziel.«

Drei Stunden nach Mitternacht des zweiten Tages, am 28. Juni, fuhr Israels Verteidigungsminister müde zurück vom Flughafen in sein Büro in Tel Aviv im zweiten Stock des militärischen Hauptquartiers. Shimon Peres, 1923 in Polen geboren, war mit 11 Jahren nach Palästina geschickt worden. Er sollte dort eine jüdische Familie repräsentieren, die wenig Hoffnung hatte, ihm bei der Schaffung einer Nation beistehen zu können, die den Juden Schutz gewähren sollte vor weiterer Verfolgung.

Wenn Israel irgend etwas bedeutet, sagte sich Peres jetzt, so bedeutet es, daß Juden überall hingehen können, frei und ohne Furcht. Wir können uns nicht Erpressern beugen. Er hatte soeben erfahren, daß Flug Nr. 139 im Flughafen von Entebbe gelandet war. Er wußte allerhand von Uganda und von seinem Präsidenten Idi Amin, denn ein paar Jahre lang hatte Israel die Freundschaft mit dem Diktator gepflegt und seine Flieger ausgebildet. Es gab einen ironischen Grund. Uganda war einst als das Land ausgesucht worden, in dem die Juden nach 2000 Jahren ihre Heimat finden sollten. Uganda war die Alternative gewesen für Palästina, das zu Israel wurde.

Peres passierte die Sicherheitswachen und verbarg seine Sorgen unter kurzem Lächeln. Er wußte, es war schon jetzt wichtig, Sicherheit und Vertrauen zu erwecken, damit keine Gerüchte von einer Katastrophe aufkamen. Im Büro warteten General Gur und seine Berater. Auf einem langen Tisch waren Landkarten und Fotos ausgebreitet.

»Mehr als viertausend Kilometer«, sagte Gur und beantwortete damit die unausgesprochene Frage des Verteidigungsministers. »Wir sind bei den militärischen Alternativen. Die Entfernung ist enorm und die Länder dazwischen sind uns feindlich.«

Ein Offizier unterbrach ihn. »Die Terroristen werden von Amin unterstützt!«

»Sind Sie ganz sicher?«

»Völlig sicher. Die ›Stimme Ugandas‹, der staatliche Sender, sendet Aufrufe an Revolutionäre, Frankreich und England werden beschimpft. Die Terroristen haben bereits eine Organisation in Uganda. Die Planer und Leiter kommen offenbar über Land aus Somalia.«

Peres betrachtete die Landkarte. Britisch-Somaliland, heute nicht mehr britisch, hatte erst die chinesischen Kommunisten aufgenommen und dann den geschickteren Bestechungen der Sowjetunion nachgegeben. Mit russischen Waffen ausgerüstet, von russischen Raketen gegen nichtgenannte Feinde »beschützt«, war Somalia ein sicherer Hafen für Hadads Spezialisten in Guerilla-Kriegskunst zugunsten der PFLP.

Die Landkarten verrieten noch mehr. Uganda war, wie Kenia und Tanganijka, lange von England kontrolliert worden. Nach der Entkolonisierung machte Ostafrika unruhige Zeiten durch. Im Norden hatte Äthiopien kürzlich den legendären Kaiser Haile Selassie abgesetzt und dort den traditionellen britischen Einfluß zerstört. Französisch-Somaliland war nicht mehr unter französischer Kontrolle, bis auf den Hafen Djibuti . . .

Djibuti? Fragend blickte Peres auf.

»Wäre eine Möglichkeit«, meinte Gur und zog an seinem Ohr. »Man muß prüfen, wie die Franzosen reagieren würden, falls wir dort auftanken wollen –«

Niemand fragte, was er meinte. Falls militärische Schritte notwendig wurden, mußten die Maschinen die feindlichen arabischen Länder umfliegen, die russischen Warnsysteme in Somalia umgehen und die Flüge über die normale Reichweite der jetzigen israelischen Militärmaschinen ausdehnen.

Einer nahm den Hörer auf und meldete ein Gespräch mit dem Außenminister Yigal Allon an. Er sollte bei den Franzosen wegen der Benutzung von Djibuti vorfühlen; tausend andere Aufgaben, die man noch nicht kannte, würden vielleicht folgen. General Gur sprach leise an einem andern Apparat mit seinen Fallschirmkommandeuren. Die Spezialeinheiten am Flughafen sollten in ihren Stellungen verbleiben, obgleich die Chance, daß Flug Nr. 139 dort landen würde, jetzt weniger als zehn Prozent betrug. »Alle Männer der Einheiten X und Y müssen zum Einsatz an anderer Stelle bereitstehen.«

Ein Text von 2500 Worten vom Sender Uganda schob sich langsam über Peres' Schreibtisch. Darin wurde Frankreich wegen der Besetzung von Djibuti beschimpft; es war, als habe man die Überlegungen des Krisenstabes erraten. »Frankreich hält an Djibuti nur fest, um für Israel den einzigen Weg nach Afrika und zum Fernen Osten freizuhalten«, hieß es. Das war typisch die Stimme von Hadad und anderer bekannter Feinde Israels, die Israel abschneiden wollten von der übrigen Welt – eine Theorie, die man einmal für unmöglich gehalten hatte, bis tatsächlich ein Ausgang nach dem andern versperrt wurde.

Spät am Montag abend erhielt der Krisenstab einen erstaunlich informativen Überblick über das, was zu erwarten war. Der Nachrichtendienst legte eine Analyse der Möglichkeiten vor.

»Operation Uganda« war ein Plan des 46jährigen Dr. Wadi Hadad, Mastermind der PFLP, die offenbar selbständig und unabhängig von Yassier Arafats Befreiungsorganisation vorging. Auf Hadads Konto ging eine Reihe spektakulärer Entführungen; er tendierte viel eher zur Gewalt als zu der Art von pseudo-diplomatischen Schritten der PLO, die seit einiger Zeit um Mäßigung bemüht war. Für die Operation Uganda installierte sich Hadad in Somalia und schickte sein Entführungsteam nach Athen: eine deutsche Frau und einen deutschen Anarchisten, den man zunächst für Wilfried Böse hielt, den Freund des Schakals Carlos Ramirez. Der Anführer der Gruppe war möglicherweise Fayez Abdul-Rahim Jaber, der 1930 in Hebron geboren war; er hatte lange in Kairo gelebt, war Begründer der »Heroes of the

Return« und Anführer des linken radikalen Flügels der PFLP, der mit linksanarchistischen Gruppen der ganzen Welt zusammen arbeitete. Ihm schrieb man auch die Leitung der politischen Abteilung zu. Das bedeutete, daß Flug Nr. 139 für die politische Kriegführung benutzt werden sollte; man versuchte, mit der Entführung Jabers Theorien der Gewaltanwendung zu untermauern und wollte gleichzeitig Israel zum erstenmal durch Drohungen zum Nachgeben zwingen. Jaber hatte auch den Überfall auf die PAN-AM-Maschine in Rom im Dezember 1972 organisiert, bei dem 31 Menschen umkamen. Seine Familie – er hatte fünf Söhne – war ständig vom Sicherheitsdienst überwacht worden. Ein Sohn, Rasmi Jaber, hatte nahe Jerusalem einen Andenkenladen, der offen mit terroristischen Anschlägen in Verbindung gebracht wurde. Rasmi bestätigte, daß Fayez Jaber »viele Unternehmungen gegen Israel« geleitet hatte.

Zwei Stunden vor Mitternacht am Montag erhärteten sich die bösen Spekulationen. »Big Daddy« alias Präsident Amin erschien strahlend vor den Geiseln in Entebbe, begleitet von einer Leibwache bewaffneter und uniformierter Palästinenser. Radio Uganda etikettierte Big Daddy als den »Unterhändler« zwischen den Entführern und Israel.

Doch warum nur Israel?

Die schreckliche Wahrheit dämmerte allen, die Premierminister Rabin an diesem Abend umgaben. Die freigelassene Geisel, Patricia Heyman, hatte vor Scotland Yard von »Selektion« gesprochen: Die Deutschen hatten mit erhobenen Pistolen die Juden von den andern Fahrgästen des Airbus getrennt. Keiner im Krisenstab neigte (wie einer es später beschrieb) irgendwelchen Mystizismen zu; aber keiner hatte auch vergessen, daß der Staat Israel zum Leben gekommen war nach Massenmordszenen, in denen die jüdischen Häftlinge der Konzentrationslager beiseite treten mußten und in die Gaskammern geführt wurden. »Selektion« war ein allzu inhaltsreiches Wort. Die Angehörigen der Geiseln sollten davon möglichst nichts erfahren.

In Uganda, so berichtete der Nachrichtendienst, paradierte Idi Amin jetzt vor den Geiseln als ihr Beschützer. Als ihn eine junge israelische Mutter mit »Mr. President« anredete, wies er sie zurecht und sagte: »Ich bin Seine Exzellenz Al-Hajji Feldmarschall Doktor Idi Amin Dada, Inhaber des britischen Viktoriakreuzes, DSO, MC und vom Allmächtigen zu eurem Retter bestimmt.«

Terrorismus und Wahnsinnsregierungen

Ein Ladeninhaber in einem Vorort von Tel Aviv erhielt eine Nachricht: Er sollte Kampala anrufen, mit Big Daddy reden, dem Afrikaner schmeicheln, ihn erinnern an die große Verantwortung seines Amtes als Präsident der Organisation Afrikanischer Staaten, die gerade ihr Gipfeltreffen in Mauritius abhielt.

Der Händler war Colonel Baruch Bar-Lev, »Borka«, früher Missionschef der Israelis in Uganda und ein guter Freund des schwarzen Diktators. »Laß ihn reden«, war die inoffizielle Aufforderung an »Borka«. Damit begann eine Anzahl merkwürdiger Ferngespräche zwischen Israel und Uganda, während der Krisenstab um jede Stunde Zeit kämpfte. In Entebbe befanden sich, soviel man jetzt wußte, etwa 250 Fluggäste und zwölf französische Luftfahrtangestellte, auf Gnade und Ungnade Big Daddy ausgeliefert, der weithin als gefährlicher Prahlhans betrachtet wurde. Doch die Ärzte, die ihn in Jerusalem behandelt hatten, wußten, daß er ein Opfer der Syphilis war und vor dem bösartigen Endstadium stand ...

Dr. Dror, der wissenschaftliche Berater und Autor der Studie über »Terrorismus und Wahnsinnsregierungen« arbeitete an einer Profilanalyse des afrikanischen Präsidenten. Solche Analysen basierten auf historischen Forschungsmethoden, die im Krieg gegen Hitler modernisiert wurden. Ein Pionier auf diesem Gebiet war Professor Gilbert Highet von der Columbia Universität, ein Schotte, der imstande war, die psychologische Atmosphäre der römischen Kaiser wieder herzustellen. Er hatte eine Technik entwickelt, mit der sich voraussagen ließ, wie gegnerische Herrscher auf verschiedene Umstände reagieren würden, wozu er alles benutzte, was sich über die Persönlichkeit, Familie, Freunde und Umgebung in Erfahrung bringen ließ.

Während Dr. Dror noch mit Big Daddy beschäftigt war und nach Alternativmöglichkeiten zur Befreiung der Geiseln suchte, verkündete Radio Uganda am Dienstag die Forderung der Geiselnehmer. Sie verlangten die Auslieferung von 53 verurteilten Terroristen, davon 40 wahrscheinlich in

Israel, sechs in Deutschland, fünf in Kenia, einer in der Schweiz und einer in Frankreich.

»Wir sind die einzige Nation, die beides hat: gefangene Geiseln und gefangene Terroristen«, sagte der Transportminister Gad Yaakobi. Ihm war die wenig beneidenswerte Aufgabe zugefallen, mit einem selbsternannten Komitee zur Rettung der Geiseln und einem weiteren Komitee der Angehörigen zu verhandeln, die alle verlangten, es müsse etwas getan werden. Aus Sicherheitsgründen war die Liste der Geiseln nicht veröffentlicht worden; die Verwandten hatte man benachrichtigt, aber zur Verschwiegenheit verpflichtet. Yaakobi gehörte zum Krisenstab und mußte daher die Verbindung zur Air France und zur Internationalen Zivilen Luftfahrtorganisation in Montreal offenhalten, um mit ihnen während der Krise im Auftrag der Regierung zu sprechen; und er litt unter den ersten Anzeichen der Isolierung Israels. Mitfühlende Worte änderten nichts an der Tatsache, daß die Franzosen sich offenbar zu energischen Maßnahmen nicht entschließen konnten und die Luftfahrtorganisation ICAO, die zu den vereinten Nationen gehörte, bereits ein Eingehen der UNO auf das Diktat der Nationen der Dritten Welt – Freunde Ugandas und alle Israel feindlich gesinnt – erwog. Nur 73 der 134 Mitgliedsstaaten der ICAO hatten die Haager Konvention unterschrieben, nach der die Auslieferung und Verfolgung von Entführern erleichtert wurde und die Länder zur Rechenschaft gezogen werden konnten, in denen sie Aufnahme fanden. Yaakobi, der früher führend in der Histadrut, der jüdischen Arbeiterbewegung, gewesen war, hatte wenig übrig für die Regierungen der Dritten Welt, die sozialistische Theorien predigten, aber Diktaturen praktizierten.

Yaakobi hatte in seiner Wohnung in Tel Aviv ein Foto von sich mit Ben Gurion. Bei historischen Problemen – etwa Thukydides und die Überlebensmöglichkeiten eines Volkes – befragte er stets Ben Gurion. »Der Zustand der Felder, der Kampfgeist, die Stärke der Mauern und die Weisheit der Taktik. Hier war unser Prüfstein. Wie konnte Israel den Forderungen Ugandas nachgeben und dann noch behaupten, eine Nation mit Ben Gurions moralischer Kraft zu sein?«

Doch immer heftiger wurde der Gegendruck, den die Familien der Geiseln auf die Regierung ausübten. Sie wollten verhandeln. Und sie drängten von neuem dazu, als die Entführer drohten, bei Nichtauslieferung der Terroristen die Geiseln zu töten und den Airbus in die Luft zu sprengen. Das Ultimatum für die Antwort aus Israel wurde auf Donnerstag 14 Uhr festgesetzt.

»Israel ist ihr Ziel«, erklärte Yaakobi bei einer weiteren Sitzung des Krisenstabes. Sie waren eine festgefügte Gruppe, die jeder Bewegung des Premierministers folgte, wenn eine neue Besprechung notwendig war. Alle waren sich bewußt, wie wichtig es jetzt war, sich demokratisch zu verhalten. Eine Kabinettssitzung wurde für Donnerstag anberaumt, bevor das Ultimatum aus Uganda auslief.

Alternativen

Ganz plötzlich kam die Freilassung von 47 Geiseln aus der Gewalt der Entführer. Das war für die Einigkeit in Israel eine unerwartete Hilfe, denn es war das erste Anzeichen dafür, daß es den Geiselnehmern nur um Juden zu tun war, daß hier um jüdische Leben mit Israel gefeilscht werden sollte. Das Volk war seit dem Yom Kippur-Kreig von 1973 gespalten gewesen, und die Unsicherheit zeigte sich in vielfacher Gestalt, auch in der Öffentlichkeit und im Parlament: Man war gereizt und wußte nicht recht, wie man mit Gegnern umgehen sollte, die oft von sanften Worten zu Haßtiraden umschwenkten.

Als die 47 Befreiten am späten Abend des 29. Juni in Paris ankamen, berichteten sie von der wirklichen Gefahr. Es hatte zuerst so ausgesehen, als sei Amin tatsächlich verhandlungsbereit, doch was die entlassenen Geiseln dem französischen Sicherheitsdienst erzählten, klang anders. In Jerusalem war man daraufhin überzeugt, daß Uganda mit dem Terroristenführer Hadad gemeinsame Sache machte. Die Nachricht wurde in Jerusalem den militär-politischen Computern übergeben, die jetzt auf Plan B eingestellt wurden: Sie erarbeiteten die militärische Alternative.

Plan A war die diplomatische Option der Verhandlung. Es war aus vielerlei Gründen notwendig, auch diesen Weg offenzuhalten, schon mit Rücksicht auf die Öffentlichkeit in Israel. Was man jetzt jedoch in der Öffentlichkeit über die Entlassung der 47 Geiseln erfuhr, einte die ganze Nation. Von einem Ende des Landes zum andern wurde es mit der Schnelligkeit des Buschtelegrafen bekannt, daß eine alte Frau – für ihr Leben gebrandmarkt mit der KZ-Nummer auf dem Arm – sich versehentlich unter den glücklichen Entlassenen befand, vielleicht weil ihr Paß nicht verriet, daß sie Jüdin war. Sie wurde immer wieder zitiert: »Ich fühlte mich um 32 Jahre zurückversetzt, als ich die deutschen Befehle hörte, die Revolver erblickte und im Geist wieder die langen Reihen der Häftlinge sah und die harte Anweisung hörte: ›Juden nach rechts!‹ Und ich dachte bei mir, wozu gibt es Israel, wenn so etwas heute möglich ist?«

In einer Militärbasis in der Wüste nahe Beersheba, wo Abraham einst seine Herde tränkte und jahrhundertelang Kamele trabten, zwanzig Meilen entfernt vom größten Kernforschungszentrum des Vorderen Orients, machte die Geschichte der alten Frau die Runde bei Piloten und Fallschirmjägern in riesigen unterirdischen Hangars. Tief unter der verkleideten Piste gab es einen sogenannten Kriegsraum, Duplikat des Operationszentrums in der Nähe des Büros von Verteidigungsminister Peres in Tel Aviv. Hier folgte man routinemäßig den Spuren aller Feinde Israels von Bagdad nach Libyen. Hier sah man, verkleinert und mit elektronischer Präzision dargestellt, das ständig aktualisierte Bild eines belagerten Landes. Radarpünktchen markierten russische Kriegsschiffe und russische oder osteuropäische Flugzeuge über dem Mittelmeer. Der Nachrichtendienst verfolgte die Bewegungen von Terroristen. Hier hielt der Brigadegeneral Dan Shomron unablässig seine Kommandotaktik auf dem laufenden und koordinierte die Angriffe auf Terroristen, die außerhalb der israelischen Grenzen operierten.

Dan Shomron war jetzt mit Plan B beschäftigt. Er war daran gewöhnt, daß seine Aktionspläne häufig aus politischen oder diplomatischen Gründen durchkreuzt oder ignoriert wurden. Er wußte, daß auch Plan A – Austausch der Geiseln – noch nicht ad acta gelegt worden war. Es mißfiel ihm – und das nicht, weil er als Fallschirmjäger etwa Vorurteile hatte. Aber Dan Shomron war 39 Jahre alt und hatte von Kompromissen nie viel gehalten; und er war auch jetzt der Ansicht, es gebe eine militärische Lösung für das Problem, mehr als hundert Geiseln aus Zentralafrika herauszuholen. Er hatte im Yom-Kippur-Krieg seine Lektion gelernt – dem Krieg, der wider Erwarten so lange gedauert hatte, weil man nicht vorbereitet war, weil man politische Fehler gemacht und die Fähigkeit gewisser Spezialeinheiten zu schnellen Überraschungsaktionen nicht ausgenutzt hatte. »So bekamen die Russen Zeit, um den Wechsel im Gleichgewicht zu beurteilen«, erklärte er. »Als das Gleichgewicht für Israel günstig wurde, drohte die Sowjetunion mit militärischer Intervention; Kissinger wurde praktisch angewiesen, dem Kreml Bericht zu erstatten, wo die USA der Einstellung der Feindseligkeiten zustimmten, gerade als die Sache für uns günstig aussah.« Andere sprachen von einem Stoppuhr-Krieg, in dem die Zeiger sich nur langsam bewegten, wenn die Araber die Zeit für einen neuen Angriff für gekommen hielten. Als es mit Israel aufwärts ging, drehte sich dagegen der Stundenzeiger schnell. Auf diese Weise mußte Israel stets verlieren, weil man es niemals gewinnen ließ. Und angesichts dieser Tatsache, dachte General Shomron, hatte es wenig Zweck, auf die Meinung der Weltöffentlichkeit Rücksicht zu nehmen.

Er arbeitete also weiter an Plan B, und mit ihm zusammen arbeiteten Israelis jeden Standes und klügelten einen Plan nach dem andern aus. Die Pläne wurden geprüft und die praktikablen Möglichkeiten dem Krisenstab unter Rabin vorgelegt. Der Mann, der am sichersten für die Ausführung eines militärischen Unternehmens in Frage kam, Dan Shomron, stand scheinbar beiseite. Und so fand er sich am Abend des Dienstags, 29. Juni, aus der Wüstenhitze versetzt nach Ramat Gan, einem freundlichen Vorort von Tel Aviv, wo er mit einem Glas Whisky im Garten eines Privathauses stand.

»Und Ihre Fallschirmjäger? Können sie nicht den Flughafen einnehmen?«

Es war ein Gast – wie Dan Shomron – auf der Hochzeit der Tochter eines früheren Fallschirmjägeroffiziers, der diese Frage stellte, nicht in einem Operationszentrum, obgleich dort im Garten viele Fallschirmjäger – frühere und jetzige – umherstanden. In einer Ecke stand Stabschef Mordechai Gur, neben ihm der Leiter der Mossad, Israels Geheimdienst, anonym und unbekannt für alle Fremden. Zu den Gruppen auf dem Rasen gehörte auch der zweite Verteidigungsminister Yisrael Tal, ebenso wie der Generalmajor (der Reserve) Ariel Sharon, der gerade die Hand des bärtigen Brigadiers Danny Mat schüttelte.

Trotz des festlichen Anlasses kam das Gespräch immer wieder zurück auf die Geiseln in Uganda. Was wird die Regierung tun? Gewalt anwenden? Bomben auf den Libanon oder andere Gebiete abwerfen, wo sich solche Maßnahmen früher bewährt hatten? Oder wollte sie kapitulieren und die Leute ausliefern, die Wadi Hadad heute auf einer Liste aufgeführt hatte?

Die bekanntesten der in Israel Inhaftierten waren die folgenden:

Erzbischof Hilarion Capucci, Haupt der griechisch-katholischen Gemeinde in Ost-Jerusalem. Er wurde 1974 zu zwölf Jahren Haft verurteilt, weil er in seinem Wagen (der diplomatische Immunität genoß) Waffen transportiert hatte. Er stand im Dienst der Al-Fatah.

Kozo Okamoto, Mitglied der japanischen Terroristenorganisation »Rote Armee«. Wurde wegen Massenmord im Ben Gurion Flughafen, bei dem 24 Menschen getötet und Dutzende verletzt wurden, im Juli 1972 zu lebenslanger Haft verurteilt. Stand im Dienst der PFLP.

Fatma Barnawi, schwarze Afrikanerin aus Ost-Jerusalem, die 1968 im Jerusalemer »Zion-Kion« Sprengstoff gelegt hatte. Arbeitete für Al-Fatah.

William George Nasser. Verhaftet 1968 in Ost-Jerusalem, zu lebenslanger

Haft verurteilt wegen mehrer Sabotageakte und wegen des Mordes an einem Drusenwächter. Arbeitete für Al-Fatah.

Muzna Kamel Nikola, Krankenschwester. Hatte lange in London gelebt und kehrte im Auftrag der Al-Fatah nach Israel zurück, um Spionageaufträge auszuführen und weitere Mitglieder anzuwerben.

Kamel Namri aus Jerusalem. Die Mutter ist Jüdin. Er ist von Beruf Ingenieur und wurde 1968 zu lebenslanger Haft verurteilt wegen Sabotageakten, die er für Al-Fatah ausführte.

Samir Darwish aus Akka. Wurde vor dem Sechstagekrieg verhaftet. Machte Fluchtpläne für zwei Sicherheitshäftlinge aus dem Gefängnis von Ramleh. Gehörte zur Organisation von Jabril, dem führenden Terroristen in Uganda.

Wenn Verteidigungsminister Peres neue Entschlüsse faßte, so wurden sie, soweit notwendig, dem Premierminister Rabin vorgelegt. Kurz vor dem Unternehmen Thunderbolt kam es jedoch in verschiedenen Einheiten der Streitkräfte zu der irrtümlichen Vorstellung, daß die politischen Gegensätze in den Auffassungen beider Männer (über die man in der Presse viel gelesen hatte), auch im Krisenstab deutlich wurden, der sich mit Flug Nr. 139 befaßte. Der Eindruck entstand hauptsächlich aus der Art, wie Peres von Rabin mit der Behandlung der täglichen Forderungen und Vorschläge für militärisches Vorgehen betraut wurde. Rabin nahm später von Peres eine Übersicht über das Vorgehen des Generalstabs in jenen Tagen entgegen.

Die Fallschirmtruppen waren alle einer Meinung, die sie erregt immer wieder äußerten: »Egal, was es kostet, wir müssen nach Entebbe. Geben wir nach, so werden Generationen dafür bezahlen müssen. Wenn sie nächstesmal ein Flugzeug kapern, werden sie verlangen, daß wir unsere Staatsführer ausliefern oder daß wir die Westbank (das westliche Jordanufer) aufgeben.«

Dan Shomron lächelte ein wenig wie üblich. »Na, Boys, was also wollt ihr von mir? Von mir soll es abhängen? Wenn's die Regierung will, wir kommen überall hin.«

Shomron war das Gegenteil eines Guerillakämpfers. Er wurde 1937 im Kibbuz Degania geboren, ist groß und gutgewachsen und hat leichtgewelltes Haar und blaue Augen. »Wir gehören zu den Pilgervätern«, sagt er. »Meine Eltern waren beide irgendwann Sekretär im Kibbuz; heute hat mein Bruder die Ehre.« Dan kam in der Armee zu den Fallschirmjägern und nahm an Vergeltungsaktionen gegen Terroristen vor dem Sinaikrieg von 1956 teil. Im Sechstagekrieg befehligte er eine motorisierte Einheit, die als erste Al Quantara am Suezkanal erreichte. Er wurde im Heeresbericht erwähnt. Er war Bataillonskommandeur der Fallschirmjäger und wurde dann zu den Panzern versetzt. Im Yom Kippur-Krieg war er Führer einer Armeebrigade im Sinai, zuerst in den Einkesselungsschlachten gegen den Durchbruch der Ägypter, dann am Suezkanal. Er erreichte mit seinen Leuten Adabiyeh am Golf von Suez und schloß den Ring um die Dritte Armee der Ägypter. Nach dem Krieg kehrte er »nach Hause zurück« zu den Fallschirmjägern, als hoher Fallschirm- und Infanterie-Offizier.

Um zu verstehen, wie Dan Shomrons Gedanken arbeiteten, muß man seine früheren Missionen und Unternehmen kennen. Vor dem Sechstagekrieg wurde er auf das I.D.F.Staff and Command College geschickt. »Sobald der Krieg ausgebrochen war, wußte ich, daß, wenn wir den Suezkanal erreichten, der Krieg zu Ende war«, sagte er später. Er kämpfte sich durch ein ägyptisches Bataillon, erreichte den Kanal und meinte, nun sei alles vorüber. Am gleichen Abend erhielt er den Befehl zum Angriff auf eine ägyptische Einheit an der Firdan-Brücke, wo er selber unablässig aus der Luft angegriffen wurde. Am nächsten Morgen sah er, wie Lastwagen ägyptische Soldaten aus der Richtung von Kairo zum Westufer des Kanals brachten: die erste Vorbereitung für den Zermürbungskrieg, der ein Jahr später folgen sollte.

Am Yom-Kippur-Tag 1973 traf er gegen Mittag die letzten Vorbereitungen, um seine Panzerbrigade auf den Weg zum Suezkanal zu bringen. Nach allem, was man wußte, würde der Krieg um 18 Uhr beginnen, und seine Brigade war – im Wechsel mit einer andern – verantwortlich für die Verteidigung an der Suezlinie. Während sie noch arbeiteten, warf die ägyptische Luftwaffe Bomben auf das Lager der Brigade, wobei zehn seiner Leute umkamen. Sein erster Gedanke war damals: »Die sind ja wahnsinnig. Könnten glatt uns treffen.«

Shomron erzählte später: »Nach dem Yom Kippur-Krieg hatte ich ein Trauma: Als ich zum ersten kurzen Urlaub nach Hause kam, spürte ich, daß mir alles fremd geworden war. Ich kam nachmittags in Tel Aviv an, die Stadt war wie immer, das tägliche Leben schien unverändert. Ich fuhr nach Hause und duschte. Das Telefon klingelte: schlechte Nachricht. Ich sollte mich am Flughafen melden und sofort nach Süden zurückfliegen. Als wir abflogen und ich die Lichter von Tel Aviv sah – alles sah aus, als ob nichts geschehen sei –, da war mir plötzlich, als zöge ich mit meinen Männern in einen privaten Krieg. Dann fiel mir der Satz ein, den ich oft von Offizieren und Soldaten vorn an der Front gehört hatte: »Wir kämpfen an der Front, damit zu Hause das Leben wie immer weitergehen kann.« Ich weiß, daß es anderen ebenso ging wie mir. Ich sah die Gesichter der Soldaten, die vom Urlaub zurückkamen. Sie brauchten mir nichts zu erzählen, ich wußte, was sie dachten und fühlten.

In einer Zeit wie dieser müßte die Heimat sein wie die Front. Leute, die aus irgendeinem Grunde nicht arbeiten können, sollten in den Kibbuzim und Moshavim aushelfen, deren Männer an der Front stehen. Das ist keine Utopie; es läßt sich bewerkstelligen und müßte auch so sein, und zwar nicht auf freiwilliger Basis, sondern mit System und Organisation.«

Premierminister Rabin dachte etwas anders – nicht über den Vorschlagsinhalt, nur über die Ausführung. Er wollte die Atmosphäre gelassener Routine aufrechthalten. Er trug an diesem Nachmittag dem Kabinett seine Wünsche vor und erhielt, was er wollte: Fortsetzung der Kompetenzen für den Krisenstab, der nach Gutdünken handeln sollte. »Die verschiedenen Verantwortungsgebiete wurden verteilt«, sagte Rabin später. »Jedes Team sollte für sich abschätzen, welche Schritte vom französischen Außenministerium zu erwarten waren und welche Haltung die andern Regierungen zu den Forderungen der Entführer einnehmen würden.«

»Wo zum Teufel liegt Uganda?«

Von Anfang an standen auf der Liste der auszuliefernden Terroristen auch fünf ihrer Genossen, die in Kenia inhaftiert waren.

Nach britischen Quellen hatte vor fünf Monaten Präsident Idi Amin drei palästinensische Terroristen mit sowjetischen Flugzeug-Abwehrraketen ausgerüstet. Damit wäre es ihnen am 18. Januar 1976 fast gelungen, eine landende EL-AL-Maschine im Flughafen von Nairobi niederzuschießen; doch bevor sie die Raketen abschießen konnten, wurden sie von kenianischen Sicherheitsbeamten festgenommen. In ihrem Wagen fand man Maschinengewehre, Handgranaten und Pistolen: sämtlich mit Wissen Amins aus Uganda herausgeschmuggelt. Zwei der drei Männer hatten im Januar 1975 an dem Überfall auf eine EL-AL-Maschine im Pariser Flughafen Orly teilgenommen. Im Dezember 1975 kamen alle drei mit Besuchervisum, das die britische Botschaft in Beirut ausgestellt hatte, nach Nairobi.

Am 21. Januar 1976 kamen zwei Sympathisanten – ein Mann und eine Frau, die beide deutsch sprachen – nach Nairobi und erfuhren, was mit ihren drei Kollegen geschehen war. Sie wurden verhaftet und verhört. Bei der Untersuchung fand man auf dem Bauch der Frau Anweisungen, mit unsichtbarer Tinte geschrieben, für die drei Terroristen: Sie sollten den Überfall auf die EL-AL-Maschine ausführen. Jomo Kenyatta, der Präsident von Kenia, erklärte sich insgeheim bereit, die fünf verhafteten Terroristen einem Verhör durch Israelis unterziehen zu lassen, was auch am 3. Februar geschah. Jetzt wurde Kenia von den Terroristen in Entebbe mit Vergeltungsaktionen »in der ganzen Welt« bedroht, wenn die fünf Häftlinge nicht ausgeliefert wurden.

Während die Terroristen ihre Bedingungen stellten, führte der junge Moshe Peretz sein Tagebuch weiter.

Montag, 28. Juni, 0.35 Uhr. Wir müßten jeden Augenblick landen – schließlich sind wir schon drei Stunden unterwegs. Wohin fliegen wir bloß? 0.40 Uhr. Ich bitte um Erlaubnis, zur Toilette zu gehen. Ich hebe die Hand, der Terrorist im roten Hemd winkt mit dem Revolver: Ich darf gehen. In der

Nähe der Toilette treffe ich einen der Stewards, der in der hinteren Küche beschäftigt ist. Er sagt, daß wir nach Süden fliegen.

3.15 Uhr. Ich habe etwas geschlafen und wachte dann auf. Der Anführer verkündet, daß wir in Entebbe landen und befiehlt, die Gardinen zuzuziehen.

6.00 Uhr. Ich schiebe die Gardine etwas zurück und sehe, daß es Tag ist. Wir stehen auf einer Piste an einem riesigen See. In dem hohen Gras rund um die Piste liegen viele Soldaten. Ich frage den Terroristen im gelben Hemd auf Arabisch und er sagt, daß wir hier lange Zeit bleiben werden. Er sei in Haifa geboren, sagt er.

6.20 Uhr. Der Kapitän (der deutsche Terroristenführer) dankt den Fahrgästen sehr höflich, daß sie sich so geduldig zeigen, und erklärt, man stehe in Verhandlungen mit den ugandischen Behörden. Idi Amin soll persönlich kommen und seine Entscheidung bekanntgeben.

8.00 Uhr. Der Kapitän sagt, wir sollten uns keine Sorgen machen, alles sei in guten Händen. Er will uns später erzählen, wie sie das Flugzeug in ihre Gewalt gebracht haben. Er wünscht uns guten Appetit zum Frühstück und scherzt, dies sei das erste Frühstück unseres Lebens in Uganda. Ein Brötchen, weiter nichts.

9.00 Uhr. Die hintere Tür der Maschine steht weit offen. Nur ein Strick, den die Terroristen aus den Schlipsen der Stewards gedreht haben, trennt uns von der Außenwelt. Ich sehe die große Gestalt von Idi Amin, der mit den Terroristen verhandelt.

9.15 Uhr. Der Kapitän verkündet, die Hauptgefahr sei vorüber. Er sagt, wir sollten nicht vergessen, daß er und seine Freunde keine kaltblütigen Mörder seien.

9.35 Uhr. Der Kapitän berichtet, daß die Entführung im Namen der Volksfront für die Befreiung Palästinas unternommen wurde. Er hat keinen Massenmord an den Passagieren vor; sein Ziel sei es, die Aufmerksamkeit der Weltöffentlichkeit zu erlangen.

12.05 Uhr. Der Kapitän sagt, wir sollen die Maschine verlassen und in Bussen irgendwohin fahren.

12.10 Uhr. Der Beschluß wurde geändert, jetzt sollen wir mit dem Flugzeug woanders hingebracht werden.

12.15 Uhr. Einer nach dem andern steigen wir aus. Am Ausgang stehen drei Terroristen, wir klettern die Gangway hinunter. Einige Passagiere glauben, daß die ganze Sache vorüber ist und winken den Terroristen zum

Abschied zu. Wir kommen ins alte Flughafengebäude, einen riesigen Raum, staubig und verschmutzt. Wir setzen uns in die Sessel, und die Ugander bringen weitere Stühle herein. Wir haben das Handgepäck mitgenommen; einige fragen, wann ihre Koffer kommen.

14.15 Uhr. Lunch im Flughafen. Ugandische Kellner bringen Schüsseln, hochvoll mit Reis und heißem Curry. Ich traue dem Fleisch nicht (vielleicht ist es Giraffenfleisch) und auch nicht dem Wasser, ich esse den Reis also trocken. Ugandische Fallschirmjäger stehen rings um den Flughafen, alle mit gezogenen Revolvern. Wir haben keine Ahnung, wie lange wir unter Hausarrest bleiben sollen. Die Flugzeit von Entebbe nach Paris ist etwa neun Stunden; wenn wir jetzt abflögen, kämen wir nachts an. Wir sind ein paarmal für das ugandische Fernsehen fotografiert worden, jetzt warten wir auf den »König« von Uganda, der gleich kommen soll.

17.20 Uhr. Idi Amin erscheint, mit grüner Mütze und den grünen Schwingen der israelischen Fallschirmjäger. Die Passagiere applaudieren, und er sagt: »Einige von Ihnen kennen mich, andere nicht. Ich bin Feldmarschall Dr. Idi Amin Dada.« Er sagt, ihm sei es zu verdanken, daß wir das Flugzeug verlassen durften und in Uganda bleiben können. Weiter erklärt er, die Forderung der Entführer sei von Israel in toto abgelehnt worden, während die anderen Staaten sie angenommen hätten. Neuer Applaus.

19.35 Uhr. Abendessen: Fleisch, Kartoffeln, grüne Bohnen und kleine Bananen. Fahrgäste und Crew führen eine lange Debatte darüber, wie die Terroristen an Bord gelangen konnten.

20.35 Uhr. Der ugandische Arzt gibt jedem Passagier zwei Tabletten gegen Malaria.

22.45 Uhr. Die Fluggäste beschließen, endlich etwas zu schlafen und legen sich auf den verdreckten Fußboden. Es ist wahnsinnig heiß, und man hört eine Symphonie von Schnarchern. Sie schreien einander an, ruhig zu sein; es ist wie im Sommerlager der israelischen Kadetten in Gadna.

Dienstag, 29. Juni. Nach dem Frühstück hören einige Fluggäste durchs Radio, daß Israel Verhandlungen mit den Terroristen ablehnt, die die Maschine in die Luft jagen wollen, wenn ihre Forderungen nicht erfüllt werden. Auf vielen Gesichtern zeigt sich Unruhe. Am Vormittag passiert nichts. Die Terroristen bewachen uns auch weiter, sie sitzen an der Tür; später erlauben sie den Frauen und Kindern, auf dem Grasstreifen vor dem flughafengebäude zu spielen. Die Fallschirmjäger werden angewiesen, 50 Meter vom Gebäude abzurücken.

13.35 Uhr. Ich habe vorgeschlagen, daß die Schnarcher getrennt von den andern schlafen, damit sich die Ärgernisse der letzten Nacht nicht wiederholen. Daß ich überhaupt über sowas schreibe, zeigt den Kontrast zwischen der Ruhe hier und der Anspannung, die unsere Familien daheim durchmachen. Hier hört man nichts von Drohungen gegen das Leben der Fluggäste, von einer Sprengung der Maschine oder einem Ultimatum. Hoffentlich gibt meine Familie dem Krankenhaus Bescheid, warum ich nicht zur Arbeit antreten kann.

15.30 Uhr. Die Terroristen lesen uns die Liste ihrer Forderungen vor, darunter die Freilassung von 53 Häftlingen, 40 in Israel, bis zum 1. Juli 1976. Da Israel das sicher ablehnen wird, wüßte ich gern, wie die Alternativen aussehen. Entweder die Terroristen machen ihre Drohung wahr und bringen die Geiseln um, – was nicht sehr wahrscheinlich ist –, oder es kommt zu einem Kompromiß – was am wahrscheinlichsten ist – und man läßt einige Häftlinge frei; oder alle Passagiere, mit Ausnahme der Israelis, werden am Donnerstag freigelassen.

19.10 Uhr. Die Terroristen trennen uns von den andern. Das war eine dramatische Szene: Jeder Inhaber eines israelischen Passes muß die Haupthalle verlassen und in einen Nebenraum gehen. Die Frauen weinen. Es ist wie bei einer Hinrichtung. Die Terroristen durchsuchten eilig das Handgepäck; sie finden zwei Hefte über den Yom-Kippur-Krieg und blättern sie entzückt durch, vor den Augen der Israelis. Wir gehen nach nebenan. Quer über den Eingang haben sie ein Brett gelegt und den restlichen Raum noch einmal unterteilt, so daß wir uns gebückt in den Nebenraum durchdrücken müssen. Wer zwei Staatsangehörigkeiten hat, muß auch hier herein. Inzwischen haben sie Fotoapparate und persönliche Sachen beschlagnahmt.

20.00 Uhr. Wir sind in einem kleinen Zimmer, das zum Teil mit Pappkartons angefüllt ist. Die Terroristen sagen warnend, die Kartons seien mit Sprengstoff gefüllt. der bei Berührung explodieren werde. Zuerst haben wir Angst, aber das legt sich bald, einige hängen ihre Hemden über die Kartons. Während wir Ordnung schaffen, geht einer der Fluggäste zu einem Terroristen und bittet um ein Kissen für sein Baby. Der Terrorist schlägt ihm den Revolvergriff ins Gesicht. Dies ist unsere zweite Nacht in Uganda.

Mittwoch, 30. Juni. 11.30 Uhr. Idi Amin kommt per Helikopter und wird in der Haupthalle mit Applaus begrüßt. Dann kommt er zu uns, wo der Empfang kühl ist; aber als er auf Hebräisch »Shalom« sagt, klatschen sie. Alles, was er uns zusagen kann, sind Decken und Kissen. Er teilt uns ferner mit, die Terroristen hegten keinen Groll gegen uns, sondern nur gegen das faschistische Regime in Israel, und wenn man dort auf die Forderungen der Entführer nicht eingeht, so beweise das, daß dem Staat seine Bürger nicht am Herzen liegen. Einer von uns, Ilan, erwidert ihm, daß uns hier in Uganda die Hände gebunden seien; wir könnten weit mehr von Nutzen sein, wenn man uns sicher nach Israel zurückbrächte, wo wir die Aussagen der Terroristen wiederholen könnten. Ein anderer kritisiert Amin, weil er nichts unternimmt, um die Entführer zu überwältigen und die Geiseln zu befreien. Amin sagt, wenn er das täte, würden die Terroristen das ganze Gebäude in die Luft jagen. Einer Unterhaltung mit einem der Terroristen entnehme ich, daß ihre Forderung nach Auslieferung ihrer Genossen noch nicht angenommen worden ist, und daß sie nicht die Absicht haben, uns umzubringen. Manchmal ist es möglich, sich ruhig mit ihnen zu unterhalten. Meistens haben sie, wenn sie unter uns sind, ihre Waffen über der Schulter hängen; nur die, die draußen stehen, haben die Waffen im Anschlag. Inzwischen ist mehr als die Hälfte der nicht-israelischen Passagiere freigelassen worden. Unser Schicksal wird sich im Lauf der nächsten 24 Stunden entscheiden.

14.00 Uhr. Lunch.

15.00 Uhr. Ruhe.

17.00 Uhr. Wir spielen Karten, lesen oder unterhalten uns über die verschiedenen Alternativen, die den Terroristen bleiben.

Das Ultimatum

»Die verschiedenen Alternativen, die den Terroristen bleiben . . .«, so schloß Moshe Peretz am Mittwoch sein Tagebuch. Jetzt setzt ein anderer den Bericht fort: der Regierungssprecher in Israel.

»Heute ist Mittwoch, der 30. Juni. Wir jagen zwischen Tel aviv und Jerusalem hin und her und versuchen dabei, äußerlich ruhig zu erscheinen.

Morgens wird der Regierung ein Bericht über die letzten Entwicklungen vorgelegt. Gleich nach der Kabinettssitzung treffen sich die Minister und hören sich den letzten Bericht aus jedem Ministerium an. Sie sind sich darüber klar, daß Präsident Idi Amin, seine Armee und die Entführer eng zusammen arbeiten. Der Außenminister bemüht sich an diesem Tag mit allen Kräften auf Uganda Druck auszuüben. Er ruft die Staatsoberhäupter in mehreren Kontinenten an und bittet sie, sich mit Amin in Verbindung zu setzen, damit er die Zusammenarbeit mit den Terroristen aufgibt. Botschafter Chaim Herzog ist (zu einem Kongreß jüdischer Organisationen) in Israel, er soll sich Generalsekretär Kurt Waldheim vornehmen. Verschiedene kirchliche Verbände wenden sich an den Papst. Die französische Regierung wird bei einigen afrikanischen Staatsoberhäuptern vorstellig.

Um 14.30 Uhr tritt der Sicherheitsrat zusammen. Der Premierminister und der Leiter des Außenministeriums berichten über die diplomatischen Schritte. Israel hat die UN nicht um Vermittlung gebeten (wohl aber wurde Waldheim persönlich angesprochen, damit er Druck auf Amin ausübe), um nicht Frankreich von seiner Verantwortung für die Fluggäste zu entbinden. Die deutsche Haltung zu der Frage der Freigabe der Baader-Meinhof-Häftlinge macht Jerusalem Kopfschmerzen. Israel weiß, wie ungern Deutschland solchen Forderungen nachgibt, und die Sache der Häftlinge in nicht-israelischen Händen erschwert daher die Lage Israels beträchtlich. Die freie Welt zeigt Verständnis: Kein einziges der westlichen Länder, die Bürger unter den Geiseln haben, will auf die Forderungen der Entführer eingehen. Inzwischen wächst der Druck, den die Familien der Geiseln auf unsere Regierung ausüben. Der Transportminister hat für sie ein eigenes Büro bereitgestellt.

Um 21 Uhr treffen sich die Minister im Arbeitszimmer Rabins. Sie erhalten einen Bericht über die Häftlinge, deren Auslieferung die Terroristen fordern, und machen Vorschläge für Israels Haltung, falls mit den Entführern verhandelt werden soll. Die Vorschläge reflektieren deutlich die Sorge, daß der Druck auf Amin erfolglos bleiben wird und daß das Ultimatum abläuft.

Abends: Der Transportminister und der Büroleiter des Premierministers, Amos Aran, sprechen mit den Angehörigen der Geiseln und erklären ihnen, daß die Regierung sich des Diktats der Entführer und der verstreichenden Stunden sehr wohl bewußt sei und daß ihre Hauptsorge der Lebensrettung der Passagiere gelte. Die Angehörigen sind erregt und verlangen, jede andere Rücksicht habe zu schweigen, bis die Fluggäste sicher nach Hause zurückkehren.

Bar Lev hat mehrfach mit Idi Amin gesprochen; das hörte sich etwa so an: »Mr. President, Gott hat Sie geschickt. Die Hand der Geschichte hat bestimmt, daß Sie den Willen Gottes ausführen und die Geiseln befreien sollen. Sie wissen, was man in der Welt über Sie sagt. Sie wissen, wieviel Schlechtes über Sie geredet wird. Jetzt können Sie beweisen, ein wie großer Mann Sie sind. Sie, der tapfere Soldat, werden den Friedens-Nobelpreis erhalten. Dann wird die Welt erkennen, wer der wahre Idi Amin ist. Sie müssen die Geiseln retten und beweisen, daß alles Böse, das über Sie gesagt wurde, erlogen ist. Mr. President, Uganda ist Ihr Land. Es geht nicht, daß andere entscheiden, was hier geschieht. Niemand rührt in Uganda einen Finger ohne Ihre Erlaubnis. Sie müssen erreichen, daß die Geiseln gerettet werden.«

Darauf erwiderte Amin: »Die Rettung hängt nicht von mir ab. Ihre Regierung muß die Terroristen freilassen, das ist es. Die Entführer sind harte Männer . . .«

Donnerstag, 1. Juli, 7.45 Uhr. Der Krisenstab tagt beim Premierminister in Tel Aviv. Die Mitglieder berichten über das, was auf ihrem Gebiet der Jurisdiktion vorgenommen wurde. Die diplomatische Seite muß bis zum letzten ausgenutzt werden. Sie beschließen, die Entführer davon zu unterrichten, daß Israel im Prinzip zu Verhandlungen bereit sei. Ihr Entschluß basiert auf der Voraussetzung, daß das Ultimatum um 12 Uhr abläuft, daß man bis dahin bei Amin nichts erreicht hat und daß die Geiseln sich in akuter Gefahr befinden. Alle sind sich darin einig, dem Kabinett Verhandlungen zu empfehlen – aus zwei Gründen: um das Ultimatum zu verlängern, und weil man vielleicht gar keine andere Wahl mehr haben wird. Sie sind sich in diesem

Augenblick auch klar darüber, daß Verhandlungen sehr behutsam geführt werden müssen, denn wenn es dazu kommt, wird noch ein erheblicher Komplex von Fragen zu lösen sein.

Um 8.30 Uhr tritt das Kabinett zusammen und beschließt einstimmig, der von Minister Galili vorgetragenen Entscheidung zuzustimmen und den Krisenstab zu Verhandlungen mit den Entführern zu bevollmächtigen, wobei die Bereitschaft zur Freilassung von Terroristen ausgedrückt werden soll. Nach der Sitzung meinen mehrere Minister, die Entscheidung sei sowohl taktisch wie prinzipiell von Bedeutung. Man ist bereit, auf einen Teil der Forderungen einzugehen, und gleichzeitig gewinnt man kostbare Zeit.

Während das Kabinett noch tagt, tritt auch der Sicherheitsrat zusammen. Rabin ist noch in der Kabinettssitzung, für ihn erscheinen Amos Aran, Shlomo Avineri und der Berater des Premiers in Sicherheitsfragen, Rehavam Zeevi. Der Rat schließt sich der Entscheidung der Regierung an, obgleich sich später einige der Mitglieder zurückhaltend äußern (Yigal Horowitz, Esther Herlitz, Mordechai Ben Porat, Yehuda Ben Meir, Eitan Livni).

Der Beschluß der Regierung geht an den Botschafter Gazit in Paris. Yigal Allon erklärt dazu: Israel wird mit den Entführern über die Freilassung von Terroristen verhandeln, die gegen die Geiseln ausgetauscht werden sollen. Mit anderen Worten: Israel will eine Situation vermeiden, in der es sich an andere Länder (die Schweiz und die Bundesrepublik) wenden müßte wegen der Freilassung von Terroristen in deren Gewahrsam. In diesem Tenor ist auch die Meldung gehalten, die der Außenminister an eine Reihe wichtiger Persönlichkeiten gehen läßt.

Während die Regierung und der Sicherheitsrat noch in der Annahme tagen, die israelische Entscheidung müsse schleunigst weitergegeben werden, bevor das Ultimatum abläuft, wird Colonel Bar-Lev von Idi Amin informiert, Radio Kampala werde um 13 Uhr eine wichtige Meldung senden. Eine ähnliche Nachricht kommt aus Frankreich. Israel hat keine Ahnung, was das bedeutet. Um 13 Uhr kommt dann über Radio Kampala die Meldung, die Entführer hätten eine Verlängerung des Ultimatums bis Sonntag beschlossen. Das heißt, daß sie den Aufschub ohne Bezugnahme auf die Entscheidung der israelischen Regierung beschlossen.

Um 13 Uhr treffen sich die Minister zu einer Besprechung über die neue Entwicklung. Sie kommen zu dem Schluß, daß das Problem jetzt eine rein israelische Sache ist, da außer den Israelis und den Passagieren mit doppelter Staatsangehörigkeit alle Geiseln entlassen worden sind. Man erwägt jetzt,

Moshe Dayan zu Verhandlungen nach Entebbe zu schicken, parallel zu den Verhandlungen, die Botschafter Gazit in Paris führt.

Um 23 Uhr findet eine neue Besprechung der Minister statt; sie beraten über die Taktik der Verhandlungen. Die Verwaltungsexperten meinen, man solle zunächst die logistische Seite ins Auge fassen: Wo soll der Austausch stattfinden, welche Maschinen sollen die Terroristen aus dem Gefängnis in Israel transportieren, und wie soll der Austausch vor sich gehen. Gazit und Zeevi werden beauftragt, diese Fragen in Angriff zu nehmen. Solange sie nicht befriedigend gelöst sind, gibt es keinerlei Diskussion über die Anzahl oder die Namen der freizulassenden Terroristen. Man schlägt ein gemeinsames französisch-israelisches Team für die Verhandlungen vor, gibt den Vorschlag nach Paris weiter, und der französische Außenminister stimmt zu. Israel regt an, die Freigelassenen mit einer EL-AL-Maschine auf französisches Gebiet zu fliegen, wohin auch die Geiseln zu bringen wären.

Dieser Donnerstag bedeutet offenbar einen Sieg für Plan A, doch viele Israelis betrachteten ihn als Kapitulation vor der Erpressung der Terroristen. Die Stimmung war düster, obgleich die beiden führenden Rabbiner halachische Gutachten abgegeben hatten, mit denen ein Verhandeln befürwortet wurde.

Plan A: Kapitulation?

»Donnerstag war ein kritischer Tag«, sagte Premierminister Rabin später. »Ich mußte in meinem Bericht sagen, daß wir keine militärische anwendbare Lösung hatten, bevor am Mittag das Ultimatum, das die Terroristen gesetzt hatten, auslief.«

Die Zeit rückte näher, und die Angehörigen der Geiseln erzwangen sich Zutritt zu den Räumen des Premierministers und verlangten die Freilassung der von den Terroristen geforderten Häftlinge, mit der die Rückkehr der Geiseln aus Uganda bezahlt werden sollte.

»Ich konnte mich der Forderung nach Verhandlungen nicht widersetzen«, sagte Rabin. »Militärische Maßnahmen waren völlig abhängig von präzisen Nachrichten und Beweisen (die nur durch Ausprobieren zu erlangen waren) dafür, daß ein Kommandounternehmen sich erfolgreich durchführen ließ.«

Seine Militärbefehlshaber arbeiteten rund um die Uhr an der Alternative, die Plan B vorsah. Sie wußten, daß Präsident Amin zur Gipfelkonferenz der Organisation der Afrikanischen Staaten fliegen wollte, deren Vorsitzender er war. Wenn die Profilanalysen, die man von Amin und den Anführern der Terroristen gemacht hatte, zutrafen, dann konnte man auf eine Verlängerung des Ultimatums hoffen. Mit etwas mehr Zeit konnten Dan Shomrons Männer mit Unterstützung der Air Force einen Organisationsplan zusammenhämmern. Schon jetzt waren mehrere israelische Spezialisten, als Geschäftsleute getarnt, auf dem Wege nach Nairobi. Die Flugzeit betrug viereinhalb Stunden mit der EL-AL-Maschine, die auf dem Weg nach Johannesburg routinemäßig in Nairobi Station machte. Israelische Geheimagenten fuhren von Kenia aus nach Uganda, am großartigen Rift Valley entlang: eine Fünstundenfahrt, wenn die Wagen nicht heißliefen und die Grenzpolizei keine Schwierigkeiten machte.

Vieles von dem, was dem Geheimdienst jetzt an Wissen zur Verfügung stand, resultierte aus Unterhaltungen mit einem Offizier der israelischen Air Force, Yerucham Amitai, während des Zermürbungskrieges. Amitai bildete ugandische Piloten aus, als Amin mit Israel noch auf gutem Fuß stand – bis der Diktator von Israel die Lieferung von Überschall-Jets verlangte.

»Als ich ihm sagte, diese Kampfflugzeuge wären zu kompliziert und zu teuer«, erzählte Amitai, »verstand er das falsch und bekam einen Wutanfall. Ich hatte natürlich sagen wollen, daß Uganda seine Verteidigung am besten auf etwas kleineren Maschinen aufbauen sollte; er dachte aber, ich hielte seine Männer nicht für fähig, die komplizierten Jets zu fliegen. »Wir können alles!« schrie er. »Wir werden unsere Männer auf den Mond bringen. Wir kriegen Migs aus Rußland und werden meinen Erzfeind Nyere in Tanganijka zerschlagen!«

Mit dem Abbruch der Beziehungen zwischen Uganda und Israel war die Stunde der Russen gekommen. Sie hatten beiseitestehen müssen, als Amitai sein Trainingsprogramm durchführte. »Wenn meine ugandischen Piloten in der Luft waren«, erzählte Amitai, »und ein Russe näherte sich dem Flughafen von Entebbe, dann ließ ich meine Boys immer weiter kreisen und zwang den Russen, zurückzubleiben, bis er um Landeerlaubnis bat. Aber das waren nur Nadelstiche. Ich wußte, die Russen würden eines Tages die Kontrolle übernehmen, das war unvermeidlich; irgendwann mußten wir mit Gegnern rechnen, die sich hinter Ugandas verrücktem Präsidenten versteckten. Darauf konnten wir uns nicht einlassen. Wir konnten denen unmöglich alles in den Schoß werfen, was dieser selbsternannte Feldmarschall und übergeschnappte Großadmiral verlangte. Die Russen taten das – auch die Migs haben sie geliefert.«

Es mußte zum Zusammenstoß kommen. Amitai und andere Israelis notierten daher alles, was für diese Phase von Bedeutung sein konnte. Sie wußten, welche Waffen Big Daddy von den Kommunisten erhielt und wie sie beim Training der Palästinenser und anderer Terroristen eingesetzt wurden. Sie beobachteten, wie gewisse Schlüsselpositionen in Uganda mit professionellen Terroristen besetzt wurden. Mehr als dreihundert Palästinenser wurden in Staatsstellungen versetzt, aus denen man Asiaten – Relikte der britischen Kolonialzeit – gefeuert hatte.

Die neuen Gebäude im Flughafen von Entebbe wurden von Israel während Amitais Dienstzeit gebaut. Die Experten, die am Plan B arbeiteten, hatten bereits Modelle der Pisten und Gebäude von Entebbe hergestellt, als aus Uganda die Nachricht kam, daß Amins Abreise zum afrikanischen Gipfeltreffen zusammenfiel mit der Verlängerung des Ultimatums um drei Tage.

Fallschirmjäger und Kommando-Einheiten atmeten auf. Israel hob den Kopf – man konnte handeln.

»Gibt man dem Erpresser einmal nach, so wird das eine Schraube ohne Ende«, hatte Amitai bei einer früheren Gelegenheit gesagt. »Er verlangt mehr und immer mehr. Der Westen wird erpreßt, und jedesmal geben wir nach. Das muß aufhören.«

Der Entschluß zum Aufhören wurde fast unbewußt gefaßt. Yerucham Amitai, der große Flieger, der Warschau überlebt hatte und ein frommer Mann war: Er hat den Augenblick nicht mehr erlebt. Er kam nach 1972 bei einem Unfall um, als Uganda alle militärischen, diplomatischen und technischen Hilfsmissionen aus Israel aus dem Lande wies.

Er besaß unglaubliche Willenskraft. Niemals wäre er in die Knie gegangen bei dem schrecklichen Wort »selekzia«, der Selektion der Juden, das am Donnerstag in die Schlagzeilen aufrückte.

»Selekzia« – das hörte man auch jetzt, als die Entführer weitere 101 Geiseln freiließen. Alle, die sie jetzt noch zurückbehielten, waren Juden, dazu die Crew der Air France. Der Pilot weigerte sich zu gehen und überredete seine französischen Kollegen ebenfalls zum Bleiben, damit sie später bezeugen konnten, wohin die Selektion führte.

Einen Bericht lieferte eine 62jährige Frau, deren Name in Jerusalem als Julie Oiserant angegeben wurde. Sie war unter den entlassenen Geiseln und erzählte:

»In Athen, wo wir Aufenthalt hatten, fielen mir zwei junge Araber auf, die dort zustiegen. Sie hatten Dattelkonserven bei sich, das kam mir komisch vor. Einer hatte rote Haare, ich erfuhr später, daß er eine Perücke trug. Hinter ihnen kamen zwei Deutsche, eine Frau von etwa 28 mit blauen Strümpfen, einem dunkelblauen Rock und hellblauer Bluse. Das Haar hatte eine merkwürdig dunkle Farbe – ebenfalls eine Perücke, wie ich später sah. Der Mann schien etwas älter, er brachte sie ins Erster-Klasse-Abteil.

Nach dem Start in Athen sah ich, wie der Steward mit einem der Araber sprach und dann die Arme hob. Er trat zurück, Angst im Gesicht. Ich begriff, daß der Araber mit der Waffe auf ihn zielte. Ich konnte es kaum glauben – es war wie ein Traum.

Alle Stewards und Stewardessen mußten die Arme heben und sich dann mit dem Gesicht nach unten auf den Boden legen. Die eine Stewardeß lag nahe bei mir; sie hatte die Hände im Nacken verschränkt.

Im Erster-Klasse-Abteil jagten die beiden Deutschen auf die Pilotenkanzel zu. Das habe ich nicht selber gesehen, ich saß zu weit entfernt, aber die Passagiere haben es uns später erzählt.

Dann geschah alles sehr schnell. Die Deutsche kam in die Touristenabteilung, wo wir saßen und rief etwas auf Deutsch. Ich verstand es nicht, nur ›Che Guevara‹ hörte ich ein paarmal. Dann mußte einer der Stewards das übersetzen. Er sagte, die Entführung geschehe im Namen der arabischen und Weltrevolution. Wir durften uns nicht rühren, bei jeder unnötigen Bewegung würden sie schießen.

Das Flugzeug wurde umbenannt und heiße jetzt ›Arafat‹, so hörten wir; und die deutsche Frau fügte hinzu, wir sollten jetzt nur noch den Namen ›Arafat‹ gebrauchen. Ein untersetzter bärtiger Mann, etwa 1,60 groß, der Französisch mit stark jiddischem Akzent sprach, versuchte Widerstand zu leisten. Sie warfen ihn zu Boden und schlugen hart auf ihn ein, am meisten die deutsche Frau. Wir waren erstarrt. Der Chefsteward sagte, wir brauchten keine Angst zu haben; er selber zitterte. Merkwürdig, aber wir entspannten uns. Die Mütter kümmerten sich um ihre Kinder, andere Passagiere blieben still sitzen, und es gab sogar welche, die ihre Zeitungen oder Bücher weiterlasen.

Wir wußten nicht, wohin wir flogen; nur daß wir woanders hinflogen, war uns klar. Als ich zur Toilette ging – ich mußte um Erlaubnis bitten und wurde von der Deutschen begleitet – sah ich, wie die Araber und der Deutsche ins Radiomikrofon sprachen.

Als erstes beschlagnahmte einer der Entführer alle unsere Pässe und anderen persönlichen Unterlagen. Sie schrieben alles auf. Danach kam der Steward und brachte uns Drinks und Kekse, als ob gar nichts geschehen sei.

Benghasi, wo wir nachmittags landeten, war für uns nichts als ein Ortsname. Weil der Chefsteward ›Benghasi!‹ rief, wußten wir, wo wir waren. Wir wußten auch, daß unser ›Besuch‹ in einem arabischen Land, das die Vernichtung Israels plante, nichts Gutes zu bedeuten hatte. Das war keine sichere Zuflucht für uns. Eine Stunde und noch eine Stunde verging, wir saßen schweigend und angsterfüllt auf unseren Plätzen. Erleichterung kam, als wir wieder starteten. Jemand sagte, wir flögen südwärts. Die andern schwiegen; die Entführer ließen keine Unterhaltung zu. Vor allem die Frau war sehr streng. Sie ging den Mittelgang entlang und kratzte sich mit der einen Hand im Haar – oder vielmehr in der Perücke –, während die andere eine Granate hielt. Immer wieder schrie sie, wir sollten still sein.

Ich hörte, wie die Leute von der Crew flüsterten, die Entführer hätten von Anfang an gewußt, wohin wir fliegen, sie hätten dem Piloten eine Karte mit den verschiedenen markierten Orten gezeigt. Ich hatte immer noch keine Ahnung, wohin es ging.

Wir landeten, als es ganz dunkel war, mitten in der Nacht, etwa 3.30 Uhr. Ein Steward sagte zu uns, wir seien in Uganda. Uganda? Von meinen Sitznachbarn wußte keiner, wo das lag oder was da los war. Dann flüsterte jemand, es sei das Land von Idi Amin. Da wußten wir, wo wir waren.

Ich gebe zu, ich hatte Angst. Für mich war Amin ähnlich wie Hitler. Er hatte sich damit gebrüstet, daß er Hitler bewunderte. Erst das Geschrei von der Deutschen und ihre bösen Blicke, und nun das Land von Idi Amin. Mir schien es in diesen Minuten, als sei ich in eine Albtraumwelt versetzt – in die Welt der Konzentrationslager aus dem Zweiten Weltkrieg.

Wir blieben stundenlang im Flugzeug sitzen, niemand wußte warum. Durch die Fenster konnten wir die Flughafengebäude sehen. Polizisten und Soldaten liefen auf das Flugzeug zu. Dann wurden Scheinwerfer angestellt, die alles taghell machten.

Wir mußten bis 10 Uhr morgens warten. Dann wurde die Tür geöffnet und wir durften aussteigen, einer nach dem andern. Sie führten uns in die Haupthalle, von der aus wir den Viktoriasee erkennen konnten. Nie hätte ich gedacht, den See zu sehen.

Etwas später kreiste ein Helikopter über uns. Idi Amin erschien zusammen mit seinem Sohn, der sieben oder acht Jahre alt ist. Vater und Sohn trugen die gleichen Uniformen mit genau den gleichen Orden und Dekorationen.

Idi Amin kam in die Halle, er lachte und schüttelte allen die Hand. »Willkommen – willkommen in Uganda!« sagte er immer wieder.

Er sagte, er werde dafür sorgen, daß es uns in Uganda an nichts fehle. Eine ganze Menge afrikanische Frauen brachten uns Sessel, ich glaube, es waren genug für alle, 250 oder noch mehr. Dann kam das Frühstück: Tee, Bananen, Brot und Butter, Eier und sogar Kartoffeln. Als wir applaudierten, hielt uns Amin eine lange Rede. Er sagte, die Palästinenser hätten das Recht auf einen eigenen Staat; Zionisten und Imperialisten machten es ihnen streitig. Er erzählte von seinem Besuch in Damaskus, wo er vor kurzem auch die jüdische Gemeinde besucht habe. In Damaskus ginge es den Juden sehr gut, sagte er. Die Syrer sorgen gut für sie und geben ihnen alles, was sie brauchen.

Dann erschien ein Arzt und eine Krankenschwester. Sie fragten jeden, ob wir krank seien oder ärztliche Hilfe brauchten. Der Arzt sah aus wie ein Araber, einige sagten, er sei Palästinenser. Sie untersuchten einige von uns, eilig und oberflächlich. Einer der Passagiere, Solomon Rubin, ist herzkrank, und der Arzt gab ihm ein paar Aspirintabletten.

In der Nacht bewachten uns zwei der Entführer mit Maschinenpistolen. Ich sah, daß die beiden Deutschen – der Mann und die bösartige Frau – sich nicht einen Augenblick hinsetzten. Sie blieben während der ganzen Wachzeit stehen. Der Deutsche trug die Maschinenpistole, die er vorher über den Rükken gehängt hatte, unter dem Jackett. So hatte er sie auch ins Flugzeug gebracht, in Athen.

Sie waren alle bewaffnet und entschlossen, ihr Unternehmen zu Ende zu führen. Der Deutsche trug eine Maschinenpistole, die andern hatten in der einen Hand eine Pistole und in der andern eine Handgranate. Die Beziehungen zwischen den Terroristen und den Ugandern schienen ausgezeichnet zu sein. Bevor wir uns zum Schlafen bereitmachten, warnten sie uns, daß jeder, der hinauszugehen versuchte, erschossen werden würde.

Die ugandischen Soldaten standen mindestens 20 Meter von uns entfernt. Wir hatten den Eindruck, daß die Ugander den Entführern bei der Bewachung halfen.

In Entebbe erhielten die Entführer Verstärkung durch zwei Männer, die wie Palästinenser aussahen. Jemand sagte, sie seien Angehörige der lokalen PLO in der Hauptstadt Kampala. Jedenfalls machten die bewaffneten Terroristen und die ugandischen Soldaten, die uns umgaben und mit den Entführern zusammen zu arbeiten schienen, jeden Versuch zum Widerstand aussichtslos.

Idi Amin erschien wieder. Er sagte, er täte alles, was in seiner Macht stünde, um durch Verhandlungen die Entlassung einiger von uns – ältere Leute, Kranke, Mütter mit kleinen Kindern – zu erreichen. Er behauptete später, die Entführer hätten sich erboten, 40 Leute freizulassen, er habe sie aber überredet, die Zahl auf 48 zu erhöhen.

In der ganzen Zeit, als wir in der Flughafenhalle in Entebbe waren, haben wir weder den französischen Botschafter noch sonst jemanden gesehen, außer den Entführern, Idi Amin mit seiner Leibwache und den afrikanischen Frauen.

Dienstag war ein tragischer Tag. Abends vor dem Essen kam der Deutsche mit einer Liste und las die Namen vor. Nach vier oder fünf Namen wußten wir, es waren alles Israelis. Die Aufgerufenen nahmen ihre Koffer und

Sachen und gingen in einen anderen Raum. Es waren 83, und viele weinten, als sie hinausgingen. Uns, die wir zurückblieben, war elend zumute. Es war eine schreckliche Szene – der harte deutsche Akzent und dann diese ›selekzia‹.

Die 83 gingen hinaus. Etwas später kam Idi Amin in den Nebenraum und sprach mit ihnen. Wir konnten nicht alles hören, nur Fetzen verstanden wir. Ein paarmal hörten wir ihn ›Shalom‹ sagen. Als er fertig war, applaudierten die Israelis. Es war ein schrecklicher Abend, obgleich ich selber und viele andere wußten, sie würden uns bald freilassen.

Gestern, Mittwoch, erfuhren wir, daß alles zu Ende war. Idi Amin kam nochmal. Wir, die Glücklichen, die jetzt entlassen wurden, machten uns zum Abflug bereit. Amin gab jedem die Hand, wünschte uns gute Reise und versicherte, er sei unser Freund.

Eine französische Nonne, die auch entlassen werden sollte, protestierte. Sie wollte bleiben und ihren Platz einem andern einräumen, der alt oder krank war. Eine ältere Französin von etwa 55 Jahren erbot sich ebenfalls zu bleiben, aber es wurde uns bald klar, daß an der Liste nichts geändert werden würde.

Sie brachten uns im Bus zum französischen Konsulat, wo uns der Botschafter empfing – das erstemal, daß wir ihn sahen. Er gab uns die Hand, wir erhielten Orangensaft und wurden dann zum neuen Flughafen gefahren, wo unser Flugzeug wartete. Wir stiegen ein – es war vorüber. Nach neun Stunden Flug kamen wir in Paris an. Für uns war das Abenteuer zu Ende.

Aber nur für uns. Keiner von uns ahnt, was jetzt geschehen wird und was man mit den Zurückgebliebenen vorhat. Die Entführer waren zu allem entschlossen. Sie haben noch mehr als zweihundert Geiseln in ihrer Gewalt und sind zu allem fähig.«

Moshe Peretz, der israelische Medizinstudent, schrieb über die Vorfälle am Donnerstag in sein Tagebuch:

8 Uhr. Alles wie üblich. Frühstück, Kleider waschen, die Kinder dürfen auf den Rasen. Hausarrest.

12 Uhr. Amin erscheint in Uniform, zusammen mit seinem Sohn, und teilt uns mit, daß die Verhandlungen, dank Israels Starrsinn, bisher ergebnislos verlaufen sind. Er sagt, er verhandele mit der Regierung via seinen Freund Bar-Lev, und er habe eine Verschiebung des Ultimatums auf Sonntag, 11 Uhr erreicht. Die Israelis sehen deprimiert aus. Alle sind still und be-

drückt und reden nicht viel miteinander. Sie ziehen sich in sich selbst zurück. Nur die Kinder spielen weiter.

14. Uhr. Eine zweite Gruppe von Franzosen verläßt uns. Die Zurückbleibenden sind die Israelis, 20 junge Franzosen, und die Bordcrew. Inzwischen haben sich die Terroristen etwas Neues ausgedacht: Sie lesen die Namen der Israelis laut vor, und jeder Aufgerufene hebt den Finger. Der Terrorist betrachtet das Gesicht und macht irgendein Zeichen neben den Namen. Bedeuten die Zeichen Tod oder Leben? Es ist gespenstisch. Ein Junge, vielleicht 16 Jahre alt, der die Hand nicht schnell genug hob, erhielt einen harten Schlag von einem der Araber, der ihm laut etwas zuschrie. Es gehen Gerüchte um über Folterungen, die vier der Fluggäste durchgemacht haben. Es heißt, die Entführer hätten sie mit Elektroschocks behandelt und gedroht, sie umzubringen. Tatsächlich wurden vier Personen in einen Nebenraum gebracht. Einer der Männer wurde schwer geschlagen und eine der Frauen bedroht.

16 Uhr. Wir werden in die Haupthalle zurückgebracht. Wir haben ein Gefühl von Zusammengehörigkeit, mit den Franzosen und der Crew. Das ist gut, unter diesen Umständen.

18. Uhr. Eben kam eine Nachricht, die uns überglücklich macht. Es heißt, die israelische Regierung habe eingewilligt, alle Forderungen der Entführer zu erfüllen. Welche Seligkeit! Wir fallen einander um den Hals, wir kommen uns vor wie neu geboren. Die Meldung kam von dem französischen Flugkapitän. Aber einige der Geiseln sagen, sie hätten bei dieser Entscheidung einen schlechten Geschmack im Mund. Sie sollen zwar ebenfalls entlassen werden, aber die Tatsache, daß die Terroristen mit ihrer Forderung durchgekommen sind, bedeutet, daß man ihnen auch weiterhin Gelegenheiten zu solchen Überfällen gibt.

20 Uhr. Wir machen uns zum Schlafen zurecht und treffen Vorbereitungen für morgen, für den Rückflug.

Wechsel zu Plan B: Angriff

Während die Geiseln und ihre Angehörigen jubelten und sich rosigen Wunschträumen hingaben, breitete sich in ganz Israel tiefe Depression aus, das Bewußtsein von Kapitulation und Hilflosigkeit. Dem Kabinett ging es ebenso. Mehrere Minister waren der Ansicht, dieses Nachgeben – der einzige Weg, der ihnen angesichts der ›Selekzia‹ übrig blieb – werde der Regierung einen neuen Schlag versetzen und die Anti-Terroristen-Kampagne zum Stillstand bringen.

Der Entschluß zur Kapitulation war tatsächlich echt und keine Falle. Trotzdem versuchte Premierminister Rabin, wie es seine Art ist, Zeit zu gewinnen – Stunden – Tage.

Am Freitag, dem 2. Juli, begann der Geheimdienst mit dem Übergang zu Plan B, der militärischen Alternative.

Polizei- und Militär-Experten in Terrorismus führten Israel Informationen aus verschiedenen westlichen Hauptstädten zu, wobei die zurückhaltenden Ansichten von Politikern und die offizielle Regierungspolitik außer acht gelassen wurden. Ein Untergrundmosaik entstand aus der Herausforderung des ugandischen Tyrannen und seiner Helfershelfer. Präsident Amin war eine Marionette am Draht seiner sogenannten »Staatsforschungs-Abteilung«, die von sowjetrussischen Beratern organisiert und von hochtrainierten Protégés der palästinensischen Guerilla-Vermittlungen bemannt wurde. »Staatsforschungs-Abteilung«: Das war der Deckname für eine so mächtige Geheimpolizei, daß Big Daddy, trotz seiner selbsterfundenen Operettentitel, hier nur eine Statistenrolle spielte. Soviel ging aus den vielerei Nachrichten verschiedener Quellen hervor.

Aus Deutschland kamen Informationen über Wilfried Böse, den man für den Anführer der Entführer hielt.

Aus Kanada kam eine Flut von Material, das Guy Toupin, der Koordinator der Sicherheitsdienste für die Olympischen Spiele 1976, zusammengetragen hatte. Toupin hatte länger als ein Jahr mit der Polizei von einem Dutzend Ländern die Sicherheit der Olympischen Spiele vorbereitet. Er entsann sich nur zu gut an das Massaker in München 1972. Das war das Werk palästinensicher Guerillas gewesen. Toupin wies darauf hin, daß Ugandas Präsident damals den Vereinten Nationen telegrafisch seine Freude über die Morde an den israelischen Sportlern ausgedrückt und ein Lob für Hitler, der 6 Millionen Juden umbrachte, hinzugefügt hatte. War es nicht durchaus wahrscheinlich, daß der Kopf, der hinter dem Massaker von 1972 steckte, sich in Uganda verbarg?

Die Geschicklichkeit und Schnelligkeit, mit der Wilfried Böse den Airbus überwältigte, wurde von Informationen bestätigt, die die Crew der Air France aus Uganda herausschmuggelte. Michel Bacos, der schlanke grauhaarige Flugkapitän der Maschine, beharrte darauf, daß weder er noch ein Mitglied seiner Crew Uganda verlassen werde, wenn nicht sämtliche Passagiere freigelassen wurden. Als zweimal eine Gruppe von Geiseln entlassen wurde, gab er ihnen einen ausführlichen Bericht der Vorfälle zwischen Athen, Benghasi und Entebbe mit. »Das war ein riskanter Schritt und gefährlich für seine eigene Sicherheit«, bemerkte später ein israelischer Minister. »Aber es war charakteristisch für alles, was er tat. Flugkapitän Bacos fegte auch den Fußboden und machte die Betten für die kranken Passagiere, er riet ihnen, was sie sagen und wie sie sich verhalten sollten, um weder die Terroristen noch Idi Amin zu provozieren. Aber am wichtigsten war seine Nachricht, die Entführung sei geplant und ausgeführt von Experten, die heute in Uganda saßen.«

Shimon Peres, der in Polen geborene Verteidigungsminister, der 25 Flugjahre in Israel hinter sich hatte, verstand und bewunderte, was Bacos zu tun versucht hatte. Peres war um 1950 der Baumeister der guten franco-israelischen Beziehungen, die zum Erwerb der französischen Mirage Kampfflugzeuge führten. Die Mirage wurde noch abgeändert von Forschern, die Peres mobilisierte, als er unter Ben Gurion arbeitete, der damals Premierminister und gleichzeitig Verteidigungsminister war. Die neue israelische Version machte die Mirage zu einem Kampfflugzeug, um das Israel von der ganzen Welt beneidet wurde.

Peres saß in seinem Arbeitszimmer in Tel Aviv vor einem unablässigen Strom von Soldaten und Fliegern. Er war von Anfang an überzeugt, daß Kapitulation das größere Risiko bedeutete. »Wozu reden wir von Freiheit, wenn wir nicht den Mut zu Opfern haben?« fragte er den Stabschef Mordechai Gur. Für Gur bedurfte es keiner Antwort. Er hatte immer nur Plan B im Kopf gehabt, obgleich er vor dem Tag des ersten Ultimatums keine militärische Alternative anbieten konnte. Täglich hatte er seine Männer zu neuen Ideen ermutigt. Die verwegensten Pläne hatte man bis Freitag eliminiert. Jetzt konzentrierte man sich auf den Rettungsplan, der am wenigsten Gefahr für Menschenleben barg.

Die Rettung war abhängig von folgenden Überlegungen, die Peres gelassen vorbrachte:

1. Präsident Amin erfreute sich großer Beliebtheit, und die Terroristen trugen dazu bei, daß er im Rampenlicht der Weltöffentlichkeit stand. Ihn zur Zusammenarbeit mit Israel zu bewegen, war ausgeschlossen, aber es sah ganz so aus, als würden er und die Terroristen ihr Schauspiel gern noch verlängern. Gur sollte daher einen Operationsplan ausarbeiten, der von der Annahme ausging, daß man genügend Zeit für eine Hauptprobe hatte.

2. Sechs Terroristenführer, das wußte man, waren von Somalia nach Kampala gefahren, und zwar mit Landfahrzeugen, um nicht aufzufallen. In einem seiner bizarren Telefongespräche mit Bar-Lev hatte Amin »Die Nummer Eins« erwähnt, die bei dem Gespräch neben ihm stand. Das konnte Dr. Hadad sein, dessen Hauptsorge es war, die Situation propagandistisch auszunutzen, und zwar sowohl innerhalb der palästinensichen Guerillabewegung wie außerhalb.

3. Amin würde zweifellos die Gipfelkonferenz der afrikanischen Staaten zu einem grandiosen Auftritt ausnutzen und dann sofort zurückkehren, um in Entebbe den Countdown bis zum neuen Ultimatum zu beobachten.

4. Es gab Grund genug zu befürchten, daß am Sonntag die Tötung der Geiseln beginnen würde, eine nach der andern und mit längeren Pausen, um den Ernst der terroristischen Drohungen nachhaltig zu untermauern.

5. Die »Staatsforschungs-Abteilung« in Uganda würde Idi Amin, falls er verrückt spielte, bis Sonntag im Zaum halten. Danach mochte es der Geheimpolizei in den Kram passen, Brutalität ins Spiel zu bringen.

Die Rettung mußte daher auf Samstagnacht abgezielt werden, nicht weniger als sechs Stunden vor Dämmerung am Sonntag morgen, damit sie vor Ablauf des Ultimatums beendet war.

In Montreal, dem Schauplatz der Olympischen Spiele, ließ man eine Meldung durchsickern, nach der anzunehmen war, Israel glaube, daß der Schakal sich in Monteal befinde. Es folgten noch andere Details, die bei den Terroristenorganisationen den Eindruck erwecken sollten, man habe die Identität von Wilfried Böse nicht erraten; man wisse auch nichts von der Anwesenheit von Terroristenführern in Somalia und Uganda; und Israel sehe sich allein und verlassen in einer gefährlichen und unbekannten Situation.

Der Schakal alias Carlos, identifiziert als Iljich Ramirez Sanchez, war ein Killer nach dem Muster des Mannes, der im Auftrag der Sowjetunion Stalins persönlichen Feind Trotzkij umgebracht hatte. Es gab eine geringe Chance, ihn in Entebbe zu schnappen, und am 2. Juli ging man eilig daran, nach dem Geheimdienstmaterial aus Europa und Amerika das Leben des Schakals zusammenzustellen. Auf sein Konto ging der Mord an zwei Pariser Polizeibeamten, die Entführung von Delegierten auf der Konferenz der OPEC in Wien und andere Gewaltverbrechen. Sein Kumpan und technischer Berater war der Deutsche, der jetzt die Geiseln in Entebbe in Schach hielt.

»Wär' schön, wenn wir den Schakal lebendig kriegten«, bemerkte ein Beamter des Geheimdienstes, der die Schakal-Akte las.

Peres schüttelte zweifelnd den Kopf. »Erstes Gebot ist die Rettung der Geiseln. Aber immerhin . . .«

Ein Plan, Moshe Dayan nach Uganda zu schicken, wurde ebenfalls von dem Gremium erörtert, das die wirklich unausführbaren Vorschläge abzulehnen hatte. »Der Plan kam vor den Krisenstab«, sagte Premierminister Rabin später, »weil einer Dayan als den Mann ansah, der am ehesten die Terroristenführer kriegen könnte, ein anderer sah ihn in der Rolle, die er damals bei Präsident Nasser einnahm, und noch ein anderer dachte, es würde Idi Amin schmeicheln, wenn er käme. Ich selber sah nichts in dem Plan als Demütigung und womöglich den Verlust Dayans.«

Dayan, der Soldat mit der Augenklappe und für die Außenwelt ein Symbol Israels, wurde zunächst als mögliche Lösung betrachtet für das Problem: Können wir Hadad oder sonst einen der Terroristenführer lebendig kriegen? Es war nicht ganz ausgeschlossen, denn Big Daddy sprach in den Telefonaten mit Bar-Lev wiederholt von Dayan; einmal wurde er ersucht, den afrikanischen Diktator anzurufen. Seine Antwort lautete: »Wenn er reden will, gut, aber dann von Angesicht zu Angesicht.«

So nahm die Idee Gestalt an. Der Stabschef hatte seinen Einheiten gesagt, alle Kommunikationswege nach oben stünden weit offen. »Jeder Plan hat eine Chance.«

Dayan, der vor mehr als einem Vierteljahrhundert Militärkommandant von Jerusalem gewesen war, stand in dem Ruf, er verhandele stets diplomatisch mit seinen Gegnern, sofern er sie nicht durch Überraschungstaktik auf dem Schlachtfeld besiegen könne.

Rabins große Sorge war, daß Dayan, wenn er von dem Plan seiner Entsendung nach Entebbe erfuhr, so begeistert war von der gefährlichen Mission, daß ihn nichts mehr zurückhielt. Eine verwegene Rettungsaktion würde sicher seinem Temperament entsprechen, aber sie würde zweifellos auch die ausländischen Kritiker Israels auf den Plan rufen und dem Lande harte Vorwürfe wegen militärischer Hemmungslosigkeit eintragen.

»Ich mußte den Vorschlag analysieren und meine Gegenargumente vorbereiten«, sagte Rabin. »Jeder Plan vor dem Krisenstab wurde eingehend mit allen Pros und Contras erwogen, als ob wir uferlos Zeit für Advokatengezänk und ausgeklügelte Taktiken hätten.

Wenn Dayan nach Entebbe ging, wurde er wahrscheinlich umgebracht. Wenn nicht – wenn er Amin beschwatzen konnte, dann kam es vermutlich wieder zu einem Schauspiel der Entwürdigung wie bei dem General, der von der Queen geschickt worden war und der gezwungen wurde, öffentlich niederzuknien, um in einer ähnlichen Komödie Menschenleben zu retten.«

Trotzdem machte man Pläne zur Entsendung eines Kuriers. Das war keine Zeitverschwendung, denn die Details des Fluges ließen sich auch für ein Kommandounternehmen verwenden. Es stellte sich dann heraus, daß Moshe Dayan völlig im Bilde und bereit zur Abreise war. Aber er wußte auch, hier ging es um mehr als um sein Leben. Einen so prominenten Mann würde Ugandas Geheimpolizei bestimmt den Terroristen übergeben, und Dayan hatte gerade die Erklärung des Libanon gelesen, aus der hervorging, wie viel der PFLP daran lag, die Aufmerksamkeit der Welt auf sich zu ziehen und zu behalten. Es hieß dort: »Wir haben Flug Nr. 139 an uns gebracht, um der Welt unsere Absicht vor Augen zu führen, in Israel den Zionismus durch eine sozialistische Demokratie zu ersetzen. Mit dieser Maschine bezahlt Frankreich seine militärische Intervention im Libanon, mit der es die Aufmerksamkeit von unserer Sache ablenken wollte.«

Das war die politische Stimme, die sich für die Guerillas in Uganda einsetzte, und Dayan hatte keine Lust, mit offenen Augen in eine Falle zu laufen. Er versuchte also, nicht wie ein beleidigter alter Soldat aufzutreten, der besser bei seiner archäologischen Arbeit blieb, und schlug stattdessen vor, man solle Fotokits (gezeichnete Phantombilder) und Profilanalysen der Guerillaführer an die Chefs der Kommandounternehmen verteilen, die evtl. zum Einsatz kommen sollten. Das war bereits geschehen. »Also dann«, sagte Dayan, »wenn ihr mich fragt: Ich bin 150 Prozent für militärischen Einsatz.«

Es kamen noch weitere Informationen nach Israel von der französischen

Direction de la Surveillance du Territoire (DST), von Scotland Yard, von der CIA und vom FBI, vom Sicherheitsdienst der Royal Canadian Mounted Police (RCMP), und einige sogar von den entlassenen Geiseln und den israelischen Informanten in Amins Regierungskreisen, so daß man den Kommandogruppen Fotos und persönliche Einzelheiten zum Auswendiglernen übergeben konnte. Sie sollten so verfahren, als sei der Einsatz fest geplant.

Es gab nicht wenige unter ihnen, die darauf brannten, Männer wie den Schakal lebendig in die Hände zu bekommen, denn diese kannten die Helfer der neuen Terrorgruppen und wußten, wo und wie sie arbeiteten. Der größte Triumph wäre die Einvernahme von Dr. Wadi Hadad, von dem man wußte, daß er für die Forderungen an Jerusalem verantwortlich war. Der israelische Geheimdienst beschrieb ihn als »Desperado, benimmt sich wie ein russischer Anarchist aus dem 19. Jahrhundert, der fast mystische Befriedigung darüber empfindet, daß er von der übrigen Welt isoliert ist und daß für ihn daher eigene Gesetzte und Vorschriften gelten.«

Dr. Hadad – Planer des Terrors

Verteidigungsminister Peres' Überzeugung, daß militärische Aktion der einzige Ausweg war, wurde durch neue Tatsachen erhärtet. »Wenn Israel diesmal nachgibt«, sagte er einmal in den kritischen Stunden zwischen Donnerstag und Freitag, »dann sehe ich eine Katastrophe kommen. Wenn wir über das Leben der Geiseln und die Gefahr sprechen, in der sie sich befinden, so halten Sie sich bitte vor Augen, daß diese Menschen für mich israelische Soldaten an der Front sind.«

Er stand bei diesen Worten unter dem Porträt von David Ben-Gurion, und seine zuhörenden Soldaten sagten später, sie hätten fast die Gegenwart des »starrsinnigen, rebellischen, flammenden Mannes« gespürt: So war Ben Gurion als er kurz nach dem Yom-Kippur-Krieg starb, von Peres selbst beschrieben worden. »Er war der Geist des jüdischen Volkes«, hatte Peres gesagt. Und den jungen israelischen Soldaten, die den Verteidigungsminister mit immer neuen Plänen bestürmten (sie reichten vom Kidnapping Amins bis zu praktischen Befreiungsskizzen) schien es, daß hier einer vor ihnen saß, der imstande war, den bitteren Geschmack des letzten Feldzugs zu tilgen und jede Erinnerung auszulöschen an das gefährliche Zögern und wiederholte Aufschieben bei der Reaktion auf die massiven Angriffe, die Israel vor drei Jahren fast zu Fall gebracht hatten. Denn die Soldaten sahen, wie die Sanduhr der Zeit eilig leerlief. Männer wie Dan Shomron erkannten, daß die Aktionen gegen Israel sich zu universalem Terrorismus ausgeweitet hatten, weil man hoffte, das Volk dadurch auszustoßen, es durch das Gesetz eines Dschungels zu isolieren, in dem auch andere freie Nationen um ihr Leben fürchten mußten und die eigene Sicherheit daher über alle moralischen Bedenken stellten.

Die Soldaten hatten keine Angst davor, sich mitten in Afrika auf einen Feind zu stürzen. Nach Aussage der Air Force gab es keinerlei Probleme bei der Nachtlandung auf einem verdunkelten und schwerbewachten feindlichen Flugfeld. Die Navy verfügte über Schiffe, die elektronischen Schutz geben konnten.

Aber die Weltmeinung? Bei einem solchen Rettungsunternehmen konnten die Verluste sehr hoch sein. Peres ließ von Experten Schätzungen auf der Basis von Alternativplänen herstellen. Was die Welt immer noch nicht einsehen wollte, war, daß Terrorismus Krieg war, Krieg ohne Kriegserklärung und gerichtet gegen Traditionsgemeinschaften, die unter Qualen und Schmerzen erbaut worden waren.

Peres und die andern Mitglieder des Krisenstabes waren sich ziemlich klar darüber, wer ihre wahren Gegner in Uganda waren. Ein Bericht, der Peres vorlag, sprach eine deutliche Sprache. In Somalia gab es ein Terroristen-Hauptquartier, das sich vor drei Jahren der Arabischen Liga gegen Israel angeschlossen hatte. Uganda war das erste Land, das Entführern Hilfe geleistet hatte. Ein Erfolg mußte Somalia und andere Länder ermutigen. Aus Somalia war Dr. Wadi Hadad gekommen.

Hadad war bisher eine Schattenfigur, wie der Schakal. Es konnte nicht mehr lange dauern, bis Israels Geheimdienst offenlegen mußte, wieviel über ihn bekannt war.

Am 11. Juli 1970 entkam Hadad wie durch ein Wunder dem Tode. Die Tatsache, daß er am Leben geblieben war, machte sich bei den palästinensischen Terroristen in der ganzen Welt bemerkbar. Der Bericht wurde von den libanesischen Sicherheitsbehörden zusammengestellt.

»Der Bombenanschlag vom 11. Juli auf Dr. Hadads Haus gleicht dem Sprengstoffanschlag, der im September 1969 auf das Büro der Organisation für die Freiheit Palästinas verübt wurde.

Diesmal zielte der Anschlag auf das Haus eines der prominenten Männer der Volksfront für die Befreiung Palästinas (Leitung Dr. George Habash), Dr. Wadi Elias Hadad, 40jähriger Palästinenser. In der PFLP gilt er als der »Mann Nr. 2« und Begründer der Arabischen Nationalistenbewegung.

Die arabische Freiheitskämpferin Leila Khaled, die im August 1969 an der Entführung einer TWA-Maschine auf dem Flug nach Damaskus teilnahm, war zur Zeit des Anschlags Gast bei Dr. Hadad. Sie wurde nicht verletzt.

Um 14.14 Uhr hörte man eine laute Explosion in Dr. Hadads Wohnung im dritten Stock des Katarji-Gebäudes, Muhi Aldin Alhayat Street im Stadtviertel Almala von Beirut.

Sechs Katjuschas sowjetischer Bauart wurden aus einer Wohnung im fünften Stock eines Hauses gegenüber dem Katarji Gebäude abgeschossen. Die Entfernung betrug etwa 100 Meter; drei Sprengkörper durchdrangen Salon und Schlafzimmer in Dr. Hadads Wohnung; zwei versagten aus technischen Gründen. In der Wohnung brach Feuer aus, Türen und Fenster sowie geparkte Autos auf der Straße wurden beschädigt. Dr. Hadad wurde leicht verletzt. Seine Frau, Samia Hadad, und sein Sohn Hagi, 8, erlitten Verbrennungen und wurden im amerikanischen Univeristätshospital behandelt.

In der Wohnung, wo die Bomben abgeschossen wurden, fand man ein paar billige Möbel, Schränke, ein einfaches Bett, auch ein Paar Arzt-Handschuhe. Vermutlich hat der Täter sie beim Aufnehmen der Sprengkörper benutzt, um keine Fingerabdrücke zu hinterlassen.

Ein Mann mit iranischem Paß, der sich Ahmad Batzrat nannte, war vor drei Monaten nach Beirut gekommen und hatte die Wohnung gemietet, aus der die Bomben abgeschossen wurden. Er kaufte ein paar billige Möbel und fuhr einen beigen Volkswagen. Man fand einen englischen Satz, den er geschrieben hatte: »Made by Fatah, 1970.«

Dr. Hadad ist in der »Volksfront« sehr aktiv; er geht völlig in der Sache auf und hat seine ärztliche Praxis aufgegeben. Er hat an der Amerikanischen Universität sein Abschlußexamen gemacht und ist ein naher Freund von Dr. Habash. Er ist ständig unterwegs und läßt sich nirgends auf der Dauer nieder.

Die Informationsabteilung der PFLP hat einen Bericht über den Vorfall veröffentlicht; darin werden der Feind Israel und amerikanische Geheimdienstkreise des Mordversuchs beschuldigt. Hadad soll behauptet haben, der Anschlag sei das Werk zionistischer und amerikanischer Organisationen.

Der Verdächtige, Ahmad Batzrat, ist ein junger Mann von dunkler Hautfarbe um 30 Jahre, schmal, mit Schnurrbart und dunkler Brille; er behauptete, nicht arabisch zu sprechen, und vermied es, mit andern Leuten zusammenzukommen.

Die Ermittlungsbehörden versuchen festzustellen, wie er die Wohnung von Hadad herausfand und woher er wußte, daß Leila Khaled an jenem Tag dort war, denn Hadas war erst vor zwei Tagen aus Frankreich nach Beirut zurückgekommen. Es erwies sich, daß der Terrorist aus Europa kam und daß er mit der Lufthansa und der Air France gereist war, was aus seinen in der Wohnung zurückgelassenen Koffern hervorging. Die beiden Koffer hatten falsche Böden und Seitenwände. Vermutlich gelang es Batzrat auf diese Weise, den Sprengstoff durch den Beiruter Flughafen zu bringen.

Ahmad Batzrat war offensichtlich der Hauptagent unter mehreren andern, die den Auftrag hatten, Hadads Wohnung zu bombardieren und ihn zu töten. Er hat diese Aufgabe zweifellos nicht allein durchgeführt; dazu brauchte man mehrere Leute. Er wurde offenbar zum ausführenden Organ bestimmt.

Yassir Arafat hat die Tat verurteilt und gesagt, diese verbrecherische Tat sei nur ein Glied in einer Kette von Verschwörungen der Gegenrevolution mit dem Ziel, den Widerstand der Palästinenser zu brechen. Es seien schon mehrere Anschläge vorausgegangen, vor allem der Anschlag auf die Palästinensische Befreiungsorganisation in Beirut und der Mordversuch an Haled Yasrami, ebenfalls in Beirut.

Der Agent kann die Bomben durch den Flughafen oder über die libanesische Grenze gebracht oder sie auf dem lokalen Schwarzmarkt erworben haben. In jedem Fall brauchte er im Lande ein Standquartier, Leute zur Ausführung von Aufträgen, Beobachter und Helfer, die die Wohnung mieteten und alle Vorbereitungen trafen. Der Agent ist der ›Experte‹, der erst erscheint, wenn alles fertig ist; er bringt die Bomben in Anschlag, stellt die Zeituhr ein und verläßt das Haus.

Man kann mit Sicherheit davon ausgehen, daß es ein Netzwerk gibt, das aus einigen lokalen Agenten besteht. Um sie zu finden, ist ein technisch-wissenschaftlicher Einsatz von hohen Graden bei Polizei und Sicherheitsorganen nötig; zunächst aber muß das abschreckende Moment betont werden. Es steht fest, daß ein Mann, der sich Ahmad Rauf nannte, aus der Bundesrepublik Deutschland kam, genau so wie Ahmad Batzrat, der in der Wohnung Papiere zurückließ, die in Westdeutschland ausgestellt waren. Die westdeutschen Flughäfen sind ebenso mitverantwortlich wie der deutsche Sicherheitsapparat, der es zum zweitenmal zuließ, daß in seinen Flughäfen falsche Pässe vorgezeigt und akzeptiert wurden.

Die Umsicht, mit der die Verschwörer ihre Spuren verwischten, deutet darauf hin, daß die zurückgelassenen »Hinweise« absichtlich hinterlegt wurden. Das würde bedeuten, daß die Bomben nicht aus dem Ausland kamen, sondern im Libanon hergestellt wurden. Die Indizien, die das Gegenteil beweisen sollten, wurden vorsätzlich hinterlegt.

Hadad hat nicht vor Flugzeugentführungen zurückgeschreckt, um seine terroristischen Aktivitäten zu finanzieren. Das Beispiel dafür war die Entführung einer Lufthansamaschine im Februar 1972, die ein Lösegeld von fünf Millionen Dollar einbrachte.

Aus dem vorliegenden Material geht hervor, daß ›alle Wege zur Dr. Wadi Hadad führen, der bisher als Planer und Operationsexperte für die PFLP gearbeitet hat‹.«

Der westdeutsche Geheimdienst nahm zunächst an, der Jumbo sei von Gangstern entführt worden oder – da das Unternehmen mit professionellem Geschick ausgeführt worden war – daß es ein »brillanter Schachzug der israelischen Shin Beth« gewesen sei mit dem Zweck, es den Palästinensern in die Schuhe zu schieben.

Gad Yaakobi, der Transportminister, hatte sich über Hadads Karriere informiert. Er war außer sich, als der Airbus nach Uganda entführt worden war, denn sein Ministerium befaßte sich mit der Sicherheit der Fluggäste. Seine Unruhe wuchs, als er in den Krisentagen erfahren mußte, daß andere Nationen angesichts des Terrorismus immer noch vor einer engen Zusammenarbeit und der Ergreifung strenger Maßnahmen zurückschreckten. Es gab zu viele Staaten, die auf die Empfindlichkeit von Arabern, Afrikanern und Asiaten Rücksicht nahmen. »Aber keiner entführt mal ein Flugzeug in ein kommunistisches Land«, meinte Yaakobi trocken. »Mit Flug Nr. 139 wird uns die Rechnung präsentiert. Wir müssen die ganze Verantwortung auf uns nehmen, weil die andern von Anfang an nicht aufgepaßt haben.«

Israel hatte offenbar den Kampf gegen den internationalen Terrorismus ganz allein zu führen; viele westliche Regierungen zogen es aus politischen Gründen vor, die katastrophalen Luftpiratenaktionen zu bagatellisieren. Deshalb veröffentlichte Israel am Freitag, dem 2. Juli, weitere Informationen über Dr. Wadi Hadad. Es war eine Präventivmaßnahme, um denen, die über Israel herfallen würden, wenn die Rettungsmission in Uganda mißlang, den Wind aus den Segeln zu nehmen.

»Dr. Hadads Anhänger gehören zu der Splittergruppe der PFLP, die den Airbus der Air France nach Entebbe entführt hat. Sie versuchen, den Terror gegen Israel über die Grenzen des vorderen Orients hinaus auszuweiten, und streben daher nach Zusammenarbeit mit nichtarabischen Untergrundgruppen. Ihre Mitglieder halten sich nicht mit ideologischer Propaganda oder Information auf: Sie suchen spektakuläre Aktion. Ihre Anzahl ist klein; ihre Vorteile liegen in der Kenntnis der Administration, in der Erfahrung von Operationen und in der Nutzbarmachung internationaler Kontakte.

Wadi Hadad, 46, ist griechisch-orthodox. Er wurde in Safed geboren, verbrachte aber seine Jugend in Jerusalem. Sein Vater war Elias Nasralle, ein berühmter arabischer Lehrer in Palästina gegen Ende des Ottomanischen Reiches und während der britischen Mandatszeit.

Hadad jr. studierte Medizin an der Amerikanischen Universität in Beirut, zusammen mit George Habash. Sie begründeten die »Arabische Nationalistische Bewegung« mit einer Reihe von Filialen in der ganzen arabischen Welt und Verbindungen zu Präsident Nasser.

Mit der Gründung der PFLP Ende 1967 übernahm Hadad sehr schnell die wichtigsten Operationen. Er plante 1968 die Entführung der EL-AL-Maschine nach Algerien; es war die erste in einer ganzen Reihe von Hijakkings. Er entdeckte und förderte Leila Khaled (die so vorsichtig war, ihn in ihren Memoiren nicht zu erwähnen).

Hadad begann seine Untergrundtätigkeit 1963 in Jordanien, wo er zusammen mit Habash in Amman eine Augenklinik eröffnete, die als Tarnorgan für die Arabische Nationalistenbewegung diente. Dort stand eine kleine Presse, auf der Handzettel zum Verpacken von Medikamenten gedruckt wurden. Nach dem Sechstagekrieg wurde aus der Bewegung die PFLP mit Habash als Anführer. Operationsoffizier war Hadad.

Als die PFLP ihr Hauptquartier nach Beirut verlegte, wurde Hadads Wohnung unweit der Al Hamra Street zum Nervenzentrum der Organisation. Hier trafen sich Hadad und seine Männer und planten die ersten Schläge der PFLP außerhalb Israels vor.

Hadad ist der Mann, der die Pläne zur Ausweitung des Terrorkriegs erdachte. Der erste war ein versuchter Anschlag auf David Ben Gurion bei einem Zwischenaufenthalt in Dänemark. Es folgten die Pläne der Flugzeugentführungen. Unter seiner Lenkung wurde eine EL-AL-Maschine nach Algerien und eine Maschine der TWA nach Damaskus entführt (hier war Leila Khaled das Haupt der Entführer). Ebenso plante Hadad das bisher größte und raffinierteste Unternehmen, die gleichzeitige Entführung von drei Flugzeugen.

Hadad ist ein gutaussehender Mann. Frauen – auch seine Freundinnen – sind bei allen Unternehmen dabei. Muna Saudi, die bezaubernde junge Malerin, war an seinem ersten Anschlag in Dänemark beteiligt. Es folgte Leila Khaled und dann ihre Nachfolgerin, die schöne Irakerin Katie Thomas, die die Entführung des japanischen Jumbo leitete und getötet wurde, als in der Maschine eine Granate explodierte.

Hadad läßt sich in der Öffentlichkeit nur selten sehen. Er ist überaus vorsichtig bei allen Reisen. Es gibt kaum Fotos von ihm.

Die Lufthansa und die deutschen Behörden gaben seiner Erpressung nach; er hat also reichlich Geld, um weitere Terrorakte zu finanzieren.

Im Juli 1973 entführten seine Leute – wieder unter dem Kommando einer Frau – eine JAL-Maschine und verlangten 15 Millionen Dollar Lösegeld. Das Flugzeug wurde im Flughafen von Benghasi zerstört.

Am 12. April 1976 setzte Hadad eine neue Welle des Terrors in Bewegung und predigte in der ganzen Welt Terror gegen Israel.

Heute kann man sagen, daß es wohl keinen zweiten Palästinenser gibt, der über so viel Erfahrung im Terrorismus und über so gute Verbindungen zu internationalen Terrororganisationen verfügt. Jahrelang war er das Nervenzentrum für die Verbindungen der Palästinenser mit deutschen, südamerikanischen, irischen, japanischen, skandinavischen und anderen Terroristen, die sich bereitwillig für Mord und Sabotageakte zur Verfügung stellen.

Nur Hadad wäre unter den heutigen Umständen in der Lage, eine Gruppe – an der offenbar auch Ausländer beteiligt sind – zu organisieren und den Airbus zu entführen. Hadad hat überall Helfer, nicht nur unter Terroristen. Ghadafi in Libyen kann ebenso dazu gezählt werden wie Idi Amin in Uganda und die Staatsoberhäupter im Südjemen und im Irak.

In Japan rekrutierte Hadad die Mitglieder der Japanischen Roten Armee. Aus ihr stammt Kozo Okamotu mit seinen Genossen, die im Mai 1972 zum erstenmal auf der internationalen Terrorbühne erschienen, als sie das Massaker im Flughafen von Lod ausführten. Die Liste ist in den letzten fünf Jahren erschreckend angewachsen.

Doch auch Hadad gelingen nicht sämtliche Pläne. Er hat manchmal Pech; seine Anschläge werden vereitelt. Aber ein Mann wie Hadad gibt nicht auf; er erscheint sofort irgendwo anders mit neuen Plänen. Und das Terrorkonto zeigt einen Saldo zu seinen Gunsten.

Er hält seine Schritte geheim und taucht zuweilen an merkwürdigen Orten in Südostasien auf, oder in Europa, Südamerika, den Ölstaaten, und natürlich immer wieder dort, wo er mit Unterstützung rechnen kann: im Irak, in Libyen, Uganda, Somalia und im Südjemen.

Er liefert den Palästinensern und andern die notwendigen dokumentarischen Unterlagen, Geldmittel, Waffen und Sprengstoffe. Er kennt den Schakal, die Baader-Meinhof-Leute und die Mitglieder der Japanischen Roten Armee.

Vor der Planung und Ausführung des Entebbe-Unternehmens war ihm ein Terroranschlag im Ben-Gurion-Flughafen in Israel mißlungen. Er schickte einen Deutschen, Bernd Hausman, als lebende Bombe hin. Hausman kam im Mai 1976 aus Wien nach Israel; er hatte keine Ahnung, daß seine palästinensischen Genossen in seinem Koffer eine Bombe untergebracht hatten, die beim Öffnen explodierte. Er passierte die oberflächliche Kontrolle in Wien und bestieg mit seinen beiden verbombten Koffern ein österreichisches Flugzeug. In Lod wurde er sofort verdächtigt und mußte seinen Koffer öffnen. Eine Sicherheitsbeamtin war dabei. Er schloß den Koffer auf, und eine krachende Explosion war die Folge. Er und die Sicherheitsbeamtin wurden getötet. Ein Wunder verhinderte eine Katastrophe im Flughafengebäude, wie Hadads japanischer Bote sie vor vier Jahren verursacht hatte.

Israelische und deutsche Behörden untersuchten Hausmans Vergangenheit und konnten genau feststellen, wie deutsche Anarchisten von Hadad rekrutiert wurden. Hausman hätte in vier Tagen seinen 26. Geburtstag feiern können.

Hausman wurde in einem Camp der PFLP trainiert. Er war einer der Terroristen, die eine Zeitlang mit dem Schakal identifiziert wurden.

Japaner, Südamerikaner, Franzosen, Skandinavier und andere Deutsche wurden auf die gleiche Art von Hadad für seine internationale Terrorgruppe angeworben. Auch das Entführerteam für den Flug Nr. 139 wurde so organisiert. Die deutsche Frau in dem Team, das die Passagiere von Athen nach Uganda entführte, war eine nahe Freundin Hausmans. Man sagte ihr nicht, daß Hausman in eine Falle ging und als lebende Bombe nach Israel geschickt wurde, sondern daß »die Israelis Hausman umgebracht haben«.

Sie wollte ihn rächen. Vielleicht erklärt das ihr Verhalten in dieser Woche.

Dies waren einige der Einzelheiten in dem Digest, der die extremen Maßnahmen mit dem Codenamen »Thunderbolt« rechtfertigen sollte, einem Unternehmen, das den Krieg zwischen Israel und den Terroristen fortsetzte.

Thunderbolt – Die Risiken

Es war ein nie dagewesenes Unternehmen. Doch abgesehen von der militärischen Seite war es auch ein Test auf Demokratie unter Belagerung. Premierminister Rabin hatte zunächst die friedliche Lösung des Plans A ausprobiert und fühlte sich moralisch berechtigt zum Umschwung auf Plan B. Nur brauchte er das einstimmige Ja des Kabinetts. Täglich und stündlich hatte man in den Krisentagen Protokoll geführt bei jeder Konferenz, jeder Sitzung des Krisenstabes, jeder militärischen Beratung. Niemand wußte das besser als Rabin, der Soldat, der – abgewandelt – de Tocqueville zitierte: »Eine Demokratie kann in der Außenpolitik nur mit großer Mühe und langsamen Schritten einen festen Kurs verfolgen. Sie ist daher der Gnade von Diktatoren ausgeliefert. Wenn sie den demokratischen Prozeß – um zu überleben – aufgibt, verliert sie die moralische Rechtfertigung zum Kampf.«

Rabin war unbedingt dafür, daß Israel demokratisch vorging. Den ganzen Freitag hielt er dies den Kommandoführern vor.

Später würde es heißen, daß Unternehmen Thunderbolt schon am Freitag als militärische Operation vereinbart worden war. Der Premierminister wußte es besser. Erst am Samstag morgen konnte man von der geringsten Erfolgschance für die Angreifer sprechen. Mit dieser Chance begnügte man sich, denn die Nachrichten aus Uganda meldeten, daß dort die Vorbereitungen für die Hinrichtung der ersten Geiseln am nächsten Morgen getroffen wurden.

»Präsident Amin flog über Freitag und Samstag nach Mauritius«, berichtete Rabin. »Wir nahmen an, es würde nichts passieren, solange er dort vor der OAU den großen Mann spielte. Das gab uns soviel Zeit, daß wir alle Schritte – politische, militärische, diplomatische und geheimdienstliche – nacheinander einleiten konnten. Aber für Sonntag mußten wir damit rechnen, daß er als Killer auftreten würde.«

Wenn Fanatiker und Abnorme ein Problem aufgeben, so gibt es dafür keine perfekte Lösung. Man kann nur wählen, und bei jeder Wahl konnten Katastrophen auftreten.

»Thunderbolt wird entweder ein phantastischer Erfolg oder eine furchtbare Katastrophe für Israel«, sagte Rabin.

Am Freitagabend hatte Verteidigungsminister Peres den außenpolitischen Berater des amerikanischen Präsidentschaftskandidaten Jimmy Carter zum Essen eingeladen. Außer Professor Zbigniew Brzezinski war auch der Leiter des israelischen Geheimdienstes geladen. Peres unterhielt sich auf Polnisch mit Brzezinski, der ebenfalls in Polen geboren worden war. Der Verteidigungsminister bewahrte – wie alle Angehörigen des Krisenstabes – äußerlich völlige Ruhe. »Business as usual« stand auf seinem Gesicht. Er war froh, einen Gast bei sich zu haben, der vielleicht eines Tages Kissingers Platz einnehmen würde; vor allem an diesem Abend war ihm das lieb, denn in der Wüste fand in diesen Stunden die Hauptprobe zum Unternehmen Thunderbolt statt, von der es abhing, ob die Geiseln aus Entebbe nach Hause zurückkehrten oder nicht.

Brzezinski, ein 48jähriger Professor für internationale Politik an der Columbia Universiätt, untersuchte das Problem mit der analytischen Überlegung des Jesuiten. Er war Katholik, und das jüdische Dilemma ging ihm nahe. Nichts von allem, was er an diesem Abend sagte, bezog sich direkt auf Thunderbolt oder beeinflußte die Maschinerie, die hinter Plan A stand, der jetzt so gut wie abgelegt war. Kein Wort fiel über Plan B, über den noch nicht endgültig entschieden war, der aber – angesichts der Hinrichtungsvorbereitungen in Uganda – der Realität immer näher rückte. Als Brzezinski sich verabschiedete, besaß er eine klare Vorstellung davon, wie Israelis Geheimnisse bewahren und gleichzeitig einen Gesprächspartner informieren können. Was bei dem Dinner gesprochen worden war, nahm erst Inhalt und Bedeutung an, als Brzezinski am Sonntagmorgen mit seiner Familie in New York telefonierte und von der Aktion in Entebbe erfuhr. Jetzt bekam die akademische Diskussion über die Notwendigkeit, dem internationalen Terrorismus zu begegnen, eine ganz neue Bedeutung. Brzezinski hatte sich ausgelassen über die amerikanische Sorge, daß im nächsten Jahrzehnt die größte Gefahr für die Menschheit in der verbesserten Technologie läge, die auch kleinen Gruppen selbstmörderischer Fanatiker zur Verfügung steht. Die Rauchbombe des Anarchisten – im letzten Jahrhundert Objekt aller Karikaturisten – konnte sich sehr bald in eine ebenso kleine nukleare Waffe verwandeln. Verteidigungsminister Peres hatte sich optimistisch darüber geäußert, wie man Gegenmaßnahmen entwickeln könne, wenn die Völker zusammenarbeiteten und auf jede neue Drohung mit einer Gegenerfindung erwiderten.

»Ein phantastisches Theater«, sagte Patrick Moynihan, der sehr offenherzige amerikanische Botschafter bei den Vereinten Nationen. Er war zufällig ebenfalls an diesem Tage in Israel und aß zusammen mit einem andern Mitglied des Krisenstabes, dem Außenminister Allon. »Er redete noch lange nach dem Kaffee immer weiter, ganz entspannt und scheinbar völlig sorglos. Wenn er das tat, um jede Möglichkeit auszuschließen, daß etwas von dem durchsickerte, was an diesem Abend geschah, dann hat er bei mir jedenfalls Erfolg gehabt.«

Plante man vielleicht, die Welt und die Entführer zu täuschen, während das Unternehmen Thunderbolt anlief?

»Nein. Der Grund war das Risiko in der Verzögerung beim Start der Luftarmada. Sie waren schon aufgestiegen und hatten immer noch nicht den Marschbefehl – weil ganz vielleicht die Verhandlungen doch noch Erfolg haben konnten. Jede Minute kostete Tonnen von wertvollem Brennstoff und erhöhte das Risiko unvorhergesehener Änderungen in der Situation in Entebbe. Das genügte, meine ich«, sagte Daniel Moynihan.

Bei näherer Betrachtung der letzten Vorbereitungen wird man das bestätigt finden. Der Krisenstab, der Plan A und B verfolgte, übte sich in der Technik des Krisenmanagements. Der Generalstab – ein rein militärisches Organ – konzentrierte sich auf Plan B. In Israel kann sich jeder Soldat, Feldwebel oder Brigadier, mit seinen Vorschlägen über die Vorgesetzten hinwegsetzen; ein Kommunikationssystem, wie es nur in einem familienähnlichen Verband denkbar ist, läßt alle Vorschläge bis nach oben durch. Trotzdem »kann sich ein ehrgeiziger Grenzsoldat, der die Bereitstellung von Eiscreme und Kühlschränken vorschlägt, auf allerhand gefaßt machen«, heißt die inoffizielle Warnung. Tagelang floß der Strom der einigermaßen praktikablen Vorschläge. Versprachen sie Erfolg, so wurden sie aufgeteilt und die einzelnen Teile einem Team zur Bearbeitung gegeben, das in verschlossenen Räumen arbeitete. Diese Teams hatten keine Ahnung, wozu zum Beispiel Idi Amins sämtliche Schritte an bestimmten Tagen festgestellt werden sollten. Eine Zelle befaßte sich mit Big Daddys täglichem Arbeitsplan, eine andere mit den Transportmitteln, die er benutzte. Im Rückblick ist es leicht, aus ein paar Bemerkungen zu schließen, daß ein Dummy von Big Daddy in einem schwarzen Mercedes hergestellt werden und kurz vor dem israelischen Kommando landen sollte, um die Wächter in Entebbe zu täuschen. (Der Plan existierte tatsächlich, war aber dann überflüssig.)

Mit Big Daddy und mit den Terroristen beschäftigte man sich sehr intensiv. Yerucham Amitais lange Berichte über Big Daddys Interesse an der Luftfahrt führten zu der Mobilisierung der Piloten, die damals als Instruktoren in Uganda gearbeitet hatten. Unter ihren Schilderungen fand sich ein Bericht über Amins Forderung nach Kamikaze-Piloten, nach Phantoms, mit denen er den Präsidenten von Tanzania, Nyerere, bombardieren wollte (»den Hurensohn, der ganz Afrika mit Geschlechtskrankehiten ansteckt«), und nach einem ganz kleinen Flugzeug für seinen achtjährigen Sohn, das der Junge selber fliegen sollte – »aber nur so hoch wie die Bäume und ganz langsam«.

Der massige britische Ex-Feldwebel hatte für Hitler ein Denkmal errichten und die erlogenen »Protokolle der Ältesten von Zion« nachdrucken wollen. Der russische Botschafter protestierte gegen das Führerdenkmal; über eine Beschwerde wegen der Zion-Protokolle ist nichts bekannt. Aus einer israelischen Studie geht hervor, daß Amin vielleicht auf Nichtafrikaner wie ein Possenreißer wirkt, daß er sich aber die Spaltung gewisser Stämme klug zunutze gemacht habe. Um die Kraft der fortschrittlichen Bagondas zu brechen, ließ er zwischen 50000 und 120000 Anhänger des King Freddie von Buganda umbringen; der König mußte über seine Palastmauer flüchten, wurde aber dann gefaßt. Amin zeigte sich abwechselnd bullig und großzügig; die Bagondas, die einige Schulbildung besaßen, behielt er auf subalternen und kaufmännischen Posten.

Zu Anfang der kritischen Woche war Big Daddy für Außenstehende nicht viel mehr als eine harmlose Witzfigur. Vor der Entführung des Airbus hatte sich niemand im Krisenstab weiter mit ihm beschäftigt. Jetzt war er kein Witz mehr, trotz der bizarren Telefongespräche, die Bar-Lev in seinem kleinen Zimmer mit ihm führte, ahnungslos über Ziel und Zweck der Anrufe. Er wußte nur, es war nötig, einen inoffiziellen Kontakt herzustellen. In der ganzen Welt waren Menschen gebeten worden, bei der Rettung der Uganda-Geiseln zu helfen, und Bar-Lev meinte, er gehöre zu dieser internationalen Gemeinschaft, genau wie britische Diplomaten und kenianische Journalisten. Er nahm also den Hörer auf und bat die internationale Vermittlung, ihn mit Nr. 2241 in Kampala, dem Büro des Präsidenten Idi Amin, zu verbinden.

»Hallo – hier ist Ihr Freund Bar-Lev.«

»Wer ist da?« fragte Amin.

»Bar-Lev – B wie Bombe –«, und Bar-Lev buchstabierte.

Kurz darauf verkündete Radio Uganda stolz: »Colonel Bar-Lev, ein alter

Freund Seiner Hoheit Präsident Idi Amin, hat mit Seiner Hoheit im Namen Israels Kontakt aufgenommen. Seine Hoheit ersuchte ihn, sein dringendes Verlangen an die israelische Regierung weiterzugeben, daß Israel die Bedingungen der Entführer erfülle. Colonel Bar-Lev wird seine Excellenz zurückrufen, sobald er die Antwort seiner Regierung erhalten hat.«

Am Freitag, dem 2. Juli, verkündete Radio Uganda, Bar-Lev habe noch einmal mit Amin gesprochen. Der Sender lobte den israelischen Offizier und empfahl Premierminister Amin, ihn zum General zu befördern. »Bar-Lev hat für die Geiseln mehr getan als der Premierminister.«

Jerusalem gab offiziell bekannt, es wisse nichts von diesen Telefonaten; insgeheim war die Regierung jedoch bereit, sich der Dienste Bar-Levs zu bedienen. Er kannte Amin besser als andere.

Als 1973 Bar-Lev, damals Chef der Israelischen Militärmission in Uganda, abberufen wurde, war Amin empört gewesen und hatte alle Israelis des Landes verwiesen. Bar-Levs Beziehung zu Amin, als dieser ugandischer Commander-in-chief war und Israel besuchte, war so eng, daß, als Präsident Milton Obote ins Exil gehen mußte, er Israel beschuldigte, es habe Amins Coup gegen ihn unterstützt. Während der Entführung des französischen Airbus sagte jetzt Bar-Lev, er habe von Amins Plan der Absetzung Obotes gewußt. Es war schon 1970 beschlossen worden, mit der Tätigkeit ausländischer Experten in Uganda Schluß zu machen; aber Bar-Lev überredete Amin, einen Dreijahreskontrakt für militärisches Training zu unterschreiben, und belohnte Amin später für seine Hilfe.

Nach Aussage von Bar-Lev war der massige Idi Amin Dada – Feldmarschall, Ehrendoktor der Philosophie, Präsident auf Lebenszeit – in wirklichkeit kein Kannibale, sondern fast ein Vegetarier. Als Bar-Lev das alles den israelischen Analytikern berichtete, sagte er: »Amin darf nur vegetarische Salate essen, und Hühnerfleisch. Er liebt Whisky, Brandy und andere Alkoholika, das alles haben ihm die Ärzte verboten, er trinkt also nur Tee. Vielleicht erinnert ihn das an den NAAFI-Tee in der Army. Als ich nach Israel zurückkam, wußte ich, es würde nicht schwer sein, eine Stellung zu finden. Ich hätte ein Irrenhaus übernehmen können. Amins Verhalten während der Krise zeugt von seinem Charakter.

Amin kommt aus einem unbedeutenden Stamm im Norden. Er hat noch nie ein Buch gelesen. Diese Entführung ist für ihn der Auftritt seines Lebens. Die Presse in der ganzen Welt beschäftigt sich mit Uganda und mit seinem Präsidenten. Wichtige Staatsoberhäupter verhandeln mit ihm, diplomatische

Botschaften kommen und gehen. Jeden Tag besucht er die Geiseln, immer in einer andern Uniform. Oft nimmt er seinen kleinen Sohn Sharon mit (er heißt nach dem Sharon-Hotel, wo Amin mal gewohnt hat). Die Geiseln applaudieren ihm, er verschafft ihnen Essen und Trinken, Decken und Laken. Er ist nur einmal böse geworden: Als eine der Frauen ihn nicht mit dem Titel anredete, den er als Feldmarschall-Doktor-Präsident beansprucht.

Seine Mutter hielt viel von der Bibel und riet ihrem Sohn in ihrem Testament, das jüdische Volk in Ehren zu halten. Als Kind gehörte er keiner Religion an, bis er sich einredete, er sei Moslem. Als er in Israel war, zeigte ich ihm die Omarmoschee in Jerusalem, worauf er ausrief: »Nun bin ich ein haj-Moslempilger«, ein Wort, das er jetzt seinem Namen zufügt. Als man ihm sagte, für diesen Titel müsse er eine Pilgerfahrt nach Mekka unternehmen, fragte er: »Was ist das – Mekka?«

Er war ein kräftiger Junge von vierzehn Jahren, als ihn die Engländer in die East African Rifles aufnahmen. Englisch konnte er nicht, er lernte Zahlen und Buchstaben nach den Anschlägen in den Kasernen. Zwei Jahre ging er zur Schule. Im zweiten Weltkrieg kämpfte er mit seinem Bataillon in Burma und wurde Sergeant-Major. Er ist eine Führernatur, das ist sicher. Daß er seine Soldaten – die meisten aus nördlichen Stämmen – in der Hand hat, liegt hauptsächlich an seiner Größe und Kraft, an seiner Beherrschung des Englischen und der führer-gleichen Rhetorik.

Aber hinter der Heldenpose steht der Invalide. Oft hat er heftige Schmerzen in Armen und Beinen, dann fährt er aus der Haut. Nach dem Sechstagekrieg besuchte er den Sinai und ließ sich dann im Tel Hashomer-Krankenhaus behandeln, des Lobes voll über die israelische Army. Doch wenn er Schmerzen hatte, schrie und schimpfte er. »Ihr seid schlechte Menschen. Ich habe gesehen, was ihr mit der ägpytischen Armee gemacht habt. Ich will sofort nach Hause und Obote alles berichten.« Als man ihm sagte, es gäbe an diesem Tag kein Flugzeug mehr, schrie er: »Dann gehe ich zu Fuß nach Athen und nehme dort eine Maschine.« Später erhielt er dann über mich Tabletten von den israelischen Ärzten.

Er handelt nach Visionen, die niemand bezweifeln darf. Einmal wachte er morgens auf und verkündete, Uganda müsse Autos bauen, die für sein hartes Klima geeignet seien (Uganda hat ein hervorragendes Klima). Ein andermal wollte er Kenia und Tanzania erobern, um einen Weg zum Meer zu gewinnen, aber er weiß, daß seine Armee höchstens zwei Stunden lang kämpfen kann. Die Einheiten lösen sich einfach auf.

Als die Engländer das Land verlassen hatten, wurde aus Sergeant Amin Captain Amin. Als es zum Krach kam zwischen Präsident Obote und King Freddie von Buganda, eröffneten Amins Jeeps mit ihren rückstoßfreien Gewehren – die Israel geliefert hatte – das Feuer auf den Palast des Königs und wendeten das Geschick zugunsten Obotes. Amin wurde zum Commander-in-chief befördert. Als er das erreicht hatte, sorgte er dafür, daß alle andern Offiziere mindestens zwei Rangstufen unter ihm waren. Brigadiers ernannte er erst, als er sich selber zum Feldmarschall befördert hatte.

Amin leidet unter Verfolgungswahn. Er hält eine Spähtruppeinheit mit Jeeps als Leibwache. Trainierte Palästinenser in dieser Einheit retteten ihn, als Obote ihn verhaften wollte. Das führte zu dem Coup, der Amin an die Macht brachte.

Für Gefahren hat er einen fast animalischen Sinn. Gleich vielen Größenwahnsinnigen gelingt es ihm immer wieder, dem Tod zu entrinnen.

Im letzten Jahr vor dem Coup war seine Position als Commander-in-chief schwächer geworden; höhere Offiziere drängten Obote, ihn zu verhaften. Amin flog nach Ägypten und besuchte den Verteidigungsminister. Ein Telegramm orderte ihn sofort zurück nach Kampala. Amin teilte dem Präsidenten mit, er käme nicht zurück, sondern ginge nach Mekka, um den Status eines Hajji zu erlangen. Bei der Rückkehr aus Mekka wurde er von seiner Jeepeinheit empfangen und ins Parlament geleitet. Für Ugandas Moslems war er jetzt ein heiliger Mann, den sie nicht verhaften ließen. Er hat oft an religiösen Feierlichkeiten der Moslems teilgenommen. Von einem Vorleser läßt er sich Verse aus dem Koran vorlesen, und zwar jeden Abend im ugandischen Fernsehen. Er liebt Filme und besitzt eine Sammlung von 30 oder 40 Filmen, die er sich immer wieder ansieht. Er hat es nie gelernt, den Projektor selber zu bedienen; es gehörte zu meinen Aufgaben, ihm Filme vorzuführen, möglichst viele im Stil von Kamikaze.

Als er in die Sowjetunion fuhr, gab ich ihm eine Kamera mit, und er machte auch viele Aufnahmen, nur waren die Filme alle leer, als wir sie später entwickeln wollten.

Amin liebt Frauen. Jede Frau, die ihm gefällt, wird seine Ehefrau. Sie leben alle in der Nähe seines Palastes. Man sagt, er habe 18 Kinder.

Eine Niederlage in Entebbe wäre ein schwerer Schlag für seine Position, seinen Stolz und seine Eigenliebe. Deshalb halte ich es für möglich, daß seine Gefährlichkeit noch zunimmt.«

Die Antwort auf die Frage, warum Big Daddy mit den Entführern gemeinsame Sache machte, kam am Freitag morgen. Die Nachrichten aus Uganda – von Spezialagenten und entlassenen Geiseln – bewiesen, welche Rolle die ugandische Armee dabei gespielt hatte. Die wenigen israelischen Staatsmänner, die immer noch gehofft hatten, man könne Amin durch frühere Beziehungen oder durch die Telefongespräche mit Bar-Lev beeinflussen, sahen, daß er als Vermittler unglaubwürdig war. Er ließ es zu, daß Terroristen, die sich in Uganda oder Somalia befanden, den Ring der Entführer verstärkten. Aus einem israelischen Erkundungsflugzeug kam die Nachricht, daß mit einer Sondermaschine aus Libyen »ein Team, offenbar Berater« nach Uganda eingeflogen sei. Sechs bewaffnete Männer verstärkten die Terrorgruppe im alten Flughafengebäude in Entebbe und führten dort Gespräche mit Amin.

Die meisten Passagiere der zweiten entlassenen Gruppe von Geiseln besaßen die französische Staatsangehörigkeit. Das bestärkte die Ansicht der Israelis, daß bei Amin jetzt ugandische und PFLP-Propaganda gegen den »französischen Imperialismus« zurücktrat hinter dem neuen Ziel, das Dilemma der Juden auszunutzen.

Einer der Entlassenen war Murray Schwartz, ein amerikanischer Fernsehproduzent, der in Athen zustieg. Er berichtete, daß nach der Landung in Entebbe sich mehrere Männer, die aussahen wie Araber, zu den Entführern gesellten. Zwei ebenfalls entlassene Fluggäste erzählten, daß in Entebbe alles bereit gewesen war, um die Entführer und die Maschine zu empfangen. Sie waren überzeugt, daß die ugandischen Behörden vorher informiert waren. Die systematische Abtrennung der Juden bewies das terroristische Element. Jean Choquette aus Montreal hatte den Eindruck, daß Idi Amin »den Entführern durchaus sympathisch gegenüberstand«. Er und die andern entlassenen Geiseln berichteten, sie seien »nicht schlecht behandelt worden«, »natürlich abgesehen von dem psychologischen Druck«. Choquette berichtete ebenfalls, daß mehrere bewaffnete Männer in Entebbe dazugekommen seien. Man habe auch einen Kasten zum Flugzeug gebracht, »mit Dynamit«, sagten die Entführer, um die Maschine »wenn nötig« in die Luft zu jagen.

Berichte aus Paris erzählten auch, wie sich die Israelis verhielten, als die entlassenen Geiseln sich verabschiedeten. Die Männer winkten zum Abschied, die Frauen hielten Taschentücher an die Augen und hoben ihre Kinder in die Höhe.

Präsident Amin schien eher dem Druck der PFLP-Strategen nachzugeben als dem eindringlichen Ersuchen westlicher Diplomaten oder den Vorschlägen in den exzentrischen Gesprächen mit Bar-Lev. Auf dem Flug zur Gipfelkonferenz nach Mauritius folgte ein israelischer Phantomjäger dem Privatjet Big Daddys. Alles, was sich in den zwei Tagen seiner Abwesenheit von Uganda ereignete, wurde stündlich von Informanten über die Route Kampala-Nairobi-Jerusalem weitergegeben. Big Daddy wurde rund um die Uhr von Flugzeugen beschattet; sie erhielten Verstärkung durch ein israelisches Raketenschiff, das seit dem vergangenen Dienstag vor der ostafrikanischen Küste stationiert war. Statt der neuen Version der Gabriel-Raketen hatte das Schiff eine elektronische Ausrüstung an Bord für sämtliche Arten von Kommunikationen. Der Krisenstab hatte beschlossen, man dürfe sich bei diesen Vorbereitungen nicht auf ausländische Hilfe verlassen, bei der zu leicht etwas an die Terroristen durchsickern konnte.

»In den letzten Stunden hatten wir nur die eine Angst: daß wir, wenn wir nach Entebbe kamen, die Geiseln nicht mehr vorfänden«, sagte ein Kommandant der 35. Luftbrigade. »Mit dem Unternehmen selbst hatten wir schon gerechnet – schon seit Dienstag. Aber es stand uns vor Augen, daß amerikanische Rettungsunternehmen nach Nordvietnahm vorgestoßen waren, um Gefangene herauszuholen – und niemanden mehr fanden. Das war ein großes Problem für den Nachrichtendienst und bei den Alternativplänen für den Überfall: daß die Geiseln womöglich nicht mehr da waren. Wer von uns die Informationen über Amin gelesen hatte, machte sich keinerlei Illusionen über seine Tücke und Mitleidlosigkeit.«

Deshalb waren die Telefongespräche Bar-Levs mit Big Daddy so lebenswichtig. Man konnte danach annehmen, daß Amin seinen Freund von einem Wechsel in der Behandlung der Geiseln informieren würde.

Der junge Medizinstudent Moshe Peretz setzte inzwischen sein Tagebuch fort.

Freitag, 2. Juli, 6 Uhr. Aufstehen nach schlafloser Nacht. Wir haben alles fertig gepackt und warten nun auf den Bescheid, wann es losgeht.

7 Uhr. Idi Amin erscheint. Er trägt einen breitrandigen Hut und wird begleitet von seiner schönen Frau in Grün und seinem Sohn Gamal Abdel Nasser Jwami. Wir sind entsetzt, als er uns erzählt, daß Israel die Forderungen der Entführer nicht angenommen habe. Unsere Lage sei sehr ernst, denn das Gebäude sei umgeben von Sprengstoff und werde in die Luft gejagt, wenn die Forderungen nicht erfüllt werden. Er erklärt, er fahre jetzt nach

Mauritius und werde dort unsere Lage darlegen. Heute oder morgen abend kommt er zurück. Er rät uns, einen Brief aufzusetzen, mit dem wir Israel um Nachgeben bitten; der Brief soll in den Zeitungen und im Radio veröffentlicht werden.

8 Uhr. Stürmische Debatte zwischen Fürsprechern und Gegnern des Briefes. Die meisten Familienväter, auch die Crew mit Ausnahme des Flugkapitäns, sind dafür, andere dagegen. Was wird nun geschehen? Es kümmert mich nicht sehr. Das Auf und Ab der Gefühle nimmt die Menschen sehr mit und bringt sie an den Rand des Kollaps. Es schmerzt, wenn ich an meine Angehörigen daheim denke.

11 Uhr. Routine wie immer. Jean-Jacques Maimoni, 19, ist ansteckend guter Laune, er bringt uns Tee und Kaffee und Essen, er sieht zu, daß alle versorgt werden und keiner leer ausgeht. Selber will er nichts haben. Die Frauen waschen ihre Sachen und hängen sie auf eine Leine. Dann kommt das Mittagessen, langweilig, dann Ruhe.

20.30 Uhr. Wir übergeben den Palästinensern einen Brief, in dem wir Amin für seine faire Haltung danken und Israel bitten, die Häftlinge auszuliefern. Der Brief ist von mehreren Israelis abgefaßt worden, und die Terroristen sind damit ganz zufrieden, denn er sieht nicht so aus, als sei er unter Druck geschrieben. Es ist Sonnabend; einige denken sich Parodien aus, wie die Leitartikel in den Zeitungen unsere Situation behandeln, wie ein religiöses Blatt oder eine Sportzeitung darüber schreibt. Einer sagt, wir sollten nicht so mutlos sein, schließlich habe sogar Herzl einmal vorgeschlagen, einen jüdischen Staat in Uganda zu gründen. Wir singen Sabbatlieder, aber nur leise, denn die Leute draußen sind argwöhnisch, vor allem abends.

Man erwog die Möglichkeit, Amins Privatjet abzufangen und herunterzuholen, damit israelische Agenten sich seiner bemächtigen konnten. Die Maschine war in Israel gebaut, man kannte also die Spezialtechnik – sogar so gut, daß jemand vorschlug, man solle sich in Entebbe die Brennstofftanks vornehmen, damit der Pilot in Nairobi zu einer Notlandung gezwungen würde.

Amin – Marionette der PLO

Ein Gast, der am Freitag aus Nairobi kam, leistete unschätzbare Hilfe. Er war ein Vertrauter des Präsidenten, ein hochintelligenter Kikuyu, der in Kenia die Chefredaktion der *Daily Nation* übernommen hatte. Das Blatt wurde 1961 ins Leben gerufen und gehörte zu einer Zeitungskette, die der Aga Khan finanzierte in der Hoffnung, damit einen mäßigenden Einfluß in Ostafrika ausüben zu können, das damals vor der Unabhängigkeit stand. Es gab eine *Daily Nation* in Uganda und eine in Tanganijka, die zusammen arbeiteten. Doch mit Englands Auszug brach die geplante Föderation der Ostafrikanischen Staaten zusammen, Länder und Zeitungen trennten sich. Der Engländer, der die Blätter bis dahin herausgegeben hatte, wurde durch Afrikaner ersetzt, und in Kenia hieß der Nachfolger George Githii.

Githii kam aus Teheran nach Israel, als Gast der israelischen Regierung. Man machte kein Aufsehen um ihn und erwartete auch von ihm nicht, daß er irgendeine besondere Rolle übernahm. Aber er wußte viel über Uganda unter Amin und über die Kommunikationswege, daß A und O des Zeitungswesens. Die Unterhaltungen mit Githii fanden in einer kleinen Nachrichtenzelle statt. Seine Gesprächspartner hatten keine Ahnung, warum er von Wichtigkeit war, ebensowenig wie eine andere Gruppe wußte, warum sie sich mit Amins Hingabe an die Sache der Palästinenser befaßte. Es war diese geheime Allianz zwischen Uganda und der PLO, die einige Staatsmänner in Kenia kränkte und endlich auch erschreckte.

Amins Unterstützung der Palästinenser begann lange vor der Landung des entführten Flugzeugs in Entebbe. Dreihundert Männer aus palästinensischen Terrororganisationen schützten den Präsidenten. Sie waren in Libyen ausgebildet worden. Hinzu kamen sechs kräftige mit Revolvern bewaffnete Frauen, alle aus Amins eigenem Stamm.

Das Haus in Kampala, das früher Israel benutzt hatte, war der PLO zur Verfügung gestellt worden; am Mast, der einst den Davidsstern getragen hatte, wehte die palästinensische Fahne.

Da der libysche Staatspräsident Muamar al Ghadafi Amin -zig Millionen Dollar an Wirtschaftshilfe versprochen (aber nie bezahlt) hatte, hatte Amin der PLO erlaubt, in seinem Gebiet Trainingslager zu errichten, er hatte eine Delegation der PLO zur Gipfelkonferenz der OAU eingeladen, die am 28. Juli 1975 in Kampala stattfand, und er ließ sogar palästinensische Terroristen auf seinen russischen Migs trainieren.

»Je härter das Training, umso leichter der Auftrag«, hatte Amin den Terroristen der Al Fatah versichert, die auf den Migs fliegen lernten. Im Oktober 1975 schilderte Radio Uganda das »harte Training« einer Schwadron »palästinensischer und ugandischer Selbstmordflieger« im südlichen Uganda. Man warnte die zivilen Flugzeuge, sich in diesem Gebiet sehen zu lassen – »bis auf weiteres«.

Wie es mit dem Können der palästinensischen Piloten – und vielleicht auch mit dem der ugandischen Fluglehrer – aussah, geht aus den Unfallberichten hervor. In den Jahren 1975 und 1976 veröffentlichte man Berichte von Abstürzen, bei denen arabische Flugschüler umkamen. Typisch war der Fall eines palästinensischen Piloten aus Hebron; er kam um, als seine Maschine am 29. Oktober 1975 in Uganda abstürzte. Sein Deckname war George, in Wirklichkeit hieß er Yusuf Bragit. Er kam 1967 zur Al Fatah, trainierte 1968–1970 in China und Algerien und wurde Befehlshaber der »Freiwilligen Schwadron«. Bei einem Übungsflug kollidierte seine Maschine mit zwei andern Flugzeugen, die von Ugandern und Palästinensischen Piloten in Nord-Uganda geflogen wurden. Eine uganische Delegation unter Amin Maka, Amins persönlichem Vertreter, und Ahmed Daudi, dem Vertreter der uganischen Air Force, begleitete den Sarg nach Damaskus und von dort aus nach Amman. Idi Amin benutze die Gelegenheit und sandte ein Kondolenztelegramm an Yassir Arafat »in meinem Namen und im Namen der Ugandischen Armee«.

Amin wurde nicht von ideologischen Gründen dazu bewogen, der palästinensischen Sache Hilfe zu leisten. Im April 1976 sandte er eine Botschaft an die Arabische Liga und bat dringend um Wirtschaftshilfe. Er erhielt eine kühle offizielle Antwort des Inhalts, sein Gesuch sei den Mitgliedsstaaten der Liga vorgelegt worden. Wütend beschimpfte Amin die arabischen Staaten und erklärte, laut *Daily Nation* in Nairobi, »alle Probleme Ugandas resultieren aus meiner Unterstützung für die Palästinenser«.

Vor zwei Monaten war in einer offiziellen Verlautbarung der PLO in Beirut bestätigt worden, daß Uganda palästinensische Piloten ausbildete. Dafür

»leistet die PLO Uganda Militärhilfe«. Woraus diese Hilfe bestand, wurde nicht gesagt. Die Wahrheit ging aus den begeisterten Dankworten Amins an Arafat hervor: »Diese Hilfe hat zur Stärkung Ugandas beigetragen und uns in den Stand gesetzt, an der Befreiung Palästinas und Südafrikas von Zionismus und Rassismus mitzuwirken.« Er lud die Palästinenser in seinen Palast ein und erklärte, daß Yassir Arafat sie seinem Kommando unterstellt habe, »und als Ihr Kommandant habe ich das Recht, Ihnen Aufträge im Zusammehang mit palästinensischen, arabischen oder afrikanischen Problemen zu erteilen. Solange Sie hier sind, betrachten Sie unser Land als Ihr eigenes, fühlen Sie sich wie zu Hause, unter Brüdern in der ugandischen Air Force. Sie haben die Pflicht, sich hier auf Ihre Hauptaufgabe in Palästina vorzubereiten. Sie sind nicht die einzigen, die sich auf einen Kampf mit dem Feinde vorbereiten müssen – es sind alle Staaten, die das Bestreben haben, Palästina die Freiheit wiederzugeben, darunter natürlich auch Uganda.« Amins Rede wurde im PLO-Organ *Falastina-Thaura* in Beirut groß herausgestellt.

Warum eigentlich brauchten die Terroristen Amins Hilfe bei der Ausbildung der Piloten? Die Antwort auf diese Frage gab vor kurzem einer der Befehlshaber der Terroristen, »Abu Jara«, als er den ugandischen Präsidenten öffentlich pries: »Sie, General, haben Dinge vollbracht für die Palästinenser, die von den arabischen Brüdern in andern arabischen Staaten abgelehnt wurden. Wir brauchen eine Air Force.«

Woher resultiert Idi Amins wilder Haß auf Israel, das ihm doch zur Macht verhalf? Einmal hat ihm sogar ein israelischer Offizier, Ze'ev (»Zonik«) Shaham, das Leben gerettet.

Das geschah 1965, als Zonik Leiter der israelischen Militärmission in Kampala und Amin Deputy Commander-in-Chief der ugandischen Armee war. Es gehörte zu Amins Aufgaben, häufig die Einheiten unter seinem Befehl zu inspizieren; dafür wurde ihm eine Dakota aus der israelischen Air Force mit israelischem Piloten zur Verfügung gestellt. Eines Tages flog er zu einer Routineinspektion einer der Einheiten der westlichen Nilstämme. Während er noch flog, erfuhr Zonik in Kampala, daß Offiziere jener Westnil-Einheit beschlossen hatten, Amin umzubringen. Sie warteten an der Piste auf ihren Gast und wollten feuern, sobald Amin im Ausgang der Maschine erschien. Zonik befahl dem israelischen Piloten umzukehren, und die Meuterer warteten vergeblich.

Amin dankte Zonik herzlich, und ebenso bedankte sich Präsident Milton

Obote, der Zonik zu sich einlud, um ihn offiziell zu belobigen. Jahre später, als Amin Obote aus dem Amt gejagt hatte, fragte sich Zonik manchmal, wie sich Obote wohl bei dem Mordversuch verhalten hätte, wenn er das Geschick geahnt hätte, das ihn erwartete.

Die ersten Bande mit Führern und Parteien in Uganda knüpfte Asher Naim vom israelischen Außenministerium, der damals in Kenia postiert war. Ruhig und beharrlich vermied er die Aufmerksamkeit des britischen Geheimdienstes und die starken Aufgebote regulärer Truppen und Nachrichteneinheiten, die im Krieg gegen die Mau-Mau eingesetzt waren, und nahm Kontakt auf mit Dr. Milton Obote, der nach der Unabhängigkeit Ugandas erster Präsident werden sollte.

Kurz nach der Unabhängigkeitserklärung kam Shimon Peres – damals Leiter des israelischen Verteidigungsministeriums – zu einem Besuch nach Uganda, wo er gebeten wurde, beim Aufbau der Armee und der Air Force mitzuhelfen. Das sagte Peres zu, und im April 1963 unterschrieb der damalige Außenminister – Golda Meir – ein Abkommen über Hilfe und Zusammenarbeit mit Kampala.

Bald danach kam Zonik – Colonel Shaham – nach Uganda als Leiter der Delegation der israelischen Armee und des Verteidigungsministeriums. Er sah schon nach oberflächlicher Prüfung, daß hier viel zu tun war. Die ugandische Armee bestand aus einem Infanteriebatallion mit 700–800 Männern. Der Kommandeur und auch sämtliche Offiziere waren Engländer. Das Batallion leistete Hervorragendes auf dem Kasernenhof und bei Zeremonien für festliche Paraden. Für Zonik und die andern israelischen Offiziere war es einfach eine Operetteneinheit, die nun in eine Kampfgruppe verwandelt werden sollte.

Sie fingen im kleinen an und trainierten zunächst nur eine Kompanie, die sie in eine Kampfeinheit umzumodeln versuchten. Man schickte ugandische Soldaten nach Israel, wo sie in den Offiziersschulen der Armee und in den Pilotenschulen der Air Force ausgebildet wurden. Als die Israelis beim Training der Infanteriekompanie Erfolg hatten, bat Präsident Obote die israelische Delegation, auch die Ausbildung der ugandischen Sonder-Polizeieinheit zu übernehmen. Israel schickte Fuga-Magistas und Dakotas, und die Instruktoren bauten die ugandische Air Force auf. Sie fingen ganz unten an, sogar eine technische Schule wurde ins Leben gerufen. Am zweiten Jahrestag der Unabhängigkeit machten sechs Fuga-Magista-Jets ein Schaufliegen, zur Freude israelischer Beobachter, die damals noch überzeugt waren, daß nur die britische Kolonialherrschaft die Afrikaner an der Entwicklung selbständiger und verantwortungsbewußter kämpferischer Fähigkeiten hinderte. Idi Amin legte großen Wert auf die Pflege der Beziehungen zu der israelischen Gruppe in Kampala – vielleicht weil sie ihn wie einen ihresgleichen behandelte. Er besuchte Israel häufig und war stets des Lobes voll; seine Bewunderung für Israels Fleiß und Können kannte keine Grenzen. Als die ersten Jets nach Uganda kamen – sie waren wegen des Wasser- und Landtransports in Einzelteile zerlegt – staunte er, als er sah, wie die Israelis »diese Metallstücke« zu Flugzeugen zusammenbauten. Er nahm teil am ersten Flug der ersten Fuga-Magista und kam begeistert zurück. Später erhielt er ein seltenes Geschenk von den Israelis: die Fallschirmjägerschwingen, die er mit unverhohlenem Stolz immer wieder trug, selbst auf dem Flug nach Mauritius am 3. Juli.

Die Beziehungen waren so gut, daß Amin eines Tages dem Colonel Shaham – damals israelischer Militärattaché in Kampala – die Bitte vorlegte, Israel solle ihm beim Verkauf einer enormen Goldmenge, die im Kongo gestohlen worden war, helfen. Diese Bitte müsse ihm Israel erfüllen, sagte er. Die israelische Regierung lehnte sein Angebot, sich mit ihm in die Beute zu teilen, ab. Das Gold wurde dann von Banken übernommen, die weniger feinfühlig waren.

Als Amin dann Israel ersuchte, ihm bei dem Angriff auf das Nachbarland Tanzania zu helfen, und auch diese Bitte abgelehnt worden war, da packte ihn die Wut. Israels Außenminister in Jerusalem nahm immer noch an, Amin werde es nicht zu einem kompletten Bruch komen lassen, aber diese Illusion wurde ihm von Amin, der ständig impulsiver und unbesonnener in seinen Entschlüssen wurde, bald genommen. Im Februar 1972 erklärten Amin und Libyens Herrscher Ghadafi öffentlich ihre Bereitschaft zur Unterstützung der arabischen Völker im Kampf gegen Zionismus und Imperialismus, für die Befreiung aller besetzten arabischen Gebiete, die Wiederherstellung der Rechte der Palästinenser und die Rückkehr der Palästinenser in ihre Heimat.

Im März 1972 – es waren die letzten Tage der offiziellen Anwesenheit Israels in Uganda – wartete der israelische Botschafter auf das »Urteil« des unberechenbaren Präsidenten. Er versuchte, Amins Absichten von einem Angehörigen des ugandischen Außenministeriums zu erfahren, der meinte, Amin beabsichtige keinen Bruch. Vierundzwanzig Stunden später kam die Note vom Abbruch der Beziehungen. Dutzende von israelischen Familien mußten Uganda noch in der Nacht von Entebbe aus verlassen. Sie waren die ersten Opfer des Monstrums, das sie – wie Frankenstein – selbst geschaffen hatten. Doch der Fehler lag nicht nur bei den Israelis. In ihrem Übereifer der Entkolonialisierung hatten die Engländer Amin als einen der vielen afrikanischen Staatsführer vorgemerkt, dem man Hilfe leisten konnte. Das geschah gegen den Rat erfahrener weißer Siedler und westlicher Beobachter, die den Mut hatten, in den Jahren um 1960 gegen den Strom zu schwimmen und auszurufen: »Der Kaiser hat ja nichts an.«

Der Generalstab prüft Plan B

Shimon Peres, der Verteidigungsminister, kannte wie kaum ein anderer Uganda und seinen Präsidenten aus persönlicher Erfahrung. Er hatte stärkste Bedenken gegen jede Art von Gewaltaktion, die sich gegen Amin oder seine ugandischen Streitkräfte richtete.

Dank dieser Kenntnis und der Tatsache, daß er von Anbeginn an Israels militärischer Entwicklung teilgenommen hatte, besaß er das Vertrauen der militärischen Befehlshaber, denen das parlamentarische Verfahren viel zu lange dauerte. Er hatte auch eng mit antiterroristischen Experten zusammen gearbeitet und war daher am Freitag zu einer Reihe von Schlußfolgerungen über die inhaftierten Terroristen gekommen, deren Auslieferung als Preis für die Befreiung der Geiseln verlangt wurde.

Peres' Überlegungen wurden dem Premierminister vorgelegt, wann immer das nötig war. Das folgende Resümee des Verteidigungsministers zeigt, wie der Generalstab in jenen Tagen vorging.

Natürlich hatte der Generalstab die Entführung des Airbus von Anfang an verfolgt, doch in den ersten Tagen der Woche dachte niemand daran, es könne notwendig werden, nach Entebbe zu gehen. Der Verteidigungsminister beriet sich mit dem Chef des Generalstabs, Mordechai Gur, der den Fall mit seinen Generälen besprach. Die Regierung tendierte zu einer diplomatischen Lösung.

Als die Maschine in der ersten Nacht unterwegs nach Uganda war, wurde die Fluglinie ständig vom Krisenstab beobachtet. Die Entführer teilten dem Kontrollturm in Kairo mit, ihr Ziel sei Amman. Als sie dann in Entebbe landeten und offensichtlich dort zu bleiben gedachten, begann der Generalstab mit Operationsplänen.

Als man mit diplomatischen Vorschlägen nicht weiterkam und das Dilemma immer weiter wuchs, verstärkte sich auch das Verlangen nach einer militärischen Lösung, und als die Terroristen ihre Bedingungen bekanntgaben, sagte ein Beamter des Verteidigungsministeriums: »Es wird wieder darauf hinauslaufen, daß die Militärs für die Politiker die Kastanien aus dem

Feuer holen – genau wie beim Sechstage- und beim Yom-Kippur-Krieg.« Rabins scharfe Antwort lautete: »Ich warte auf einen klaren und ausführbaren militärischen Vorschlag. Ihre Kriegsphilosophie interessiert mich nicht – ich brauche Fakten, keine Theorien.«

Am Dienstag morgen – 48 Stunden nach der Entführung – wurde der Chef des Generalstabs zu einer dringenden Sitzung nach Jerusalem bestellt.

Er ahnte, daß jetzt die Armee zu Hilfe gerufen werden sollte, und gab über Funk den Befehl, die Einsatzgruppen sollten sich für den Abend bereithalten. Bei der Sitzung stellte man ihm die Frage, ob er eine militärische Operation für möglich halte, und er antwortete: »Ja, eine solche Möglichkeit gibt es.« Dann kehrte Gur nach Tel Aviv in sein Büro zurück und ließ für den Abend im Generalstab Planungsteams einrichten; sie sollten sich mit den Operationsvorschlägen befassen, die von draußen hereinkamen. Stärkung erhielt Gur durch den »Druck von unten«. Brigadegeneral Dan Shomron und die Infanteristen der Brigaden auf dem Golan – harte Männer, die sich täglich mit Terroristen an der Grenze herumzuschlagen haben – gaben Gur und seinen Planern neue Zuversicht. Sie waren die Männer, die zum Einsatz kommen würden – zähe und furchtlose Soldaten. »Wissen, wofür man kämpft, und lieben, was man weiß« lautete das Motto aus der frühen Widerstandsbewegung der Juden, das sie von Ord Wingate hatten, der es von Oliver Cromwell übernahm. Wingate war ein englischer Experte für Guerilla-Kriegsführung im zweiten Weltkrieg, mit einem biblischen Sinn für die Sache der Juden und ohne jede Neigung zur Orthodoxie. Das erste quasi-militärische Ausbildungslager trug seinen Namen. Der abtrünnige Engländer hatte vor dem Krieg in Palästina nächtliche Sondertrupps organisiert, die die arabischen Killer abwehrten. In den Krisentagen nach der Entführung des Airbus wurde er von Ezer Weizman, einem ehemaligen Angehörigen der israelischen Air Force, wie folgt beschrieben: »Neulich habe ich eine der farbigsten Gestalten in der langen Geschichte unserer Kriege kennengelernt. Er kam auf Empfehlung meines Onkels Chaim (Mitbegründer des heutigen Israel). Eigentlich sah er einem Missionar viel ähnlicher als einem britischen Offizier, und er sprach auch stundenlang über die Bibel. Es war wohl seine Bindung an das Land Israel und an das jüdische Volk – eine mystische und sehr persönliche Bindung.«

Wofür sie in Entebbe kämpfen würden, war dem Generalstab ganz klar: Es war das Recht jedes Israelis, furchtlos überall hin zu reisen, und schließlich auch das Recht aller Menschen überall, frei zu entscheiden, wo und wie sie leben wollten. In Entebbe ging es darum, die Gegner dieser Freiheit zu schlagen, und auch um die Frage, ob die Geiseln in einem solchen Kampf als Soldaten zu betrachten waren oder nicht.

Am Mittwoch forderte der Stabschef einige seiner Offiziere auf, ihm ihre Vorschläge vorzulegen. Auf den ersten Blick sahen sie ganz praktikabel aus, aber bei der Analyse oder – wie es im Jargon hieß – nach dem »Angriff« durch Argumente im Gespräch stellte sich bei jedem mindestens ein schwacher Punkt heraus. Einige Ideen waren mehr phantastisch als pragmatisch; sie wurden als unrealistisch abgetan. »Sie bieten für das Leben der Geiseln keine minimale Chance, ich kann sie daher nicht empfehlen.« Die Offiziere brachen enttäuscht auf, manche mit langen Gesichtern, aber mit dem wachsenden Nachrichtenstrom faßten sie wieder Mut und begannen mit neuen Projekten. Im Generalstab und im Hauptquartier von Dan Shomron wurde in dieser Woche Tag und Nacht gearbeitet.

Aber das Nachrichtenmaterial reichte noch nicht aus. Wie sah die Flugzeugabwehr in Entebbe aus? Wo waren die Wächter aufgestellt? Man wußte, zwei ugandische Bataillons bewachten den Flughafen. Der Stabschef erklärte: »Das Problem ist die Sicherheit der Geiseln. Für unsere Soldaten nehmen wir das Risiko schon vorher auf uns. Wir müssen ganz genau wissen, wo die Leute am Flughafen in Entebbe stationiert sind.«

Am Donnerstag hielt Dan Shomron die Lage am Flughafen für geklärt. Die Marathon-Diskussionen wurden beschleunigt. Die Tatsache, daß Verteidigungsminister Peres viel daran lag, die Armee in Entebbe eingreifen zu lassen, stärkte den Stabschef. Shomron erschien an diesem Tag vor Yekutiel Adam, dem Leiter der Operationen, und Air Force Chief Benny Peled, um einen neuen Plan vorzuschlagen.

»Glauben Sie mir«, sagte Shomron, »sobald wir in Entebbe Boden unter den Füßen haben, gibt es keine Schwierigkeiten mehr. Wir haben Sachen fertiggebracht, die tausendmal komplizierter waren.« Dan war der jüngste in dieser Planergruppe. Alle waren Veteranen aus dem Unabhängigkeitskrieg; er als einziger war schon im Staate Israel geboren. Er wußte, die Generale betrachteten ihn als Kind ihrer alten Tage.

Bei den Luftstreitkräften konnte man immer auf neue Pläne zählen. Sie hatten Pläne zum Einnehmen von Ölquellen und Pläne zur Einnahme stark verteidigter Flugplätze in feindlichen Ländern, falls es zum totalen Krieg kam. Manche Pläne erforderten Fallschirmjäger, für andere brauchte man Kommandotrupps, die nachts per Hubschrauber landeten und auf Infiltrieren bewachter Plätze trainiert waren. Blitztempo und Überraschung waren bei allen erforderlich. Die sehr reale Unsicherheit in Mittelost und die Drohungen gegen Israel machten diese Vorbereitungen und diese Art von Training notwendig. Die dafür ausgebildeten Männer und Frauen gingen im zivilen Leben einer friedlichen Arbeit nach; sie hatten gelernt, die Tagesroutine und die unerwartete Gefahr in Gedanken voneinander zu trennen. So gab es zum Beispiel ein starkes Sanitätscorps mit Ärzten, die Seite an Seite mit Luftlandetruppen zu kämpfen verstanden. Für den Einsatz dieser Streitkraft mußte der Generalstab nach genauen Plänen und präzisen Nachrichten vorgehen. Der Verteidigungsring um das Angriffsziel mußte in allen Einzelheiten bekannt sein.

Aber Dan Shomron hatte nun, was er wollte: von berufener Stelle das Placet für den Plan einer Landung kombinierter Streitkräfte unter seinem Kommando in Entebbe, mit Sondereinheiten unter Führung von Yonni Netanyahu. Drei Bedingungen waren zu erfüllen: Am Freitag abend mußte eine Generalprobe vorgenommen werden, um General Gur zu überzeugen, daß es möglich war, in dunkelster Nacht Flugzeuge auf einem fremden und schwerbewachten Flugplatz zu landen. Man mußte einen sicheren Weg finden, um die Geiseln unversehrt aus Entebbe heraus und nach Israel zurückzubringen. Und das ganze Unternehmen mußte auf absolut zuverlässigem und fehlerlosem Nachrichtenmaterial basiert sein. »Auf die Nachrichten kommt alles an«, warnte Gur.

Die Unsichtbaren

Ein Strom aktueller Nachrichten setzte in Richtung auf Dan Shomrons letztes Planungsteam ein und floß auch noch während der Angriffsprobe Freitag nacht. Ugandas Verteidigung basierte auf einer starken Anzahl gepanzerter Truppentransporter (267); hinzu kam eine unbekannte Zahl von Raketen, Haubitzen, Mörsern und mindestens 50 Kampfflugzeuge, darunter 30 Mig 17 und Mig 21 in Entebbe. Die Hälfte der 21 000 gut trainierten und bewaffneten Soldaten stand vermutlich zwischen Entebbe und Kampala; die Entfernung betrug 21 Meilen. Der Flughafen wurde bewacht von einem äußeren Ring ugandischer Truppen mit Waffen aus Rußland, darunter Tanks.

Weitere Einzelheiten kamen ganz zuletzt von einer Spezialgruppe, die am Mittwoch mit Flug LY 535 nach Nairobi geflogen war. Einige dieser »Geschäftsleute« wohnten privat bei einem israelischen Kaufmann, der in Nairobi ein ruhiggelegenes Haus hatte. Von hier aus wurde vorsichtig Kontakt aufgenommen mit dem Chef der Polizei, Lionel Bryn Davies, und mit einem früheren britischen Befehlshaber einer Luftkampf-Sondereinheit, Bruce McKenzie. Er hatte drei Jahrzehnte lang in der kenianischen Politik eine große Rolle gespielt, hatte als Farmer den Mau-Mau-Aufstand überlebt und sich mit Jomo Kenyatta angefreundet. Er war ein hochgewachsener kräftiger bärtiger Mann. Von Weißen, die es noch in den 60er Jahren ablehnten, Kenyatta als Staatsführer anzuerkennen, hielt er nichts. Er war dann Landwirtschaftsminister, bis er von einem Kikuyu aus Kenyattas Stamm ersetzt wurde, aber er blieb im Lande als Berater des Präsidenten, der seine Offenheit schätzte. Kenyatta war mit 85 ein zwar wohlwollender, aber unberechenbarer Herrscher; in seiner Einparteienregierung verband sich das traditionelle Stammessystem der Führergefolgschaft mit den Resten englischer Demokratie. Politisch setzte er sich durch mit Hilfe einer Einheit (mit dem euphemistischen Namen »General Service Unit«-GSU), die dafür sorgte, daß die parlamentarischen Debatten sich mit einer Erörterung seiner politischen Wünsche begnügten.

Entscheidend war jetzt also die Frage, ob Kenia den israelischen Maschinen erlauben würde, in Nairobi aufzutanken. Es war der einzige Flughafen, der in der Nähe und nicht gerade in feindlicher Hand war. Natürlich konnten die riesigen vollbeladenen Herkules-Maschinen in Uganda Treibstoff aufnehmen, das war durchaus möglich. Aber sie kamen niemals nach Israel zurück, ohne irgendwo aufzutanken. Der Vorschlag, in der Luft aufzutanken, war als zu gefährlich abgelehnt worden, weil damit zu viele Risiken verbunden waren. Wegen des Überraschungsmoments mußte man nachts fliegen, und die Flugroute lag in Reichweite feindlicher Flugzeuge. Außerdem war es für einen Feind recht einfach, während des riskanten Auftankmanövers einen Unfall herbeizuführen.

Kenyattas Kommandant der GSU-Einheit, Geoffrey Karithii, konnte zusagen, daß sein Präsident die Augen schließen werde, wenn die GSU und die Flughafenpolizei in Nairobi das Rettungsgeschwader während des Aufenthaltes auf dem Flugplatz isolierten – vorausgesetzt, daß diese Phase der Operation routinemäßig vor sich ging und von den Charterbedingungen der EL-AL gedeckt war. Charles Njojo, Kenias Generalstaatsanwalt, erklärte in einem juristischen Gutachten, daß, solange man die Vorschriften der internationalen zivilen Luftfahrt befolge (zumindest in den Augen der kenianischen Flughafenbehörden), das Ersuchen nicht abgelehnt werden könne.

Letzte Berichte über die Verteidigung in Entebbe lieferten schwarzafrikanische Agenten, die von der Mossad angeheuert worden waren. Die Rettungspiloten mußten wissen, wie es mit den Pisten in Entebbe aussah, wo die Brennstofflager waren (falls man Zeit dafür hatte), und wie schnell die Kontrollflüge reagierten, von denen einer für die ugandischen Kampfflugzeuge auf dem alten Teil des Flughafens abgestellt war. Einige dieser Informationen erhielt man nach unauffälliger Befragung ziviler Flugkapitäne, andere von den Beobachtern am Viktoriasee. Die Techniker der direkten ostafrikanischen Zivil-Fluglinie kannten die Veränderungen, mit denen täglich zu rechnen war, und gaben den EL-AL-Beamten bereitwillig Auskunft, ohne eine Ahnung von der Bedeutung der Fragen. Schwierig war es mit den Veränderungen bei den Entführern. Eine neue Gestalt war aufgetaucht, anscheinend der Befehlshaber; seine Fahrten vom und zum Flughafen machte er in einem Wagen, den ugandische Soldaten fuhren. Die Geiseln nannten ihn angeblich Groucho Marx, wegen des schwarzen Schnurrbarts und schlürfenden Ganges. Die Deutsche war als Gabriele Kröcher-Tiedemann identifiziert worden, 24 Jahre alt; sie hatte an dem Überfall auf die OPEC in Wien teilgenommen und war eine Gefährtin des Schakals Carlos.

Im ganzen sah es so aus, als könne man mit der Verteidigung in Entebbe wohl fertigwerden. Die Möglichkeit – von der man einmal warnend sprach –, daß zwei ugandische Migs die Geiseln im Sturzflug aus dem Flughafengebäude herausholen könnten, wurde nicht ernsthaft in Betracht gezogen. Die Migs, 903 und 905, waren für Übungs- und Lehrzwecke bestimmt, und zwar bei Tageslicht. Die Geiseln, nervös und angstvoll, waren für ein solches Unternehmen ungeeignet. Weit mehr Sorgen machte die Stimmung der Terroristen und die Macht, die sie offenbar über die ugandischen Truppen hatten. Sehr viele Unsichtbare mußten daher befragt werden, oft ohne ihr Wissen. Es waren kenntnisreiche Beobachter, denen man diesen Beinamen gab, weil sie unbewußt für Israels Geheimdienst arbeiteten.

Zu den Unsichtbaren gehörte auch George Githii, der Chefredakteur der *Daily Nation*, Freund und Berater des Präsidenten. Am Sonnabend morgen, 3. Juli, flog er in einer Maschine der EL-AL von Israel zurück nach Nairobi; er hatte in Israel informelle Gespräche geführt, die später Frucht tragen sollten. Der EL-AL-Manager in Nairobi wurde inzwischen angewiesen, er solle eine größere Geldsumme bereithalten. Nur aus Neugier stellte er die Entfernung von Nairobi nach Entebbe fest: 380 Meilen.

Ein anderer Israeli war bereits unterwegs nach Entebbe, wo er in seinem Privatflugzeug in einem so kritischen Augenblick landete, daß in seinem Büro in Tel Aviv schon merkwürdige Meldungen eingingen, man solle ihn heimholen. Er hieß Abie Nathan und war der sogenannte Friedenspilot; seine Ein-Mann-Kreuzzüge, in denen er für jeden der israelischen Kriege nach friedlichen Alternativen gesucht hatte, trugen ihm zwar widerwillige Bewunderung ein, brachten aber Israel zuweilen auch in peinliche Lagen. Er konnte von Israels Feinden auch als ein Beweis für ein Nachlassen der militärischen Stärke des Landes angesehen werden. Diesmal war es nicht ausgeschlossen, daß er sich im Kreuzfeuer des Unternehmens Thunderbolt verfing. Er flog nach Entebbe, nachdem kurz vorher Amin nach Mauritius gestartet war. Er erzählte später:

»Ich hatte eine böse Ahnung, als ugandische Soldaten mich umstellten und mich dann zum Verhör ins neue Flughafengebäude führten, wo die Geiseln nicht untergebracht waren. Dann kam Amins Assistent und sagte, ich könne durch ihn mit einem der Entführer sprechen. Der war hinter einem Wandschirm verborgen, und ich sprach über Amins Mann mit ihm. Ich merkte, daß der Präsident von Mauritius aus alle Entscheidungen an seinen Assistenten weitergab. Die Entführer empfingen ihre Befehle von ihm und von den Offizieren, die sich der ersten Entführungsgruppe zugesellt hatten. Sie sagten, zum Verhandeln sei keine Zeit.«

Abie Nathan flog zurück nach Nairobi, wo ihn sein Anwalt, Arieh Marinsky, aufgeregt aus Tel Aviv anrief. »Sie dürfen nicht wieder nach Uganda fliegen, hören Sie? Die Ärzte machen sich Sorgen wegen Ihrer Leber!«

»Meine Leber – wieso? Meiner Leber fehlt gar nichts.«

Sie wissen doch, die Ärzte haben gesagt, tropisches Obst ist nicht gut für Sie!« sagte Marinsky deutlich betont. »Und dann die Höhe –«

»Aber hier in Nairobi sind wir über zweitausend Meter hoch! In Entebbe ist es nur die Hälfte.«

»Na schön, Sie müssen's ja wissen«, seufzte der Anwalt. »Ich habe Sie jedenfalls gewarnt.«

Schließlich begriff Nathan, worum es ging, und berichtete am Sonnabend über alle Einzelheiten, die er auf dem Flughafen von Entebbe wahrgenommen hatte. Das Wichtigste: Er war überzeugt, die Ugander, wenn auch vielleicht nicht die Terroristen, würden am nächsten Tag, an dem das Ultimatum ablief, tatsächlich mit der Tötung der Juden beginnen. Er glaubte das, weil offenbar Amin die letzte Autorität war, und Amin würde sein Prestige für gefährdet halten, wenn die Israelis noch mehr Konzessionen herausholten.

Weitere Details erhielt man aus Paris von einem amerikanischen Arzt unter Hypnose. Ein Team israelischer Spezialisten war nach Paris geflogen und konzentrierte sich auf die entlassenen Geiseln. Viele konnten sich nicht bewußt an wichtige Details erinnern, etwa wo sich im alten Flughafengebäude die Türen befanden, wo genau die Geiseln festgehalten wurden, ob die hohen Fenstertüren sich nach innen oder außen öffneten. Hypnotiseure, die Erfahrung darin hatten, wie man aus Soldaten und Gefangenen Informationen herausholt, befaßten sich mit denen, die noch unter der bei Schock üblichen Amnesie litten – was mit Erlaubnis der Betreffenden geschah.

Der amerikanische Arzt enthüllte unter Hypnose sehr vieles, an das er sich nicht mehr hatte erinnern können, als man ihn danach fragte und er gern hatte helfen wollen. Die Zeit wurde knapp, und es war Freitag, als die Befrager aus seinen Angaben nicht nur den Schauplatz, sondern auch die psychologische Atmosphäre unter den Ugandern und Terroristen in Entebbe rekonstruieren konnten. Aus der israelischen Botschaft in Paris ging eine chiffrierte Meldung an den Krisenstab. »Amins Charakteranalyse muß abgeändert werden. Seine Tendenz war bisher, aus Gründen der Publicity die Verhandlungen zu verlängern. Ihm liegt aber auch daran, es mit den Genossen von der PLO und PFLP nicht zu verderben, die gern schießen. Es ist nicht unwahrscheinlich, daß Amin dem Beginn von ›Schau-Hinrichtungen‹ am Sonntag früh zustimmen wird.«

Diese Annahme wurde von den Feststellungen des Pariser Teams unterstützt. Sie hatte nicht den Zweck, alarmierend zu wirken. Man wußte, die Meldung würde mit anderen, vielleicht gegensätzlichen, verglichen werden. Sie wurde im Büro des Premierministers verlesen und deckte sich mit den Schlußfolgerungen von Abie Nathan und George Githii aus Kenia, der inoffiziell für Kenyatta gesprochen hatte.

Die wachsende Wahrscheinlichkeit von Hinrichtungen setzte Rabin unter neuen Druck. Er hatte immer noch gehofft, die frühere Beurteilung sei zutreffend und Amin würde das Palaver weiter verlängern, um noch länger im Rampenlicht zu stehen.

»Wenn wir eine Nation sein wollen, die sich Demagogen nicht beugt«, sagte Rabin später, »dann mußte ich als Premierminister die letzte Entscheidung mit Zustimmung aller treffen.«

Rabin verbrachte die schweren Stunden in seinem provisorischen Büro in Tel Aviv. Das ist ein kleiner Klinkerbau, in dem ursprünglich der deutsche Guttemplerorden hauste. Im zweiten Weltkreig wurden dort deutsche Zivilisten untergebracht, die von den Engländern der Nazispionage verdächtigt wurden. Dann war es das britische Militärische Hauptquartier in der tragischen Nachkriegsperiode vor der Geburt Israels, als eine jüdische Untergrundarmee (die meisten älteren Männer auf dem Flug Nr. 139 gehörten damals dazu) gegen die Engländer kämpfte. Später benutzte es Ben Gurion als provisorischen Regierungssitz, bevor Israel geboren wurde.

In einem langen, kärglich möblierten Raum – nur die großen Porträts der Gründer Israels: Herzl und Weizman hängen dort – kämpfte Rabin zwischen den Kabinettssitzungen immer wieder mit seinem Gewissen. Viel lieber hätte er im ersten Flugzeug nach Entebbe gesessen, sagte er, als er später Bericht ablegte über die schicksalsträchtigen letzten Stunden vor dem Befehl: Los!

Er unterhielt sich mit dem Oppositionsführer Menahem Begin – seltsam in den Augen derer, die Israels Geschichte nicht kennen. Begin war während der Mandatszeit der von den Engländern am fieberhaftesten gesuchte Mann, nach der Ermordung von Abraham Stern Begin war damals der Führer der Untergrundbewegung »Irgun Zvai Leumi«. Er gilt heute noch als »Falke«

und als Mann mit wenig Verständnis für Rabins Zögern. Doch die politischen Gegensätze der letzten Wochen waren ausgelöscht angesichts der gemeinsamen Gefahr.

Rabin hatte mit 18 einem Kommmando von Untergrundkämpfern angehört; das war während der englischen Blockade gegen die jüdische Einwanderung nach Palästina. Merkwürdigerweise hatte er im zweiten Weltkrieg als Saboteur der Briten gegen die Nazis angefangen. Er hat seitdem noch manchen ungewöhnlichen Kampf mitgemacht, obgleich er im Grunde ein Farmer ist und die gegensätzlichen Charakterzüge des typischen israelischen Zivilsoldaten aufweist: Er kennt die Notwendigkeit zum Kampf, um das Jüdische in sich zu bewahren, und er erhält sich noch mitten im Kampf einen weichen Kern, die Folge einer philosophischen Weltanschauung.

Nach der Geburt des Staates Israel ging Rabin zur Ausbildung an ein britisches Staff College, und er hatte die Rolle der Air Force, die feindliche Flughäfen in Schach zu halten hatte, schon am ersten Tage des Sechstagekrieges verstanden. »Waren die Flughäfen erst einmal unbrauchbar gemacht«, sagte Rabin (damals Chef des Generalstabs), »dann war es unseren Wüstentrupps überlassen, die arabischen Invasoren niederzuschlagen.«

Rabin, der Humanist, war deutlich mitgenommen, als die Angehörigen der entführten Geiseln sein Büro stürmten. Rabin, der Soldat, kalkulierte das Risiko des Überraschungsangriffs, den man vorhatte. Es war denkbar, daß viele Menschenleben in Gefahr gerieten, denn die ugandischen Verteidigungsstreitkräfte sollten so weit wie möglich geschont werden. Rabin, der Logistiker, wußte, es gab Präzedenzfälle für einen Gefangenenaustausch. Mit Bitterkeit sprach er davon in einer der hitzigen Parlamentsdebatten. »1968 haben wir nach geheimen Verhandlungen mehrere Palästinenser stillschweigend gegen Israelis ausgetauscht, die in einer EL-AL-Maschine nach Algerien entführt worden waren. 1969 kam ein zweiter stillschweigender Austausch von syrischen Fliegern und anderen Kriegsgefangenen gegen zwei israelische Geiseln, die 98 Tage in Damaskus festgehalten worden waren. Und schließlich gaben wir nach dem Yom-Kippur-Kreig mehr als hundert Saboteure und Spione gegen die Leichen einiger israelischer Soldaten heraus, die damals getötet worden waren.«

Aber bei den Angehörigen der entführten Geiseln des Flugs Nr. 139 hieß es nur: »Wollt ihr mit dem Austausch warten, bis unsere Leute tot sind?«

Und Rabin, der Humanist, erklärte später: »Ich muß den Rest meines Lebens mit meinem Gewissen leben. Mit Flug Nr. 139 halte ich mich an das

Prinzip, bei dem ich bleibe, bis sich die Lage ändert. Und das Prinzip heißt: So wie die Situation bis Freitag aussah – und auch noch am Sonnabend, bis ich mich nach der Generalprobe davon überzeugt hatte, daß die Aktion reibungslos verlief und alle Voraussetzungen erfüllte – mußte ich an irgend einem Austausch festhalten.«

Rabin, der wie ein Fels im Meer der Angriffe stand, unterschied drei Arten von Reaktion auf die Erpressermethoden der Terroristen.

1. Reaktion auf Terroristen, die in unserem Lande operieren. Hier ist Kampf besser als Einlenken, obgleich es manchmal zu Angriffen unserer Kommandotruppen kommt und dabei (wie in der von Terroristen überfallenen Schule, in der mehr als zehn Kinder umkamen*) Unschuldige ihr Leben lassen müssen. Aber innerhalb unserer Grenzen müssen wir kämpfen.

2. Reaktion auf die Entführung von Geiseln in befreundete Länder, deren Politik sich gegen die Entführer wendet. So war es in Südafrika, und damit wurden wir fertig, weil uns die Behörden halfen. Das war also kein moralisches Dilemma.

3. Reaktion auf die Entführung von Geiseln in ein terroristenfreundliches Land. Das ist jetzt der Fall mit Flug Nr. 139. Ich weiß, unsere Männer sind fähig zu diesem Kampf, aber ich habe nicht das Recht, hundert Menschenleben zu gefährden, oder auch nur eines. Ich wünsche kein Unternehmen mit Soldaten, die nicht mit dem Rückflug rechnen. Ich will Beweise dafür, daß die erste Maschine in Entebbe sicher landen und zurückkehren kann. Eine Katastrophe wäre ein unglaublicher Triumph für unsere Feinde. Und bis ich diese Beweise habe, bleibt der Beschluß vom Donnerstag bestehen: daß wir verhandeln müssen.«

Begin, der alte Untergrundkämpfer, stimmte ihm zu. Man hatte ihn von den parlamentarischen Beratungen informiert, und er hatte den Beschluß zum Verhandeln akzeptiert. Dann gab Rabin am Freitag abend einen letzten Bericht über die jüngsten Nachrichten aus Entebbe und sagte zu seinem politischen Gegner und früheren Gefährten: »Ich denke, wir schaffen es. Jetzt muß noch General Gur die Thunderbolt-Probe mitmachen, und wenn er zufrieden ist, beantragen wir das Einverständnis des Kabinetts.«

* In Maalot waren im Mai 1974 in einer Schule hundert Kinder von arabischen Terroristen gefangen genommen worden. Im Feuer der Befreier und der Attentäter kamen 22 Kinder um, bevor die Guerillas überwältigt werden konnten.

Vorabend

Nur wenige der Männer und Frauen, die für das Unternehmen Thunderbolt vorgesehen waren, wußten, daß sie am Freitag abend für den Ernstfall probten. Sie wurden in Abteilungen aufgeteilt; jedes Team machte am Tage schon Angriffsübungen, so weit wie möglich allein und unabhängig von den andern Teams. Kampfgeübte Ärzte brauchte man hier nicht, sie hatten Erfahrung mit Operationen an Bord und wurden an diesem Nachmittag in Quarantäne gestellt. Einer mußte wegen eines Notfalls ins Krankenhaus zurück, wo ein Kollege beobachtete, wie er Tücher einpackte, die wie Munitionsgürtel aussahen und die zum Transport von Drogen und Instrumenten bestimmt waren. Dies und die plötzliche Abwesenheit anderer Ärzte blieb nicht verborgen; das Krankenhaus war einer der wenigen Orte, wo Außenseiter etwas von einer Rettungsaktion ahnten.

Sonst war alles wasserdicht abgesichert. Die Flieger, die man in Quarantäne schickte, protestierten: »Meine letzte Nacht will ich in meinem eigenen Bett schlafen!« Da man dreimal so viele Flieger vorgesehen hatte, wie an dem Unternehmen teilnahmen, und weil sie sicher den Mund hielten, weil sie beim Durchsickern von Geheimnissen die ersten Opfer wären, wurde die Quarantäne aufgehoben. Es gab mehrere Piloten, die früher über feindlichem Gebiet abgeschossen und schwer gefoltert oder verstümmelt worden waren. Ihnen allen lag der Schutz der Familien vor rachsüchtigen Terroristen am Herzen. Die Piloten hielten den Mund wie kaum sonst jemand.

General Gur mußte jetzt davon überzeugt werden, daß die Herkules-Maschinen – in der Air Force nannte man sie Hippos – vollbeladen ein unbekanntes Ziel anfliegen und unversehrt zurückkehren konnten, nachdem sie im Verlauf eines 5000-Meilen-Rundflugs, ohne Navigationshilfe von außen, einen Angriff auf Infanterieträger, rückstoßfreie Gewehre auf Jeeps und raketenbewaffnete Truppen ausgeführt hatten. Er bezweifelte, daß ein Pulk von Flugzeugen das fertigbrachte, ohne auf dem Anflug entdeckt zu werden.

War es möglich, fragte er, daß ein großes Kampfflugzeug sich auf einer bewachten Piste, 1200 m ü. M., heranschleichen konnte, ohne die Verteidigung auf den Plan zu rufen? Wenn nun eine unserer Maschinen bei der Landung nicht klarkommt, Gangway oder Motor beschädigt werden, oder wenn sie von einer Granate getroffen wird? Es braucht ja nur ein Vogel in die Propellerbahn zu kommen. Die Herkules-Armada sollte auf vier beschränkt werden. Wenn eine in Entebbe getroffen oder nur aufgehalten wurde, wie sollten die Männer dann wegkommen?

»Kein Problem«, sagte Benny Peled, führender Mann der Air Force. »Ich fliege ganz oben. Wir haben überall Reserven. Und Sie haben noch nicht gesehen, wozu unsere Hippos fähig sind, wenn's sein muß. Kommen Sie mit . . .«

Was folgte, war eins der haarsträubendsten Erlebnisse in Gurs Fliegerleben. Fast drei Stunden lang sah er zu, wie die vier gigantischen Herkules-Maschinen Tests unterzogen wurden, die kaum ein Jet besteht. Die Lockheed C-130 hatte Probeflüge mit 92 bewaffneten Männern 2000 Meilen weit gemacht. Die Probelandung auf einer schmalen Sandpiste, bei der Haubitzen, Lastwagen und Truppen ausgeladen und 74 Tragbahren an Bord genommen wurden, war in 33 Minuten bewerkstelligt worden.

Benny Peled flog seit seiner Kindheit und wußte aus Erfahrung, daß so etwas möglich war. General Gur kannte es nur aus Berichten; jetzt hatte er die ungeheuere Kraft und Flexibilität der Riesenmaschine selber erfahren.

In dieser Nacht flogen die Herkules in völliger Dunkelheit hin und her zwischen Wüste und Bergen. Nach sprungartigem Start, während die vier Turbo-Propeller-Triebwerke liefen und der Pilot auf den Bremsen stand, stieg der Gigant in die Höhe wie ein Helikopter. Bei der Landung auf dem unsichtbaren Wüstensand schien er geradewegs vom Himmel zu fallen.

Die Tests waren bitter ernst gemeint. Ein paarmal hielt sich General Gur fest und kämpfte gegen ein Schwindelgefühl bei Zu- oder Abnahme des Tempos. Einmal schrie er: »Wo wollen wir hin, zum Teufel?« und Peled stieß ihn freundschaftlich in die Schulter. »Nach Entebbe, hoffentlich.«

Die Tests waren so hart, weil man in Entebbe schnell und fast lautlos landen mußte; die Piste, die zur Verfügung stand, konnte man nur ganz kurz benutzen, und der Start zum Rückflug mußte schnell und steil vor sich gehen. Sollten die Ugander gewarnt sein und die Pisten blockieren, so waren die Piloten bereit, auf dem nackten Boden zu landen und die Geiseln senkrecht in die Höhe zu heben, falls es da unten zur Schlacht kam. Die Herkules war für so etwas ideal geeignet, sie hatte aber auch Nachteile. Sie war für langsamen Flug gebaut; wenn man sie, um eilig wegzukommen, zu hastig ausrollte, so konnten sich die sehr flexiblen Flügel biegen.

Bei einem so schnellen Start, wie er in Entebbe nötig war, konnte es zu einer extremen Beschleunigung kommen. Dabei hält der Pilot die linke Hand auf dem Steuerrad und die rechte auf den Drosselklappen. Die Außenmotoren laufen mit halber Kraft und die inneren mit voller Kraft; der Kopilot muß versuchen, mit Hilfe des Querruders die Flügel im Gleichgewicht zu halten, denn die enorme Kraft der vier Propeller wird gefährlich, wenn ein Motor ausfällt während der kritischen Anflugszeit bis zu 90 Stundenmeilen. Unterhalb dieser Geschwindigkeit hat man nicht genügend Ruderkontrolle, um den starken Sog auf der Seite des ausgefallenen Motors aufzufangen. »Querruder fliegen« ist eine ungewöhnliche Technik; man braucht sie, weil die starken Reifen und das schmale Getriebe nicht ausreichen, um – schlimmstenfalls – zu verhindern, daß der eine Flügel zu weit absackt, bis die Herkules seitwärts »ausschlittert«.

Das alles, die guten und die schlechten Seiten, bekam General Gur zu sehen – aber nachts, als es dunkel war. Ein Neuling, der an Deck steht, inmitten von Fenstern, die in der Sonne wie Treibhausglas aussehen, kommt sich vor, als werde er im Albtraum durchs Leere geschleudert. Aber die Crew aus vier Mann hat natürlich elektronische Hilfsmittel, die ein Bild der Umgebung außerhalb des Flugzeugs wiedergeben. Obgleich Gur das wußte, muß er das Katastrophengefühl gehabt haben, das einen überkommt, wenn die Herkules auf einen kleinen Landeplatz niedersackt. Es wird langsamer und langsamer, bis die Riesenmaschine in jedem Windzug zu schaukeln scheint. Die Bremsen arbeiten schlapp, wegen des niedrigen Luftdrucks. Wenn die Drosseln sich schließen, sinkt das Flugzeug in den Boden, und die mächtigen Flügel kurven nach unten, als wollten sie abbrechen. Sie machten ein paarmal eine »Kurzlandung« mit Gur, bei der er sich vorkam wie in einem herabstürzenden Fahrstuhl. Die Strecke für die Landung war nie mehr als 700 Fuß, die Herkules konnte sich also am äußeren Rand des Flugfeldes niederkauern – hoffentlich außerhalb der Hörweite der Terroristen.

In der Nacht unterhielt er sich mit Soldaten, die die Herkules geflogen hatten. Alle waren überzeugt, daß, wenn die Maschinen sie in Entebbe absetzten, sie ihre Aufgabe in einer Stunde erfüllen konnten.

»Sagen wir 55 Minuten«, sagte Gur. Die Teams gingen wieder an ihre Übungsaufgaben; diesmal benutzten sie eine ausgeschlachtete Herkules, ließen die Rampe herab und verteilten sich in simulierten Angriffen auf die ugandischen Wächter, die Radarstation, den Kontrollturm und vor allem auf das alte Flughafengebäude. Nach den Proben wurde festgestellt, daß die Geiseln innerhalb von 75 Sekunden befreit werden konnten, nachdem das Rettungskommando die Wächter unschädlich gemacht hatte.

Aber Gur war immer noch nicht zufrieden. Er sah sich die Modelle von Entebbe an, bei denen nach letzten Angaben auch markiert war, wo Waffen und Wächter zu finden waren. Ein genaues Modell des »Gefängnisses« der Geiseln wurde noch einmal genau von der kleinen Gruppe von Scharfschützen geprüft, die nichts anderes zu tun hatten, als die Geiseln zu befreien und sie auf dem schnellsten Wege in die Herkules zu verfrachten, die sie heil nach Hause bringen sollte.

Gur erzählte später: »Was mir vor allem Eindruck machte, war, daß keiner das Gefühl zu haben schien, an dem Plan sei irgendetwas unmöglich. Sie hatten alle schon Kampfunternehmungen hinter sich, bei denen irgendwas ähnlich zugegangen war wie in Entebbe. Sie hatten so lange und so gründlich trainiert und gekämpft, daß es fast zur Routine geworden war. Sie unterschätzten auch die Schwierigkeiten und Gefahren nicht, sie packten sie an mit der Präzision und Gelassenheit von Ärzten im Operationssaal. Der Arzt weiß und kennt alles, was er wissen kann, vorher, aber er ist bei jeder Operation auch auf das Unerwartete gefaßt. Er hält im Geist immer Alternativen bereit. Genau so war es bei diesen Männern.«

Der Stabschef sprach mit ihnen über die Gedanken hinter der Aktion, über die Notwendigkeit, so weit wie möglich Blutvergießen zu vermeiden, vor allem aber über die moralische Rechtfertigung des Unternehmens Thunderbolt und wie wichtig es sei, noch einmal zu demonstrieren, daß das jüdische Volk keine Verfolgung zu fürchten habe, daß es nicht mehr nackt und wehrlos seinen Feinden ausgeliefert sei.

In dem Gefühl der Vereinsamung ringsum gab es einen Lichtblick. Die Engländer, bei denen Terroristen eine Blutspur von London bis nach Nordirland hinterlassen hatten, boten Israel ihre volle Hilfe an. Berücksichtigt werden sollte dabei nur die Tatsache, daß in Uganda noch britische Bürger lebten. Sie hatten mit Kenia ein geheimes Verteidigungsbündnis, das noch von einer früheren konservativen Regierung abgeschlossen worden war und das der Royal Air Force sowie Luftkommandounternehmen die Benutzung der Flughäfen von Nairobi und anderen Orten gestattete.

Es kam noch etwas hinzu, das weniger erfreulich war, wohl aber notwendig bei der Abwägung der Risiken. Während der Thunderbolt-Proben wurden die wahrscheinlichen Verluste geschätzt, und man kam auf 30 bis 35 bei Geiseln und Rettern. War das akzeptabel?

Ein später Bericht aus britischen Quellen in Ostafrika sprach davon, daß Amin bei seiner Rückkehr von der Gipfelkonferenz auf wachsende Unruhe unter den PLO-Strategen in Kampala gestoßen sei und die Gefahr von Hinrichtungen am Sonntag morgen beträchtlich größer geworden sei. Wenn das Unternehmen Thunderbolt starten sollte, so hatte sich die Zeit dafür erheblich verkürzt. Die Gleichung sah jetzt so aus: Man konnte handeln und dabei 35 israelische Menschenleben aufs Spiel setzen, oder man tat nichts – und nahm 105 Tote in Kauf.

Die Hippos versammeln sich

An alle Frauen und Männer, die am Unternehmen Thunderbolt beteiligt waren, erging eine Warnung: Sie sollten in Zivilkleidung am Stützpunkt erscheinen, keine staatlichen oder militärischen Transportmittel benutzen, sondern mit Bus oder Privatwagen fahren, notfalls per Anhalter. Denn es war Sabbath, der jüdische Feiertag, und in Israel fällt eine militärische Operation schon dadurch auf, daß jemand nicht am Familienleben oder am Gottesdienst teilnimmt.

»Secrecy, speed and surprise« – Geheimhaltung, Tempo und Überraschung, das waren die Schlüsselworte, die Brigadegeneral Dan Shomron am Vorabend für das Unternehmen gebraucht hatte. Ausgerechnet Geheimhaltung – wo doch Israel am Sabbat zu einer großen Familie zusammenwuchs, wo der Klatsch blühte und die Alten die Jungen verhörten: »Wo bist du gewesen? Was hast du gemacht?« Heißt die Antwort kurz: »Gar nichts!« dann wissen die Alten, es ist was im Busch, und an diesem Feiertag dachte jeder nur an eine einzige Möglichkeit.

Zunächst also war dieser Sonnabend ein warmer Sommertag wie alle andern, mit viel Leben am Strand und in den Städten. Die wenigen Auserwählten – die Kommandos aus der Golan-Brigade, die Fallschirmjäger aus der 35. Kompanie, ein paar Männer aus der Anti-Guerilla-Einheit und die jungen Mädchen aus der Air Force, die für die Verwundeten in der Luft sorgen sollten: Es war nur eine kleine Schar, die sich unauffällig in den Kibbuzim, in Tel Aviv und Jerusalem in Richtung auf die geheimen Sammelplätze in Bewegung setzte.

Auf einem Luftstützpunkt in der Wüste lag eine Gruppe von Ingenieuren der Baufirma Solel Boneh. Sie hatten für die Generalprobe ein Modell von Entebbe gebaut, und zwar nach Blaupausen, die sie damals, als Israel und Uganda noch gute Freunde waren, beim Aufbau neuer Flughafenabteilungen verwendet hatten. Das Modell war nach den Meldungen aus Paris und den Informationen der entlassenen Geiseln ergänzt worden; auch Fotos, aufgenommen von israelischen Erkundungsflugzeugen oder US-Satelliten, hatte man benutzt. Als die Arbeit beendet war, hatte der Kommandant des Stützpunktes die Männer eingeladen und sie ein paarmal geradezu großartig bewirtet. Etwas später schlug man ihnen freundlich vor, sie sollten doch an Ort und Stelle einen kurzen Urlaub machen, sich ein bißchen erholen. Ob sie den Grund errieten, steht nicht fest – gesagt haben sie nichts. Es gibt so etwas wie eine unsichtbare Trennungslinie zwischen Familienleben und Verteidigung in Israel. Das wird auf einem Luftstützpunkt besonders deutlich.

Der Stützpunkt war schwer auszumachen, er lag in einer weiten Senke inmitten von hohen Bäumen. Die Geister alter »Hornissen« schwirrten darin herum, das waren große abgetakelte Helikopter, die jetzt zum Training von Luftkommandos benutzt wurden; dahinter lagen Sprungtürme und Drahtseilballen. Zwischen dichten Eukalyptusbäumen sah man alte Flugzeuge aus früheren Kriegen, die als Wahrzeichen aufbewahrt wurden.

Die Maschinen, auf die es jetzt ankam, waren die riesigen »Hippos«. Am Boden sind diese mächtigen Truppentransporter merkwürdig schwer auszumachen; auch die Tatsache, daß die Lockheed C 130 Herkules von den Piloten der israelischen Air Force zärtlich »Hippo« genannt wird, ist eigentlich seltsam, denn das Flußpferd gehört zu den Tieren, die man am Viktoriasee nur selten zu Gesicht bekommt.

Beim Unternehmen Thunderbolt gab es noch mehr solcher Widersprüche und Zufälle. Auf ähnliche Weise kam Präsident Amin zu seinem deutschen Mercedes: Sein zukünftiger Außenminister saß vor Jahren eines Abends bei einem Marathon-Trinkgelage, nachdem man ihm kurz zuvor einen Posten als Botschafter Ugandas – irgendwo zur Auswahl – angeboten hatte. Wohin sollte er gehen? Er hatte genau wie Amin eine Leidenschaft für Flugzeuge und schnelle Wagen und beurteilte die Außenposten nach den Wagen, die man dort zollfrei kaufen konnte. London mit Rolls Royce? Paris mit dem neuen Citroen? Washington mit Lincoln? Bonn mit Mercedes? Er wählte Bonn und empfahl auch seinem Präsidenten einen Mercedes. Ausländische Staaten überboten sich damals ungeniert in der Liebedienerei um die schwarzen Potentaten, die nach dem Ende der Kolonialzeit an die Macht kamen. Amin konnte unter einem halben Dutzend Marken wählen; er nahm einen Mercedes. (Israel hatte auf diesem Sektor nichts zu bieten, bis jemand auf die Idee kam, Amin ein anderes Spielzeug zu offerieren: die Fouga-Magista Übungsmaschinen.)

Am Sonnabend, 3. Juli, stand Amins schwarzer Mercedes – oder doch ein Wagen, der ihm genau glich – hinter der verschlossenen Tür eines großen

Hangar. In Israel hatten Verwandlungs- und Täuschungsexperten in den letzten Tagen das ganze Land durchgekämmt. Sie fanden einen Wagen, der auf die von ›Mossad‹ gelieferte Beschreibung paßte, nur war er weiß. Ihn schwarz zu spritzen, war aus Sicherheitsgründen riskant: Wer läßt sich schon eine so teure Limousine über Nacht einfach umspritzen? So viel Geld hatte niemand in Israel. So übernahmen ihn also die neuen Eigner und malten ihn selber schwarz an.

Dann wurde ein kräftiger Fallschirmjäger in Präsident Amin verwandelt. Das übernahm Rau'ma, ein Mädchen aus der Reserve der Air Force, das bei einer Fernsehgesellschaft in Tel Aviv angestellt war. Sie arbeitete nach Fotos von Big Daddy, hinten in dem tiefen Hangar, wo der Mercedes verborgen war. Ob und wie der falsche Präsident und sein Mercedes zum Auftritt kamen, das mußte man dem Schicksal überlassen. Was als Scherz begann, hatte nun seinen Weg in die Endphase gefunden.

Auf einem andern Stützpunkt nahm sich ein anderer Verwandlungskünstler die Männer des Kommandos unter Lieutenant Colonel Yehonatan (»Yonny«) Netanyahu vor, die den Überfall anführen sollten: hervorragende Scharfschützen und Experten im Töten von Guerillas. »Yonny«, in Amerika geboren, war der Anführer der harten Gruppe, Sohn eines bekannten jüdischen Historikers und Philosophiestudent aus Harvard. Die Männer hatten einen Scherznamen für ihn, der übersetzt hieß: »Der Mann des Schwertes und der Bibel.« Er liebte Israel leidenschaftlich. Bei Aktionen gegen Terroristen war er der erste. Bei Übungen und Ausflügen wurde durch ihn die Landschaft lebendig. »Yonny wußte für jeden Fußbreit in Israel den biblischen Namen«, sagte einer seiner Kameraden. »Wo immer wir waren, verband er den Ort mit irgendeinem Ereignis der jüdischen Geschichte.«

Yonny sprach mit seiner Einheit über Uganda. Sechs Leute wurden sorgfältig als ugandische Soldaten zurechtgemacht, alles Jungen von etwa zwanzig, unruhig und nervös. »Weil wir gar keinen Begriff von Afrika hatten«, sagte einer später. »Nachtflüge, Kämpfe unter unbekannten Umständen: Daran waren wir gewöhnt. Aber das hier war etwas anderes. Wir waren darauf trainiert, irgendwo im Vorderen Orient abgesetzt zu werden, eine Ölquelle zu besetzen oder den Arabern einen Flugplatz zu entreißen. Afrika – daran hatten wir noch nie gedacht.«

Ein anderer in Yonnys Einheit war Rafael (Deckname). Er erklärte: Unsere Nerven waren wahnsinnig angespannt. Trotzdem: Wer nicht teilnehmen konnte, blieb mit Tränen zurück – Tränen der Enttäuschung. Man ist zu sehr angespannt. Wenn man dann nicht mitmachen kann, ist das tragisch.«

Daß die Trennung der Mitfliegenden von den Zurückbleibenden erst in den allerletzten Minuten vorgenommen wurde, war ebenfalls genau geplant gewesen. Auf diese Weise konnte man bis zum letzten Augenblick noch Änderungen und Anpassungen vornehmen, die sich aus den bis zum Schluß eingehenden Meldungen ergaben. Einige dieser Meldungen kamen aus den Wolken über Uganda, wo israelische Flugzeuge sich ablösten bei der Beobachtung des Wetters, der ugandischen Maschinen und des Präsidenten Amin, der aus Mauritius zurückerwartet wurde. Die letzten Änderungen für das Unternehmen Thunderbolt hingen ab von der Zeit seiner Rückkehr.

Weitere Nachrichten kamen aus dem Ausland. In Paris saß der Sonderberater des Krisenstabes für Antiterrormaßnahmen, Generalmajor Rehavam Zeevi, der seit seiner Ankunft am letzten Dienstag mit Verhandlungen und Befragungen der entlassenen Geiseln beschäftigt war. Er rief um 2.30 Uhr nachts, eine Stunde vor Beginn des Unternehmens Thunderbolt, Rabin an und sagte, man sei wieder mal an einem toten Punkt in den Verhandlungen angelangt. »Da ist was schiefgegangen«, sagte er und meinte damit die prekäre Verbindung zu den Terroristenführern in Entebbe.

»Versuch es weiter«, gab Rabin zur Antwort. Zeevi kehrte an seine Aufgabe zurück. Er glaubte immer noch, man werde mit den Entführern zu irgendeiner Einigung kommen. Ohne es zu wissen, hatte er den Krisenstab davon informiert, daß die Entführer nicht in der Lage waren, auf einen revidierten Plan eines Gefangenenaustausches einzugehen. Sie konnten nicht darauf eingehen, weil Amin noch nicht zurück war. So wurde, eine Stunde vor Beginn der Aktion, dem Informationsmosaik noch ein kleines Steinchen hinzugefügt.

In Nairobi erfuhr der Manager der EL-AL, er müsse sich darauf einstellen, daß noch ein paar Charterflugzeuge landen und auftanken würden – »vielleicht zwei Maschinen oder so«. Er wußte nun, warum man ihm gesagt hatte, er müsse Bargeld bereithalten – Cash für Treibstoff hatten sie gemeint. Es blieb ihm überlassen zu raten, wohin die Maschinen unterwegs waren.

Nachtanken: Das war immer noch ein großes Problem, der schwache Punkt, den Rabin von Anfang an im Auge gehabt hatte. Die Herkules-Transporter und die Boeing 707 mußten bei maximaler Reichweite operieren. Die Boeing konnten in Nairobi nachtanken, das fiel nicht weiter auf. Die Herkules, deutlich bereit für militärischen Einsatz, durften auf dem Weg nach Entebbe nicht landen und konnten auch nicht in der Luft aufgetankt werden, ohne daß es die feindlichen Radarschirme meldeten. Eine Herkules wurde jetzt mit Sprengstoff beladen, der in Entebbe in die andern drei Herkulesmaschinen umgepumpt werden mußte. Dazu mußte man Spezialpumpen mitnehmen. Und das Ganze bedeutete ein enormes Risiko für die ganze Besatzung.

Noch immer kämpfte Premierminister Rabin in den ersten Morgenstunden des Sonnabend im Geist mit den politischen und diplomatischen Folgen des Unternehmens; noch immer sah er sich außerstande, das letzte Einverständnis zu geben. Noch einmal fragte er General Gur, den Kommandeur Benny Paled und seine Berater. Gab es noch eine Möglichkeit, den Treibstoff über diese Entfernung zu transportieren?

Inzwischen hatten die Meldungen aus Nairobi eine günstige Wendung genommen: Rabins Berater meinten jetzt, Thunderbolt könne mit dem Nachtanken in Nairobi rechnen. Als weitere Hilfe sollte eine fünfte Herkules vorausfliegen und auf einem Stützpunkt in der Nähe von Mombassa warten. Das Tankflugzeug hingegen dürfe nur im äußersten Notfall eingesetzt werden. Wenn die israelischen Maschinen gezwungen waren, auf einem afrikanischen Militärstützpunkt zu landen, werde das sehr ernste Folgen haben, denn man werde Kenia beschuldigen, bei einem militärischen Überfall auf Uganda Hilfestellung geleistet zu haben. Nairobi hingegen war ein Zivilflughafen, und da die Israelis unter ziviler Registrierung flogen, konnte niemand ernsthafte Einwände erheben.

Jetzt standen auch die zeitlichen Limits fest; sie wurden bestimmt von der Gefahr der Gewaltanwendung gegen die Geiseln und von der Tatsache, daß der zivile Luftverkehr auf der Strecke von Kleinasien über Nairobi nach Südafrika gering war. Man wußte zum Beispiel, daß auf dem Flughafen von Entebbe ab Sonnabend mittag Ruhe herrschte, bis eine VC 10 der British Airways dort auf dem Wege von London nach Mauritius um 2.30 Uhr am Sonntag früh auftanken sollte. Damit war auch der späteste Zeitpunkt für den Abflug der Thunderbolt-Maschinen gegeben. Wenn die britische Maschine sich näherte, mußten sie den Schauplatz längst verlassen haben.

Welche Maschinen für das Unternehmen eingesetzt werden sollten, war niemals zweifelhaft gewesen. Seit 1971 waren die Herkules vom Typ C 130E und C 130H in der israelischen Luftfahrt eingesetzt gewesen. Seit der Ankunft der ersten sechzehn waren die Flugzeuge erheblich abgeändert worden. Bei einem Langstreckenflug, wie er jetzt bevorstand, übernahm eine

Maschine als Pfadfinder den ganzen elektronischen Apparat und damit sozusagen die Aufgabe von Augen und Ohren. Die Maschinen, so schwer und linkisch sie aussahen, verstanden zu kämpfen. Die Piloten waren imstande, mit ihnen akrobatische Luftkunststücke auszuführen, sie mit zwei Motoren in der Luft zu halten und mit drei ausgefallenen Motoren zu landen.

Von Glamour allerdings, wie er die Piloten der Kampfjets umgibt, ist bei den Herkules-Piloten nichts zu spüren. Einer – sein Deckname für das Unternehmen war Ariel – schrieb später darüber:

»Wir segelten. Es war ein friedlicher Sommerabend, und ich saß an Deck einer Jacht und ahnte nicht, daß ich in wenigen Stunden zwanzig Tonnen Treibstoff nach Kenia fliegen sollte – eine Bombe, die bei der geringsten Nachlässigkeit, oder wenn die Ugander schossen, explodieren würde. Auf der Jacht ging es hoch her und es gab viel zu trinken. Hübsche Mädchen aus Tel Aviv waren dabei, die sich für das Schicksal der Geiseln kaum interessierten; sie sagten höchstens mal: ›Ach, die Armen!‹ und sprachen schnell von was anderem. Die Männer diskutierten über die Entführung; die meisten warfen der Regierung vor, sie handele nicht. Auf einmal wandten sie sich zu mir um und fragten: ›Ihr seid doch in der Air Force – könnt ihr denn nichts tun? Könnt ihr nicht Entebbe bombardieren?‹

›Ich war etwas peinlich berührt in dieser Atmosphäre und sagte: ›Wieso – was kann ich tun? Ich bin Transportpilot. Wenn ich angewiesen werde, nach Entebbe zu fliegen, dann fliege ich nach Entebbe.‹

Seit es Dakotas und Stratosphärenkreuzer gibt, sind wir Transportpiloten die Stiefkinder in der Air Force. Die Kampfpiloten, die mit Migs kämpfen und Raketenbatterien überfallen, die werden hoch gerühmt. Wir nicht – wir sind die Lastwagenfahrer.

Bei uns ist die Atmosphäre eher wie im Zivilleben. Die Männer sind Kriegsteilnehmer mit vielen Flugstunden auf anderen Maschinen. Die Arbeit geht routinemäßig vor sich und ist festumrissen. Die Leute kommen leger gekleidet an Bord, mit großen Taschen wie irgendwelche Boten.

In den Hippos, den großen Herkules, da sitzt der Flugkapitän zusammen mit einem zweiten Piloten. Hinter unseren Plätzen sitzt der Ingenieur. Hinten im Cockpit sitzt der vierte in der Crew, der Navigationsoffizier. Bei uns ist das Navigationssystem, im Gegensatz zu den andern Transportmaschinen der Air Force, ein ganz ausgeklügeltes System. Die Herkules kann in jedem Wetter und ohne Sicht fliegen – vom Nordpol bis zum Äquator. Wir sind noch nicht am Nordpol gewesen . . .

Wir haben ein großes Armaturenbrett, vorne, an beiden Seiten und bis zur Decke, mit den raffiniertesten Navigationshilfen, darunter ein sehr genaues Radargerät – eine wirkliche Revolution im Navigationsapparat für militärischen Lufttransport.

Die Hippo hat vier Turbojetmotoren. Wenn sie auf Hochtouren laufen, klingen sie gedämpft – bei dem Entebbe-Unternehmen ein großer Vorteil. Auch bei kurzen Pisten kommt sie schnell hoch. Für eiligen Start ist sie mit Raketen ausgerüstet.

Bei uns Herkulespiloten herrscht Pioniergeist. Die Crew ist groß und die Atmosphäre fröhlich und freundlich. Es ist schon etwas Besonderes, eine Viermotorige zu fliegen. Man hat einen Giganten unter sich.«

Drei Herkules Transporter standen am Ende der langen Piste auf einem anderen Stützpunkt. Vor die Laderampen schoben sich verdeckte Laster und Kommandowagen. Ein paar Jäger, Phantoms oder Skyhawks, landeten und starteten auf anderen Pisten. Der größte Teil des Personals war auf die Zimmer gegangen, um sich auszuruhen. Einige saßen noch in der Messe, auch in der Bar unterhielten sich mehrere junge Piloten.

Nur wenige sahen, wie junge Soldaten aus Hubschraubern sprangen und ihr Gepäck in die große Maschine brachten: Kästen mit Granaten, Bazookas, Sprechfunkgeräte und sonstiges, das im Krieg notwendig ist. Jetzt nahm die Herkules zwei Jeeps mit 106-mm-rückstoßfreien Gewehren in ihren mächtigen Bauch auf. Maschinengewehre folgten. Ein Halbkettenfahrzeug kroch in eine andere Maschine. Alles ging sehr schnell, es gab kein Geschrei, die Gesichter waren ausdruckslos. Der Geruch des Unbekannten vor der Schlacht hing in der Luft.

Sicherheitsbeamte sorgen dafür, daß keine Außenstehenden in die Nähe kamen. Das Team der höheren Offiziere war klein: es waren der Kommandant des Stützpunktes und sein Operationsoffizier, Brigadegeneral Dan Shomron und Leutnant Colonel Yehonatan Netanyahu (Yonny).

Das Unternehmen Thunderbolt war auf politischer Ebene streng geheimgehalten worden; das war jedoch nichts im Vergleich zu der Mauer des Schweigens innerhalb der Army und Air Force. In Israel reist ein geflüstertes Wort ebenso schnell wie die Gerüchte der Araber oder die Buschtrommel der Afrikaner. Sicherheitsbeamte verbrannten jeden Fetzen Papier, der sich auf das Unternehmen bezog, sobald er seinen Zweck erfüllt hatte. Ein junger

Pilot einer Herkules wurde zusammengestaucht, weil er in der Küche Sandwiches »für einen langen Flug« bestellt hatte.

Die letzten Anweisungen wurden im Sammelstützpunkt gegeben, wo sich alle Augen auf die große Skizze des Flughafens Entebbe richteten. Yonny gab seinen Männern eingehende Details ihrer Aufgaben und zeigte ihnen besonders die Einzelheiten des alten Terminalgebäudes, wo die Geiseln untergebracht waren.

Die Schwierigkeit, so betonte er, lag darin, die Geiseln in der kürzesten Zeitspanne zu erreichen und die Entführer dabei auszuschalten. »Zwischen dem Gelingen und einem Massaker liegen nur Sekunden.«

Ein junger Offizier meldete sich: »So war es auch bei der Rettungsaktion der Sabena in Lod. Man mußte die Entführer von den Fluggästen unterscheiden, das war das Problem. Die meisten Passagiere wurden gerettet, weil die ganze Sache nur Sekunden dauerte.«

»Deshalb habt ihr ja die Fotokits (Phantombilder) von den Entführern«, erwiderte Yonny. »Ihr habt Zeit gehabt, sie auswendig zu lernen und euch alles einzuprägen, aber seht euch die Einzelheiten nochmal an, auf dem Flug. Die Schweine dürfen keinen einzigen Schuß abfeuern.«

Die Atmosphäre war entspannt. Yonnys Männer – einige sahen wie Kinder aus – redeten von Entebbe, als sei es ein Vorort von Tel Aviv, oder Anatevka, die kleine Stadt im »Fiddler on the Roof«. Nach den Instruktionen kam es ihnen so bekannt vor; sie schienen zu vergessen, daß der Flug sie ins Herz von Afrika brachte. Das einzige Afrika, das sie kannten, war die Frontlinie drüben am andern Ufer des Suezkanals, die sie im Yom Kippur-Krieg gesehen hatten. »Na schön«, meinte ein Fallschirmjäger, »die Entfernung ist Sache des Piloten.« Dann sprachen sie von den Geiseln. Sicher kam es zu mörderischem Kreuzfeuer. Wie konnte man den Geiseln sagen, daß sie sich auf den Boden werfen mußten – durch Lautsprecher? Oder ob man einfach hineinstürzte und schrie?

Yonny suchte die besten Schützen aus. Die ersten Schüsse auf die Terroristen mußten tödlich sein. Gefangene? »Wär schön, wenn wir den Anführer, Jaber, lebend in die Hände kriegten«, sagte Yonny. »Aber schließlich sind es alles Killer. Und eine zweite Chance gibt es nicht.«

Dann sprachen sie über die Geiseln, und wie man sie in die Flugzeuge schaffen konnte. Tragbahren – wieviele? Und die alten Leute und Kinder – ob man die tragen mußte?

Die Sitzungen des Generalstabs, an denen auch der Air Force Kommandant, General Benny Peled, und der Generalmajor Yekutiel Adam, Leiter der Operationsabteilung, teilnahmen, trugen einen fast wissenschaftlichen Charakter. Ein präziser Flugplan nach Entebbe wurde entworfen, mit der erwarteten maximalen Aufenthaltszeit in Entebbe. Man erwog Alternativen für mögliche Komplikationen, die irgendwo in Afrika, fern der Heimat, auftreten konnten. Der Kommandant des Unternehmens, Dan Shomron, der in dieser Woche täglich fast 24 Stunden gearbeitet hatte, koordinierte jetzt die verschiedenen Formationen. Yonnys Einheit sollte sich um die Geiseln kümmern, Force 629 mußte die Ugander ausschalten. Ein Sondertrupp hatte die Aufgabe, Amins russische Jets zu vernichten, andere Männer wurden abgestellt zum Schutz der Flugzeuge, der Kommunikationsexperten, der Ärzte und eines kleinen Teams von Nachrichtentechnologen, die eine besondere Aufgabe hatten. Denn eins war völlig klar: wenn mit den Flugzeugen etwas passierte, so konnte es geschehen, daß sämtliche Männer des Unternehmens Thunderbolt in Entebbe festsaßen, und zwar in einer weit schlimmeren Lage als die der Geiseln. Aus diesem Grunde wurde eine spezielle Luftunterstützung in Reserve gehalten. Shimon Peres hatte von Thunderbolt gesagt, es sei »nach der Entfernung das weiteste, nach der Zeit das kürzeste und in der Vorstellung das verwegenste Unternehmen.« Stabschef Mordechai Gur nannte es ein »kalkuliertes Risiko« im Kampf gegen den Terrorismus. Dem fügte Peres noch hinzu: »Aber ein relatives Risiko – wir haben es mit relativen Gefahren zu tun, für die wir keine Ideallösungen besitzen.«

Die Planer wußten, was man zu erwarten hatte; deshalb betonten sie immer wieder, es sei wichtiger, die Ugander zu »neutralisieren« als sie umzubringen – wenn sie nicht zuerst das Feuer eröffneten. Schließlich waren die Offiziere und Soldaten der ugandischen Armee von Israels Militärmission ausgebildet worden. Peres sagte: »Das Volk von Uganda ist nicht verantwortlich für die Taten von Idi Amin – für die er im Grunde selber nicht verantwortlich ist.«

Als er aus der Sitzung kam, warf Dan Shomron einen Blick auf die Karikatur in einer englischen Zeitung am Schwarzen Brett. Sie zeigte Idi Amin, der Adolf Hitler fragte: »Könnten Sie mir nicht sagen, wie man einen Kommandobunker baut – so einen, wie Sie ihn in Berlin gehabt haben?«

Die Klimaanlage in der Herkules wurde mit der Gluthitze nicht fertig. Die Soldaten saßen, enggepackt wie Sardinen, um das Gerät herum, auf Jeeps, auf einem Halbkettenfahrzeug. Die Crew stieg die kurze Leiter in den Kontrollraum hinauf. Mitleidig blickten sie auf die Männer in ugandischer Uniform, die eng zusammengepreßt in dem schwarzen Mercedes saßen, wo ihnen der Schweiß über die geschwärzten Gesichter strömte.

Um zwei Uhr nachmittags hatte eine Sitzung der Regierung stattgefunden. Yitzhak Rabin, rastlos und angespannt, erklärte – oder gab zu –, daß, wenn das Unternehmen mißlang und es zu Demonstrationen kam, er als Premierminister die Verantwortung übernehmen werde. Schweren Herzens erklärte er, daß er sein Einverständnis gebe. Er verhielt sich die ganze Zeit so wie am Vorabend des Sechstagekrieges: zuerst die lange Wartezeit mit Berechnungen und Überlegungen, bis zum letzten Moment der Entscheidung. Nur war er damals Chef des Stabes und wartete auf das Plazet der Regierung. Heute war er selber die allerletzte Instanz. Ohne sein Einverständnis machten sich die Flugzeuge nicht auf den Weg.

Immer weiter ging die Diskussion. Der Premierminister wollte die Sprechzeit für keinen seiner Minister limitieren, damit die Entscheidung nicht unter Druck fiel. Das verstärkte die schicksalsträchtige Atmosphäre der Diskussion, denn jeder Minister wollte bei »dieser historischen Gelegenheit« zu Wort kommen – wodurch der Zeitpunkt der Entscheidung immer weiter verschoben wurde. Doch das demokratische Vorgehen hatte auch sein Gutes, denn die zeitliche Möglichkeit, daß versehentlich etwas verraten wurde, hatte man dadurch auf ein absolutes Minimum reduziert.

In den letzten Stunden, als das Militär und der Krisenstab ihr Einverständnis gegeben hatten und die letzte Entscheidung von dem Resultat der Regierungssitzung abhing, versammelten sich 280 Fallschirmjäger in einem Hangar neben mehreren Reihen von Halbkettenfahrzeugen und Jeeps mit rückstoßfreien Gewehren. Der Kommandant, Generalmajor Dan Shomron, wartete, bis die riesigen Hangartüren geschlossen waren, dann sprang er auf die Stufen eines Kommandojeeps.

»Was von euch erwartet wird, ist von Bedeutung für den Staat Israel.« Nach stunden- und tagelangen Erörterungen war seine Stimme heiser geworden. »Ich weiß, jeder wird seine Pflicht tun. Viel Glück – und ich danke euch.«

Von den Piloten wurden die Fallschirmmänner mit einigem Befremden betrachtet. Einige zogen sich gleich bis zum Gütel aus, als sie in den Bauch der Herkulesmaschinen kletterten. Andere kamen in völlig zerknitterten Overalls, und die Zivilisten sahen aus, als hätten sie die Absicht, ihren Garten umzugraben.

»Sowas habe ich noch nie gesehen«, erzählte später einer der Piloten. »Wie eine Horde Halbstarker sahen sie aus. Gleich nach dem Start ließen sie sich einfach zwischen die Jeeps und Container fallen oder rollten sich irgendwohin und schliefen.«

Dieser Pilot hatte so viele Flugstunden hinter sich, daß er eigentlich auf jede Überraschung hätte gefaßt sein müssen. Er wußte, unter den Zivilisten waren Ärzte, und mußte annehmen, daß auch technische Experten für Geheimaufträge dabei waren. Er sagte: »Als ich ihnen ins Gesicht sah, da war ich beruhigt. Aber wer sie hatte kommen sehen, der hätte sie für Gammler und Rowdies gehalten. Und genau so wollten sie natürlich auch wirken.«

Thunderbolt – Das relative Risiko

Als das Unternehmen Thunderbolt sich in die Luft erhob, hatte das Kabinett sein Einverständnis noch nicht gegeben. Das geschah erst 15 Minuten später. Das größte Langstrecken-Luftkommando war unterwegs mit dem Umkehrbefehl an die Kommandanten, falls es dem Krisenstab nicht gelang, die Minister von der Notwendigkeit der Aktion zu überzeugen. Um 15.30 Uhr erging an alle Piloten der Befehl: »Zanek – los!«

Es war Sonnabend, der 3. Juli. Zwei der Minister, die orthodoxen Sekten angehörten und am Sabbat kein Transportmittel benutzten, hatten den Weg zur Kabinettssitzung zu Fuß zurückgelegt. Die Sitzung fand in Tel Aviv statt; einem der Minister, der in Jerusalem wohnte, hatte der Transportminister Yaakobi am Vortage geraten, die Nacht nicht zu Hause zu verbringen. Der andere, Zevoloun Hammer, Minister für Wohlfahrt, wohnte in einem Vorort von Tel Aviv und legte einen Fußweg von 90 Minuten zurück. Das Angebot von Premierminister Rabin, ihn mit einem Wagen abholen zu lassen, lehnte er höflich ab.

»Bei uns geht der Sprit zu Ende, während die Idioten immer noch reden.« schimpfte ein Pilot, der mit seinem Kommando den Weg zum Roten Meer eingeschlagen hatte. Seine Passagiere wurden unterdessen von einem Experten »angeschwärzt«, den man kurz vorher aus einem Theater in Tel Aviv geholt hatte.

»Die reden, wir schwitzen, und Big Daddy frißt seine erste Geisel!« sagte ein großer starker Fallschirmjäger, der sich in dem weißgestärkten Mechanikeroverall der East African Airlines sichtlich unwohl fühlte.

»Sie rechnen mit 30 Toten und 50 Verwundeten«, meinte einer der 23 Ärzte und 10 Spezialisten in der Boeing 707, die man in ein fliegendes Lazarett verwandelt hatte. »Sie haben das Risiko kalkuliert. Warum zum Teufel sagen sie nicht endlich: Los!«

»Wenn sie noch lange so weitermachen«, sagte einer der Offiziere am Radargerät, »dann holen die Russen ihre Migs raus, und da sitzen keine Ugander drin!«

Es war verständlich, daß die Männer und Frauen der Riesen-Luft-Armada nervös waren. Sie waren Kämpfer, sie wollten handeln, und die demokratisch langsame Prozedur in diesem unechten Frieden machte sie rasend. Gigantische Flugzeuge und Kampfkommandos waren zu ihrem Angriffsziel unterwegs und hatten noch immer keinen Befehl zum Losschlagen, weil »die alten Männer stundenlang in ihren Bart murmelten«.

Die letzte politische Diskussion am Sonnabend eröffnete der Chef des Stabes mit den Worten: »Diesmal lege ich einen Plan zur Ausführung vor.« Dann zitierte er Dan Shomron, den Kommandanten des Unternehmens: »Ich bin überzeugt davon: wenn es mir gelingt, mit der ersten Maschine sicher in Entebbe zu landen, dann wird das Unternehmen gelingen.«

Die Atmosphäre war gespannt; viele, die sich zuversichtlich äußerten, waren immer noch unsicher. Die Uhrzeiger rückten weiter. Der Flug nach Entebbe dauerte sieben Stunden. Wenn sie ihr Ja zu dem Unternehmen geben wollten, dann mußte das innerhalb der nächsten Minuten geschehen.

Theoretisch war es möglich, die Flugzeuge jederzeit vor der Landung zurückzurufen. Diese Möglichkeit mußte man offenhalten, falls irgendetwas passierte, das das Gelingen in Frage stellte. Idi Amin, so hieß es, wollte seinen Aufenthalt in Mauritius abkürzen und heute nach Entebbe zurückkehren. Wenn sie nun gleichzeitig ankamen, Amin und die Männer vom Thunderbolt, und auf dem Flughafen in Entebbe einander gegenüberstanden?

Aus den Meldungen aus Entebbe ging deutlich hervor, daß höchstens zehn Terroristen die Geiseln bewachten, während 80 bis 100 ugandische Soldaten in der Nähe auf Posten standen. Wieder ging die Angst um, daß die Maschine und das Flughafengebäude mit den Geiseln womöglich doch vermint waren.

Der Thunderbolt Armada voraus flog eine Boeing 707 mit den Farben der EL-AL und einer zivilen Registrationsnummer. Darin saßen der Kommandant der israelischen Air Force, Benny Peled, ein alter Flieger, der jeden israelischen Feldzug mitgemacht hatte, und der Deputy Chief des Generalstabs, Yekutiel Adam. Sie flogen auf der internationalen Flugroute am Roten Meer entlang, kurvten dann nach Süden über Äthiopien und kamen westlich vom Naivasha-See herunter, um in Nairobi zu landen.

So weit, so gut. Niemand hatte sie behelligt. Es gab auch keinen Grund dafür, denn die 707 in ihrer augenblicklichen Aufmachung war ein rein kommerzielles Flugzeug. Wer näher hinschaute, hätte Geschäftsleute in ziviler Kleidung gesehen – und an Stelle der Hälfte der Sitze ungewöhnlich viel Fracht. Die Fracht bestand aus einem Luftkommandozentrum, der fliegenden Version von Benny Peleds Hauptquartier in Tel Aviv. Peled flog als Passagier Sidney Cohen, Pelzhändler aus Südafrika. Die Maschine rollte aus und stand auf dem maximal gesicherten Platz des Flughafens, wo die EL-AL-Maschinen gewöhnlich unter dem Schutz der kenianischen Polizei stehen. Der Kommandant der Flughafenpolizei, Lionel Davies, war einer der wenigen kenianischen Beamten, die über die Aktion im Bilde waren.

Eine zweite Boeing 707 folgte. Auch hier waren die Kennzeichen der Air Force übermalt und durch die Markierung der EL-AL ersetzt. Drinnen saßen Ärzte und Krankenschwestern, die für die Verwundeten sorgen sollten.

Beide Maschinen wurden aufgetankt, wovon niemand viel Notiz nahm. Dafür hatte der Manager der EL-AL in Nairobi gesorgt. Ein Routine-Telex ging nach Tel Aviv; doch für die Leute, die es lasen, war es keine Routinesache. Der Chef der EL-AL, Mordecai Ben-Ari, gab sofort eine Kopie an den Generalstab. Ben-Ari hatte sich die ganze Woche nicht aus seinem Büro gerührt. Jetzt war der Höhepunkt der schlaflosen Tage und Nächte gekommen. Ihm war zumute wie damals, als er jüdische Refugees in Wagen und Flugzeugen durch die Ruinen des zerstörten Europas geleitete.

Die beiden Boeings waren in Kenia gelandet. Jetzt endlich konnte man den vier Herkules mit ihren Begleitmaschinen das erlösende »Bahn frei« übermitteln. Sie hatten kurz nach 15.30 Uhr den Befehl zum Start bekommen und flogen über Sharm-el-Sheikh an der Südspitze Israels, als endlich das Wort »Los!« die Piloten erreichte. Im gleichen Augenblick verstummte der militärische Sender. Alle vier Herkules waren mit zivilen Registrationsnummern getarnt und hielten sich auf der gleichen zivilen Flugroute. Die Piloten operierten nach den üblichen Zivilflugmethoden. Das Profil der Hippos mit dem hohen Seitenruder ließ sich natürlich nicht verkleiden. Aber auf dem Radarschirm sahen auch die Hippos nur aus wie ein Klecks.

Die Truppentransporter flogen in loser Formation, so daß der Anführer sie auf dem Radargerät stets finden konnte. Sie folgten den normalen Routen, gingen aber, als sie das israelische Luftgebiet verlassen hatten, etwas herunter. Bevor sie sich landeinwärts wandten, machten sie mehrere Schiffe russischer Herkunft aus, die offenbar unter arabischem Befehl standen, vermutlich elektronische Überwachungsschiffe. Die Hippos gingen also herunter.

»Ein paarmal flogen wir sie wie Kampfflugzeuge«, erzählte ein Flieger später. »Wir nahmen sie mächtig her – bis auf Nahkampf haben wir alles mit ihnen angestellt. Manchmal mußten wir scharfe Kurven nehmen, um den

Radarposten auszuweichen, die alle von Russen gebaut waren; und dann wieder mußten wir steil aufsteigen, um über die Berge zu kommen.«

Sie trafen auf starke Stürme, denen sie nicht auswichen, um Treibstoff zu sparen. »Hätten wir Motorschaden gehabt, so hätten wir einfach nicht landen können. Der Flughafen von Addis Abeba ist nach Dunkelwerden für alle Flugzeuge gesperrt, außerdem ist es da reichlich gefährlich: man weiß nie, wer politisch gerade obenauf ist und welche Einheiten schußbereit am Flughafen sitzen. Und wenn man sich im Dunkeln zwischen Berggipfeln durchwinden muß, kann es leicht zu einer Katastrophe kommen.«

An Bord des Pfadfinders konzentrierten sich alle darauf, einen Weg durch den unbekannten Himmel zu finden. Eine starke Radarkuppel vor dem Flugzeugdeck schützte den kugelförmigen Reflektor, der im Kreis schwang und zwei starke Lichtstrahlen projizierte. Der erste bleistiftschmale Strahl wurde von Zielobjekten wie Schiffen, Bergspitzen und Flugzeugen reflektiert und gab die Information an die Crew der Herkules zurück. Der zweite Strahl bestrich ein sehr weites Gebiet auf unablässiger Suche nach verschiedenen Gegenständen. Mit beiden zusammen besaß die Herkules ein Auge, das alles sah und das Landgebiete, Schiffe, Gewitter und Regengüsse notierte. Das elektronische Gehirn interpretierte die Signale und erklärte Hindernisse, die zu Verwechselungen führen konnten; so unterschied es zum Beispiel zwischen einem Berggipfel und einem Pulk von Gewitterwolken.

Bernsteinfarben glühte ein Lichtschirm in der Dunkelheit über dem Hauptarmaturenbrett. Ein schmaler Lichtstrich fuhr darüber hin und her und hinterließ ab und zu einen kleinen Klecks, der wie ein Komet einen erleuchteten Schwanz hinter sich her zog. Piloten und Navigationsoffiziere verstanden es, mit einem Blick die Bedeutung dieser Kleckse zu erkennen: sie »sahen« das Gebiet unter sich und den Weg, der vor ihnen lag.

Hoch oben über den Transportern flogen die Hirten: Phantoms der israelischen Air Force, die den andern Maschinen nicht nahe kamen. Ihre Radarexperten folgten dem Flug der Herde auf den Kurzbogenschirmen. Jede Phantom verfügte über Instrumente, die – falls die Thunderbolt-Maschinen auf feindlichen Bildschirmen erschienen – das feindliche Gerät ausschalten und radargelenkte Raketen ablenken konnten.

Als es dämmerig wurde, erschien die kleine Luftflotte über Nairobi. Für die Truppentransporter kam es nicht in Frage, auf dem Wege nach Uganda irgendwo zu landen. Sie waren jetzt am Ende ihrer Reichweite angelangt und begannen nun mit dem gefährlichen Anflug auf Entebbe. Sie hatten den

Schutz der zivilen Flugrouten verlassen und gingen im Dunkel der Nacht hinunter auf eine Wasserfläche, die 1000 m über dem Meeresspiegel lag, auf die Quelle des Weißen Nils, den ungeheuren Viktoriasee.

Uri Dan beschreibt das Erlebnis:

Die Herkules befanden sich im Anflug auf Entebbe, mitten im Gewitter; Blitze zuckten und erleuchteten die Maschinen. Drinnen hockten die Soldaten eng zusammen im Dunkeln.

David, der Kommandant, saß in der ersten Maschine und strahlte vor Freude, weil ihn Benny Peled, Chef der Air Force, dazu ausgesucht hatte, die erste Maschine nach Entebbe zu bringen. Einige der dienstältesten Piloten hatten sich darum beworben, aber Dienstalter spielte keine Rolle für den Air Force Commander. David wurde einfach nach der Dienstliste der Air Force ausgesucht. Er galt als guter Pilot, hatte aber noch nicht besonders viel Erfahrung und auch noch nicht ungewöhnlich viele Flugstunden hinter sich. Er war pflichtbewußt und hatte seine Aufgaben stets gut erfüllt. Der Commander sah nicht ein, warum man ihn überschlagen sollte, wenn er an der Reihe war. So kam es, daß David das längste Unternehmen der Air Force anführte.

Er horchte auf den gedämpften Lärm der vier Turbojet-Motoren. Sie flogen mit 350 Stundenmeilen. Die Crew konzentrierte sich auf die Aufgaben, die vor ihnen lagen. Sie mußten die schwerbeladenen Flugzeuge in Entebbe landen, wo sie mit dem Durcheinander eines Schlachtfelds zu rechnen hatten; dann mußten sie wieder aufsteigen und so schnell wie möglich entkommen.

Kurz vor Entebbe nahmen die atmosphärischen Störungen so stark zu, daß die Flugpläne geändert werden mußten. Jede Herkules flog allein und unabhängig von den andern, das Radio war stumm; sie kamen herab ins Rift Valley und »erfühlten« mit elektronischen Geräten den Weg über den Viktoriasee. Die Hippos schwankten heftig, und David dachte, ob er wohl recht gehabt hatte, wenn er jungen Piloten zum Dienst in der Transporteinheit der Air Force riet: »In einer Herkules hast du alle Charakteristika einer kleinen Maschine. Sie läßt sich leicht manövrieren, man kann überhaupt fast alles mit ihr machen außer Nahkampf. Sie ist anderen Maschinen ihrer Größe weit voraus.«

Ein junger, in Südafrika geborener Arzt klagte über Übelkeit, als sich die Maschine im Sturm hin- und herwarf. Sie wußten alle, das lag an der Aufregung. »Man hat uns gesagt, wir müßten bei den Geiseln mit vielen Toten rechnen«, sagte er. »Ich habe noch nie im Kampf gearbeitet.« Die Soldaten versuchten, ihn durch Scherze zu beruhigen. »Paß auf, Doktor – vielleicht kannst du von hier aus direkt zurück nach Südafrika.« Der Arzt lächelte unsicher. Aber in Entebbe hat er unter Beschuß umsichtig, schnell und sicher gearbeitet.

Dr. Maurice Ankeleviecz, in Frankreich geboren, gehörte ebenfalls zum medizinischen Team. Er hatte lange ärztliche Erfahrung auf dem Schlachtfeld, vor allem bei den Fallschirmjägern. Man hatte ihn zum Unternehmen Thunderbolt beordert, er verließ seinen Posten im Tel Hashomer-Krankenhaus und meldete sich zum Dienst. Er war viel gelassener als sein südafrikanischer junger Kollege.

Der Arbeitsplan – genehmigt vom ersten Sanitätsoffizier der Army – teilte die Ärzte in zwei Gruppen: zehn sollten bei den Geiseln bleiben, die andern blieben im fliegenden Operationssaal. Unter den Medikamenten war auch verdünnte Milch für Kranke mit Magen- oder Darmbeschwerden.

Dan Shomron und Yonny Nethanyahu besprachen mit ihren Untergebenen die Einzelheiten des Operationsplans. Ab und zu kletterten sie ins Cockpit und fragten: »Wie steht's?« Yonny war – mehr noch als Dan – froh zumute, als die Stunde Null immer näherrückte. Als das Unternehmen noch nicht endgültig genehmigt war, hatte Yonny gesagt, er werde es niemandem übelnehmen, wenn man beschloß, es abzublasen – obgleich er es für durchführbar hielt. Jetzt war er angespannt wie eine Bogensehne. Für ihn waren die Terroraktionen und der arabische Haß gegen Israel eine Wiedergeburt des Nazismus.

Er war ein Mann der Kontraste: in USA geboren und Führer einer Eliteeinheit. Im Sechstagekrieg kämpfte er auf den Golanhöhen und wurde verwundet. Er wurde als 30% untauglich aus der Army entlassen und kehrte in die USA zurück.

Verteidigungsminister Peres war persönlich an Yonny interessiert und verbürgte sich für ihn, als er nach Harvard zurückkam, wo er den Arm noch einmal behandeln lassen wollte; er hatte durch eine Nervenverletzung fast dauernd Schmerzen und konnte die linke Hand nicht öffnen und schließen. Er wurde im Walter-Reed-Hospital erneut operiert, die Schmerzen wurden behoben, aber die Hand war nicht voll gebrauchsfähig. Technisch war er immer noch 30% untauglich, als er wieder nach Israel kam und sich bei den Kommandoeinheiten meldete.

»Was hast du zu bieten?« fragte Generalmajor Ariel Sharon und warf einen Blick auf die verkrüppelte Hand.

»Ich kenne sämtliche Gedichte von Nathan Alterman auswendig«, erwiderte Yonny. Alterman ist einer der bekanntesten Dichter in Israel.

»In Ordnung – angenommen«, scherzte der Offizier.

Zwei Monate vor dem Thunderbolt-Start wurde Yonny zum Kommandanten einer Antiterroristeneinheit befördert.

Nach Afrika

In der aufgetankten 707 saß Benny Peled, 50, Chef der israelischen Air Force. Die Maschine kreiste über dem Viktoriasee. Benny Peled konnte die Angreifer auf dem Radarschirm beobachten, und ebenso konnte er die Aktion mit Hilfe der Radiomikrophone verfolgen, die das Geschehen mit Relaisübertragung für Tel Aviv auffingen. Aus der Stille, die unten herrschte, schloß er, daß alles nach Plan verlief. Die Entfernung zwischen den Herkules betrug eine halbe Meile. Dichter Nebel lag über dem See, doch über Entebbe war alles klar.

Im Büro des Verteidigungsministers Shimon Peres in Tel Aviv versammelten sich die Minister, als die Stunde Null näherrückte.

»Um 10.30 Uhr ging ich hinüber«, berichtete der Transportminister Gad Yaakobi. Aus seiner Arbeit in der Zivilluftfahrt wußte er, welche Organisation notwendig war, um Thunderbolt über die normalen Flugrouten zu manövrieren und verkleidete Militärjets in internationalen Flughäfen aufzutanken. »Eine Viertelstunde später kam der Premierminister und dann die andern Mitglieder des Krisenstabes. Wir saßen ganz still. Die Empfangsgeräte waren auf die Flugzeuge eingestellt. Wir saßen und horchten auf die ersten Anzeichen, daß es losging. Um 11.03 Uhr hörten wir Schüsse.«

Im alten Terminalgebäude in Entebbe hatten die Geiseln ihren sechsten Tag in Uganda hinter sich gebracht. Draußen auf dem hellerleuchteten Asphalt saßen die Wächter. In dieser Schicht hatten die beiden Deutschen, der Mann und die Frau, Wachdienst. Ein ägyptischer Arzt, der sich um die Passagiere kümmern sollte, unterhielt sich mit Jaber, dem Chef der Terroristen.

Viele Geiseln litten an Durchfall. In den Toiletten gab es kein Wasser mehr, die Becken waren voll. Ugandische Soldaten brachten Kannen mit Wasser und füllten die Tanks auf den Dächern, aber die Rohrleitung war verstopft.

Moshe Peretz' Eintragung an diesem Tag war nur kurz.

»Sabbat, 3. Juli. 5.30 Uhr. Alle haben Durchfall und Erbrechen. Offenbar von verdorbenem Fleisch, denn die Orthodoxen, die das Fleisch nicht gegessen haben, sind nicht angesteckt. Die sanitären Umstände sind fürchterlich, die Toiletten verdreckt, kein Wasser in der Leitung.

7.30 Uhr. Die Leute liegen auf den Betten und erbrechen. Einige werden behandelt, irgendwo in der Nähe ist eine Apotheke, die andern legen sich zum Schlafen hin. Viele essen nicht zu Mittag.

14.30 Uhr. Der Airbus steht jetzt ganz in der Nähe unseres Gebäudes, die Nase zeigt in unsere Richtung.

16.45 Uhr. Amin erscheint in Air Force-Uniform, dazu eine blaue Mütze und seine israelischen Fallschirmjäger-Schwingen. Er sagt, er sei gerade aus Mauritius zurückgekommen, alles werde getan, um uns zu retten. Die israelische Regierung ist schuld, weil sie nicht auf die Bedingungen der Terroristen eingegangen ist.«

Dies war das letztemal, daß die Geiseln Big Daddy sahen. Er warnte sie: »Ihre Regierung spielt mit Ihrem Leben.« Laut Peretz fragte eine der Israelis höflich, ob sie etwas erwidern dürfe. Sie begann: »Feldmarschall Präsident Idi Amin«, worauf Amin sie unterbrach und schrie: »So haben Sie mich nicht anzureden! Mein voller Titel ist Feldmarschall Doktor Präsident Idi Amin Dada!«

Den Doktortitel hat er sich selbst beigelegt. Schließlich sind seine Freunde George Habash und Wadi Hadad außer Terroristenchefs auch noch Doktoren.

Die Gruppe der Terroristen löste sich auf. Einer in weißem Anzug, sehr groß, nahm ein Maschinengewehr mit kurzem Lauf mit und ging schlafen.

Unter denen, die jetzt die Geiseln bewachten, waren einige der besten Professionals von Wadi Hadad. Am Eingang standen die beiden Deutschen, durch die Halle patrouillierten zwei Palästinenser. Der eine war Fayez Abdul-Rahim Jaber, ein Sonderbeauftragter. Er hielt die Kalaschnikoff in der Hand. Sein Gefährte, schmal und nervös, war Abed el Latif, der eine andere Ecke des alten Gebäudes bewachte. Auch er war einer der Berater von Wadi Hadad.

Jayel Naj al-Arjan, 38, ein untersetzter Palästinenser mit Mütze à la Carlos, stand in einem andern Teil des Gebäudes auf Posten. Seine Funktion in der PFLP war die Kontrolle von Terroraktionen in Südamerika. Dort rekrutierte er Leute für die Terrorist International; der Boß war Carlos, der Schakal. Er half auch Carlos bei dem Mordversuch an Edward Sief, dem jüdischen Geschäftsführer von Marks & Spencer in London.

Die Hippos kamen näher. Die Funkbake auf dem Flughafen von Entebbe half ihnen beim Navigieren. Kurz vor der Landung wurde wegen der Wetterverhältnisse noch eine Korrektur vorgenommen – dann sahen die Piloten das Seeufer, erhellt vom Halbmond, der tief am Horizont hing.

In der ersten Herkules saßen Yonny und neun weitere Männer eng gedrängt im verwandelten Mercedes, der dicht an der hinteren Laderampe stand. Alle Gesichter waren schwarz, ebenso wie die Hände und die ugandischen Pistolen mit Schalldämpfern. Das Dummy des Präsidenten hatten sie nicht mitgebracht; denn als ganz zuletzt die Nachricht kam, daß Amin schon am Nachmittag aus Mauritius zurückgekehrt war, hatte man das für zu gefährlich gehalten. Was wäre passiert, wenn sich auf einmal zwei Big Daddies gegenüberstanden . . .

Jetzt teilten sich die Transportmaschinen in zwei Paare. Das erste Paar nahm den Anflug auf die neue breite Piste; die beiden andern sollten auf dem alten Rollfeld landen. Zwischen ihm und dem modernen Neubau hebt sich der Boden leicht an.

Für die letzten zehn Minuten des Siebenstundenfluges wurde das Tempo auf 180 Stundenmeilen gedrosselt. Die Maschinen erreichten ihr Ziel – zu der in Tel Aviv errechneten Zeit (ETA). Planer und Rechner waren begeistert – und gleichzeitig erstaunt. Die vier Herkules hatten einen sehr schwierigen Weg zurückgelegt – vergleichbar etwa einem Nonstop-Flug von New York nach Moskau – und zwar ohne Sichtpeilung oder Radiokontakt. Sie richteten ihre Position stets nach dem Leiter, Entscheidungen während des Fluges wurden vom Pfadfinder getroffen. Der Pfadfinder berichtete später: »Wir gingen auf Entebbe herunter zu einer Zeit, in der die Ugander vermutlich müde, aber die Geiseln noch nicht allzu schlaftrunken waren. Mehrere der Terroristen hatten in Kampala, 21 Meilen entfernt, allerhand getrunken, in diesem angeheiterten Zustand hofften wir sie zu schnappen.

Die Soldaten wußten, daß der Flug gefährlich werden konnte. Sie sahen auch die Blitze, und sie taten mir leid, denn es ist scheußlich, stundenlang in so einem Gewitter tatenlos dasitzen zu müssen. Jedesmal wenn ich in den Laderaum hinunterkletterte, lag die Hälfte der Männer ausgespreizt auf dem

Metallboden, und die andern kontrollierten ihre Notizen oder ordneten Papiere. Für die waren die sieben Stunden eine Ewigkeit ohne Anfang und Ende –«

Die erste Maschine kroch über den Viktoriasee. Wasser war von oben nicht zu erkennen. Von der Genauigkeit des Radarschirmbildes, das in der Dunkelheit glimmerte, hing das Leben der Crew und der 50 Soldaten ab. Nebelfetzen und Wassertropfen setzten sich an den großen Fenstern des Flugzeugdecks ab und rutschten an den Plexiglasscheiben entlang. Rhythmisch schaukelten die mächtigen Wischer.

Plötzlich erschienen Lichter auf dem Rollfeld. David riß die müden Augen auf und kontrollierte die Instrumente. Beim Blindflug verliert ein Pilot schnell die Orientierung. Es ist vorgekommen, daß Flugzeuge auf dem Kopf auf der Milchstraße landen wollten, wenn die Piloten die Augen von den Instrumenten lösten, um wieder visuellen Kontakt mit der Außenwelt zu bekommen, und dabei die Sterne für Bodenfunkstrahlen hielten. David konzentrierte sich auf das schwach erleuchtete Armaturenbrett; er wußte, er flog glatt und eben geradeaus.

Und Entebbe – unfaßbar – war hell erleuchtet.

Dies war der Augenblick, über den in Tel Aviv so viel und so hitzig geredet worden war. Gelang es der ersten Herkules, zu landen und mit gedrosselten Motoren bis zum alten Flughafengebäude auszurollen, ohne Verdacht zu erregen, dann war damit die Sicherheit der Geiseln einigermaßen gewährleistet. War der Flughafen erleuchtet, weil die Terroristen bereits wußten, was ihnen bevorstand, dann flogen die Angreifer in eine Falle, und die Geiseln waren in ernster Gefahr.

Die erste Herkules schwebte über das Seeufer. Crew und Soldaten hatten die Gurte festgezurrt, um den Stoß bei der Landung abzufangen. David sah, wie die Geschwindigkeit schnell nachließ und von 100 auf 75 Meilen per Stunde absank. Drinnen im Rumpf schien es, als falle die Maschine mit kreischenden Metallstreben und ächzenden Turbinen geradewegs vom Himmel. Draußen hätte ein Zuschauer das Flugzeug fast lautlos auf das Rollfeld gleiten sehen, wobei die nicht voll aufgepumpten Reifen ein weiches Quietschen von sich gaben.

Mit dem sachten Patt-patt der Flußpferde, die nachts aus dem Wasser kommen und das Gras am Seeufer abfressen, kroch die Maschine über den schlammigen Boden. David und sein Kopilot hielten auf das Rollfeld zu. Der Motor wurde nicht plötzlich abgedrosselt, die Bremsen nicht heftig angezogen; zwei Paar Hände und Füße bewegten sich im Einklang, handhabten das Schaltwerk und paßten sich schnell und gewandt der neuen Umgebung an. Nach dem langen anstrengenden Flug mußten sie jetzt mit neuen Reflexen fertigwerden, sich auf gefährliche Scheinwerfer und auf Schüsse einstellen.

Hinter und unter ihnen nahmen die Männer im Rumpf der Maschine ihre Stellungen ein; die Bauchmuskeln waren gespannt, die Körper schaukelten, während das Flugzeug sich leicht schwankend langsam mit 20 Stundenmeilen auf den Gegner zuschob. Hinter der ersten Herkules kam auch schon die zweite heran, zuversichtlich, weil der Pfadfinder offenbar nicht auf Hindernisse gestoßen war. Sie folgte ihm hart auf dem Schwanz, gewärtig, schnell abstoppen zu müssen, wenn die Piste blockiert war oder der Pfadfinder anhielt.

David kroch weiter, immer mit der gleichen vorgeschriebenen Geschwindigkeit, die sie in Israel ausprobiert hatten und die ihn ohne unnötigen Lärm bis nahe an das alte Terminalgebäude bringen sollte. In der warm-trägen afrikanischen Nacht waren die Propeller kaum zu hören. Jetzt kamen die Gebäude in Sicht, schwach erleuchtet. David hatte ein Gefühl, als habe er das alles schon gesehen. Und er hatte es ja auch vor sich gesehen bei den Instruktionen und bei der Generalprobe der letzten Nacht. Weich setzte er die Maschine vor den hohen Fenstertüren der Lounge auf, so nahe, daß er meinte, die Scheiben berühren zu können. Die 70-Tonnen-Hippo, fast zehn Stockwerke hoch mit einer Flügelbreite von mehr als 40 Metern, brummte leise vor den bewachten Toren des Gebäudes, das Yonny das »Konzentrationslager« genannt hatte.

Die Soldaten schauerten zusammen, als die mächtige Rampe sich quietschend öffnete und die feuchte Luft hereinströmte. Die schwachen Lichter blinkten. Mit lautem Paff stieß die Rampe auf den Asphalt.

»Ich weiß jetzt, was tödliches Schweigen heißt«, sagte David später. »Es kam uns kaum glaublich vor. Keine Schüsse. Nichts bewegte sich. Die Stille hat uns zuerst mehr erschreckt als plötzliches Schießen. Es war wirklich ein tödliches Schweigen. Ich saß da und kam mir furchtbar allein und exponiert vor, eine Hand auf der Drosselklappe, angespannt in der Erwartung auf die Falle und wann sie zuschnappen würde.«

Aber es gab keine Falle. Auf der Parallelpiste, die David nicht sehen konnte, war ebenso weich und federleicht der Anführer der andern beiden Herkules gelandet, der ebenfalls nicht glauben konnte, daß bisher alles gut gegangen war.

Yonny ist getroffen!

Brigadegeneral Dan Shomron warf sich mit solcher Geschwindigkeit den Landgang des »Pfadfinders« hinunter, daß der Verbindungsoffizier der IAF, der ihn begleitete, später nur berichten konnte: »Er war so fix, daß ich ihn verlor. Ich konnte es nicht fassen, daß es derselbe Mann war, der sonst die ganze Woche hinter dem Schreibtisch saß.«

Shomrons Männer schwärmten aus, um auf die Terroristen achtzugeben. Der Mercedes rollte die Rampe hinunter und nahm dann Kurs auf die Flughafenwache, die in der Nähe des Kontrollturms postiert war. Die Autotüren flogen auf, die Ugander salutierten. Dann spuckten die schwarzen Pistolen mit Schalldämpfern kurz ihr Blei aus, und die Wachsoldaten brachen zusammen.

Yonny und seine Männer hatten einen Trick angewandt, damit ihre Kameraden nicht denselben tödlichen Fehler bei der Identifikation begingen wie die ugandischen Wachsoldaten. Sie trugen schwarze Uganda-Blusen und hatten die Gesichter und Hände mit Schminke beschmiert, die eine Kosmetikerin besorgt hatte. Yonny hatte jede Minute und jede Bewegung der Bodenoperation vorgeplant; dennoch fürchtete er die Reaktion anderer Israelis, die den Finger am Abzug hatten, falls sie in der Dunkelheit aufeinandertrafen.

Die »Herkules« hinter dem »Pfadfinder« setzte auf und war beinahe auf der Höhe des neuen Flughafengebäudes, als jemand im Kontrollturm einen Schock bekommen haben mußte. Plötzlich war der gesamte Flughafen in Dunkelheit getaucht.

»Zufällig gefiel uns das sehr gut«, berichtete der Kapitän der letzten »Herkules«. »Ich geriet in ein Kreuzfeuer von Leuchtspurmunition, das unerwartet von verschiedenen Punkten des Flugfeldes aus eröffnet wurde. Es war sicherer, in völliger Dunkelheit zu landen. Das hatten wir geübt. Und ich war ehrlich beunruhigt gewesen, als ich etwas sah, das wie Jahrmarktsbeleuchtung wirkte. Meine Aufgabe war es, am Boden zu bleiben, bis alle anderen weg waren. Dann sollte ich den letzten Trupp aufnehmen, dem es übertragen war, die Mig-Jäger sowjetischer Bauart zu zerstören. Ich saß neunzig Minuten lang da wie eine flügellahme Ente. Es waren die längsten Minuten meines Lebens. Denn die Hölle war ausgebrochen, als meine ›Herkules‹ ausrollte.«

Es war das Artilleriefeuer, das der 2500 Meilen entfernte Krisenstab in Tel Aviv hören konnte. Es wurde mit Handradiophon aufgenommen und vom IAF-Kommando-Flugzeug, das oben kreiste, weitergeleitet.

Benny Peled, der IAF-Kommandeur über dem Kampfgeschehen, forderte keine Berichte von den »Herkules«-Piloten. Es war vereinbart worden, daß die Lufttaktiker ihre eigenen Schlüsse ziehen sollten, es sei denn, es kam zu einer größeren Krise. Die Technik war während der jahrelangen Angriffe auf feindliches Gebiet jenseits der Grenzen Israels vervollkommnet worden. Zwanzig Jahre zuvor war Benny Peled selber aus seinem beschädigten Kampfflugzeug mit dem Fallschirm abgesprungen – der erste IAF-Pilot, der einen Schleudersitz benutzte. Er landete hinter den ägyptischen Linien, brach sich einen Knöchel und humpelte in ein Versteck. Mehrere Stunden lang konnte er ägyptischen Suchpatrouillen ausweichen. Dann fand ihn ein leichtes IAF-Aufklärungsflugzeug und dirigierte Mustangjäger in das Gebiet, die Schutzpatrouillen fliegen sollten, bis eine Piper Cub ihn aufnehmen konnte. Benny Peled erhielt dabei eine nützliche Information, wie man geschickt mit Funkverbindungen umgehen kann.

»Da war kein Wunder im Spiel«, sagte Ezer Weizman, ebenfalls IAF-Offizier. »Es war eine spontane Aktion, bei der wir uns auf gesammelte Erfahrungen stützen konnten.« Weizmann hatte den präventiven Luftangriff des Sechs-Tage-Krieges geplant. Er betont, was Israels Soldaten als selbstverständlich betrachten, daß nämlich ein jahrelanger Kampf gegen Guerillas Disziplin entwickelt hat und gleichzeitig ein System, das nur Leuten unfaßbar erscheint, die mit der täglichen Schinderei nicht vertraut sind.

Brigadegeneral Dan Shomron richtete seinen Kommandostand in der Nähe des Abfertigungsgebäudes ein. Die Leitung des Entebbe-Unternehmens lag jetzt in seiner Hand. Sein hagerer Luftverbindungs-Offizier war zu ihm gestoßen.

Ilan, einer von Yonnys Männern, rannte auf das Ziel zu, das man ihm angewiesen hatte, auf das deutsche Mädchen, das man für Gabriele Kröcher-Tiedemann hielt, die Yonny nur die »Nazi-Hure« nannte, und die Terroristen. Der Deutsche Wilfried Böse stand vor einem Fenster mit dem Rücken zum gewaltigen Schatten des Hippo und ahnte nichts von dem Mann, der mit Gummisohlen auf ihn zurannte, bis er dessen Atem im Nacken spürte.

Im schwach beleuchteten Terminal standen Baruch Gross, 41, und seine Frau Ruth mitten im Durcheinander von Körpern und Matratzen. Sie hielten ihren sechsjährigen Sohn Shai umschlungen. Gross hatte nicht geschlafen, seit Idi Amin bekanntgegeben hatte, daß er die endgültige Antwort Israels vor Mitternacht erwarte. Er beobachtete den Deutschen durch das Fenster und glaubte, der Deutsche wollte auf den Abzug seiner Kalachnikov drücken, deren Lauf auf die Geiseln gerichtet war.

Plötzlich drehte sich der Deutsche mit bestürztem Gesichtsausdruck um und hob die Waffe. Eine lange Feuersalve durchbrach die Stille. Der Deutsche taumelte und fiel mit einem erstaunten Laut um.

Yonnys Unterbefehlshaber sprang über die Leiche auf sein nächstes Ziel. Der Junge, der ihm folgte, hielt inne und drehte den schlaffen Körper um.

Gross riß den kleinen Shai an sich und rief seiner Frau zu, sie solle loslaufen und im leeren Büro des Managers der East African Airlines Deckung suchen.

Ilan hielt die Luft an. Vom Eingang her kam die deutsche Frau auf ihn zu, eine Pistole in der einen, eine Handgranate in der anderen Hand. Bruchteile einer Sekunde lang schien sie erstaunt und ratlos. Aus kurzer Entfernung zielte Ilan mit seiner Maschinenpistole auf sie, drückte auf den Abzug und leerte das ganze Magazin in ihren Körper. Er hatte noch nie auf eine Frau geschossen. Er bekam einen Schock. Dennoch trat er über die Leiche im Eingang hinweg und brach in die Abfertigungshalle ein.

Die Männer aus der dritten »Herkules« erreichten das Gebäude, als Yonnys Angreifer in die Halle eindrangen. Befehle wurden auf Hebräisch gebrüllt: »Hinlegen! Auf den Boden! Runter!« Was die Warnungen nicht erreichten, bewirkte der Schock. Die Geiseln erstarrten auf ihren Plätzen, verharrten bewegungslos. Zwei Palästinenser, Fayez Abdul Rahun Jaber und Abed el Latif, befanden sich in der Halle. Beide eröffneten geistesgegenwärtig das Feuer, der eine mit einem Schnellfeuergewehr, der andere mit einem Revolver. Yonnys Männer machten den Ausgangspunkt des Feuers aus, und ein Feuerhagel ergoß sich in die Richtung.

Während dieser Augenblicke schrieb eine der Geiseln, der junge Moshe Peretz, weiter in seinem Tagebuch: »Einige von uns sprangen plötzlich auf und sagten, sie hörten draußen Schüsse. Ich hörte, daß Maschinengewehre entsichert wurden. Alle warfen sich zu Boden. Einige flohen auf die Toiletten. Menschen liegen in Haufen übereinander. Mütter werfen sich schützend über ihre Kinder. Man hört Schüsse. Ich bin auf der Toilette. Ich glaube, jetzt wollen sie uns alle erschießen, einen nach dem anderen. Schreckensschreie ...«

Eine der Geiseln, die 56 Jahre alte Ida Borochowich, wurde von einem Querschläger getroffen und blutete stark. Sie war eine der Vorkämpferinnen für das Recht der in der Sowjetunion lebenden Juden, nach Israel auswandern zu können. Ihr Sohn Boris Shlein sah mit eigenen Augen, wie ein Terrorist, vermutlich Jaber, sie erschoß, wenige Sekunden ehe er selber getötet wurde.

Lisette Hadad, ebenfalls Geisel, berichtete später: »Plötzlich fielen Mörtelstücke von der Decke, sie trafen mich. Einen Augenblick später fiel Ida Borochowitsch auf mich. Dadurch wurde ich gerettet.«

Yosef Hadad, ihr Mann, fügte hinzu: »Wie gewöhnlich lagen wir auf den Matratzen, die auf dem Boden ausgebreitet waren, und versuchten zu schlafen. Als die Soldaten hereinstürmten, griff ich nach einem Stuhl und hielt ihn mir über den Kopf. Ich bildete mir ein, daß das deutsche Weib in meine Richtung schießen wollte und fing an zu beten: ›Sh' ma Yisrael‹. Ich glaubte, nun kam das Ende. Doch plötzlich sahen wir die Deutschen blutend am Boden liegen, und plötzlich waren wir draußen.«

Der junge Benny Davidson erzählte: »Ich wußte nicht, daß es israelische Soldaten waren. Plötzlich hörten wir Schüsse. Wir rannten zu den Toiletten. Alle rannten in die Richtung. Wir preßten die Köpfe auf den Boden. Mein Vater lag über meinem Bruder, um ihn zu schützen, und meine Mutter beschützte mich.«

»Ich betete. Ich weiß nicht mehr genau, was ich betete. Wahrscheinlich war es so eine Art Privatgebet. ›Gott, beschütze uns‹, sagte ich, und dann fügte ich hinzu: ›Sh'ma Yisrael.‹«

Die überfüllte Halle füllte sich mit Rauch. Einige Geiseln krochen unter die Matratzen, als neue Zurufe zu den Fenstern hereinschallten: »Israel! Israel!« Dann kam auf hebräisch die Anweisung, sich niederzuwerfen: »Tiskavu!« Trotz der sorgfältigen Planung des Unternehmens, das eine schreckliche Lage beenden sollte, irrten immer noch einige Kinder verwirrt herum. Eltern wie Claude Rosenkowitz und seine Frau Emma warfen sich über die Kinder. Eine oder zwei Decken schienen in Brand geraten zu sein. Die beiden kleinen Töchter von Arye Brolsky fürchteten sich. Arye Brolsky hielt die beiden am Boden und versuchte vergeblich, ein anderes Mädchen zu zwingen, den Kopf unten zu behalten. Das Kind strampelte sich frei, kam auf die Knie und wurde verwundet.

Die Schießerei innerhalb der Halle dauerte im ganzen eine Minute und 45 Sekunden. Eines der Opfer war der neunzehnjährige Jean-Jacques Maimoni, der erst vor fünf Jahren von Nordafrika nach Israel eingewandert war. Die anderen 103 Geiseln nannten ihn mit dem Spitznamen »Barkeeper«. Wenn andere krank oder deprimiert waren, ermutigte Jean-Jacques sie, indem er Kaffee kochte oder Drinks aus Früchten und Kokosmilch zusammenbraute. Als immer mehr Geiseln an Koliken und leichten Lebensmittelvergiftungen erkrankten, halfen er und Pasko Cohen, ein 52 Jahre alter Direktor einer israelischen Krankenversicherung, so gut sie konnten. Cohen trug die Tätowierung eines deutschen Konzentrationslagers auf dem Arm. Jean Jacques, der »Barkeeper«, arbeitete mit ihm zusammen, »als wären wir Vater und Sohn«. So drückte es Cohen später aus. Als die ersten Schüsse fielen, ließen sich die meisten Geiseln platt auf den Boden fallen oder blieben auf ihren Matratzen. Jean-Jacques stand instinktiv auf und wurde vom Feuerstoß einer Uzi voll getroffen. Er war sofort tot. Sein »Vater«, der die Todeslager überlebt hatte, versuchte ihn zu erreichen und wurde selber lebensgefährlich verletzt.

Yonny und seine Männer jagten den übrigen Terroristen nach und suchten das obere Stockwerk ab. In einem der Ruheräume entdeckten sie zwei bewaffnete Terroristen, unter einem Bett versteckt. Sie sollen später getötet worden sein. Eine andere Einsatzgruppe, die im Nordflügel des Abfertigungsgebäudes operierte, faßte einen siebenten Terroristen, und zwar Jagel Naji al Aga, ein enger Freund von Wadi Hadad.

Ärzte und Sanitäter, die wie Kampftruppen ausgebildet waren (Israel bildete die erste Armee der Welt aus, in der Sanitätsmannschaften auch gleichzeitig alle Aufgaben der kämpfenden Truppe übernehmen konnten, erläuterte der Stabschef später), rannten, um die Verwundeten zu bergen. Es waren fünf Zivilisten und vier Soldaten, die auf die Operationstische in der zweiten »Hercules« gebracht werden mußten. Der Kampf auf dem Flugplatz trat in die zweite Phase ein. Die Israelis wurden vom nahegelegenen Kontrollturm beschossen. Yonnys Streitkräfte mußten sich dagegen wehren. Mit Bazooka-Geschossen und Maschinengewehr-Garben griffen sie den Tower an.

Jemand schrie: »Yonny ist getroffen! Yonny ist verwundet! Sanitäter!« Der Ruf rüttelte die Männer auf. Yonny war im Rücken getroffen worden. Er fiel mit dem Gesicht nach vorn auf den freien Platz vor dem Haupteingang des Gebäudes und verlor viel Blut.

Yonny versuchte aufzustehen, fiel aber wieder zurück und verlor das Bewußtsein. Yonnys Unterbefehlshaber übernahm das Kommando, erstattete Bericht an Dan Shomron und führte die Aktion fort, die dieser Mann geplant hatte. Die Geiseln verdankten Yonny ihr Leben.

Mehrere kleine Operationen fanden gleichzeitig statt. Jede »Herkules« wurde von einem Dutzend Kommando-Angehörigen bewacht. Das erste Flugzeug hatte gedreht, um die Geiseln aufnehmen zu können, die durch Soldaten mit Megaphonen an die Öffnung geführt wurden. Von der anderen Seite, von einem 200 Fuß hohen Hügel, illuminierte ein roter Feuerschein den Himmel, als der erste von Rußland gelieferte MIG-Jäger in Flammen aufging.

Israelische Schützenpanzer und Jeeps, die mit rückstoßfreien Waffen ausgerüstet waren, rasten los, um den Umkreis zu verteidigen. Sie waren darauf gefaßt, auf der Kampala Road einer Panzer-Kolonne zu begegnen. Es war bekannt, daß Präsident Amins Hauptquartier, weniger als eine Meile vom Flughafen Entebbe entfernt, von ugandischen Elitetruppen schwer bewacht wird. Doch die Israelis stießen nicht auf in der Sowjetunion gebaute Panzer und Infanterie-Fahrzeuge, sondern auf ein Regiment ugandischer Truppen in kleinen Lastwagen. Innerhalb weniger Sekunden erreichten die Israelis den Haupteingang des Flughafens, gerade noch zur rechten Zeit, um die Entlastungstruppen aus dem Hinterhalt überwältigen zu können, die offenbar auf den Schauplatz gesandt worden waren, ohne daß sie auch nur die geringste Ahnung hatten, was eigentlich vorgefallen war.

Der Überfall begann eine Minute nach Mitternacht ugandischer Zeit, also eine Stunde vor der israelischen Zeit, kurz nachdem ein bleicher Mond hinter dem Horizont verschwunden war. Ein feiner Regen hatte eingesetzt. Die Szene umgab derselbe Nebel, der auch den in nächster Nähe schlafenden Präsidenten Amin umhüllte. Noch Stunden danach ahnte er nichts von dem Handstreich.

Dora Blochs Verschwinden

James Horrocks, britischer Diplomat in Uganda, hörte Explosionen und sah, wie sich eine dunkle Wolke von Düsentriebwerk-Abgasen über Entebbe ausbreitete. Als Geschäftsträger der Hohen Kommission in Kampala hatte er den Verlauf des Dramas beobachtet, seit die Maschine mit der Flugnummer 139 gekapert worden war. Sein Interesse galt unter anderem der 75 Jahre alten Dora Bloch, die einen britischen Paß besaß und somit Anspruch auf britischen Schutz hatte. Dora Bloch war eine der Geiseln, ebenso wie ihr Sohn Ilan Hartuv, von Beruf Wirtschaftswissenschaftler, der während der vorangegangenen Woche für Präsident Amin gedolmetscht hatte. »Big Daddy« hatte Dora Blochs Sohn als »mein Übersetzer« eingestuft.

Am Freitag war Dora Bloch eilig in ein Krankenhaus eingeliefert worden, weil sie an einem Bissen zu ersticken drohte, der ihr in den falschen Hals geraten war. Ilan erwartete ihre Rückkehr, nachdem er erfahren hatte, daß es ihr wieder besser ginge. Mutter und Sohn wollten nach New York fliegen, um die Hochzeit des zweiten Sohnes, Daniel, mitzufeiern, der Vorsitzender der Israelischen Journalisten-Union war.

Am Samstag um Mitternacht beobachtete James Horrocks den Überfall mit bösen Ahnungen. Während der vergangenen vier Jahre hatte »Big Daddy« 45 000 Asiaten mit britischer Staatsbürgerschaft vertrieben. Die weiße europäische Bevölkerung hatte er von 3500 auf etwa 500 Briten verringert, die nun Geiseln ihres Schicksals waren. Die Hohe Kommission mußte sich humanitär um rund 130 000 Flüchtlinge aus den Nachbarstaaten kümmern, die unter den Bürgerkriegen gelitten hatten, und um mehrere hundert Menschen aus Kenia, die in Uganda arbeiten.

Das Bild des Unternehmens »Thunderbolt« kann man aus vielen Zeugenaussagen zusammensetzen – bis auf die vom strengen israelischen Sicherheitssystem nicht preisgegebenen Einzelheiten.

Ein Expertenteam besorgte die Zerstörung der russischen MIG-Jäger. Ein anderes Team stürmte das Hauptradarzentrum und brachte einige Gegenstände der russischen Anlage zur Seite, bevor die Station in die Luft gejagt wurde, um die Beweise zu verbergen, daß sie gestohlen worden waren.

Von zehn Terroristen wurden sieben getötet. Sie wurden fotografiert, und ihnen wurden die Fingerabdrücke abgenommen. Drei weitere wurden zur Befragung durch die Israelis am Leben gelassen.

Eine bewegliche Treibstoffpumpe im Wert von einer Million Dollar, die die vier Herkules-Maschinen aus den Tanks von Entebbe versorgen sollte, wurde zurückgelassen, um Platz zu schaffen für in der Sowjetunion gebaute Einrichtungen und Maschinen, die man aus den Quartieren der palästinensischen Piloten, die dort auf MIGs geschult wurden, mitgenommen hatte.

Der Plan, aus Big Daddys Treibstofflager aufzutanken, wurde fallengelassen. Thunderbolt ging schneller über die Bühne, als die Planer erwartet hatten. Die erste »Herkules« mit Geiseln an Bord rumpelte 33 Minuten nach der Landung auf die Startbahn von Entebbe, zwei Minuten früher als vorgesehen. Heftiges Artilleriefeuer, ungestümes Gewehrfeuer, die Gefahr, die von den explodierenden MIGs ausging, und die bedrohliche Tatsache, daß die Hippos eilen mußten, um die Treibstoffdepots zu erreichen, veranlaßten Brigadegeneral Dan Shamron, zwischen mehreren Alternativplänen zu wählen. Die »Herkules«-Maschinen, die nur noch Treibstoff für neunzig Minuten an Bord hatten, sollten direkt nach Nairobi fliegen, das in fünfzig Minuten Flugzeit erreicht werden konnte.

Alle israelischen Geräte, alle Spuren des Überfalls (ausgenommen die verschossenen Patronen, die große Treibstoffpumpe und natürlich die allgemeinen Zerstörungen) wurden durch die Gruppe beseitigt, die als letzte abfliegen sollte. Der Chefpilot der Flugzeuge hatte neunzig Minuten lang mitten in der anhaltenden Schießerei gesessen, immer in dem Bewußtsein, daß ein einziges verirrtes Geschoß seine »Herkules« vernichten konnte – und damit auch die letzte Chance für die Sondertrupps in Sachen Spionage und Sabotage, zu entkommen.

»Ich fühlte mich verlassen und schutzlos. Jede Minute kam mir so lang vor wie ein ganzes Leben«, berichtete er. »Es schien wie ein Wunder, daß der Transport ohne Zwischenfälle verlaufen war. Wir hatten einen peinlich genauen Fahrplan aufgestellt. Mein Verstand sagte mir, daß alles so laufen würde wie ein gut geöltes Uhrwerk. Mein Gefühl dagegen sagte mir: Alles kann einfach nicht klappen – und du bist am Ende der letzte.«

Noch Tage später, als er das Landleben des Kibbuz genoß, als die Felder in der Sommerhitze dahindösten, ertappte er sich dabei, daß er durch Don-

Der entführte Airbus der Air-France *(Air France)*

Idi Amin mit Yasir Arafat, Chef der Al Fatah und PLO *(Government Printing Office)*

Links: Die in Entebbe getöteten Entführer Fayez Abdul-Rahim Jaber und Jayel Naji al-Arjam *(Jerusalem Post)*

Rechts: Anonym, Stabschef Mordechai Gur, Brigadegeneral Dan Shomron, anonym *(Bamahane)*

Israelische Kommandos proben das Verlassen der Herkules-Maschine im Schutze einer von dem Transporter erzeugten Stauwolke *(Bamahane)*

Die Herkules C-130 hebt ab
(Bamahane)

Die Herkules mit Zusatz-
Treibstofftanks beim Beladen
(Bamahane)

Israelische Kommandos beim
vorbereitenden Studium der
Pläne für die Befreiungsaktion
in Entebbe. Die Gesichter wurden
aus Sicherheitsgründen abgedeckt
(Bamahane)

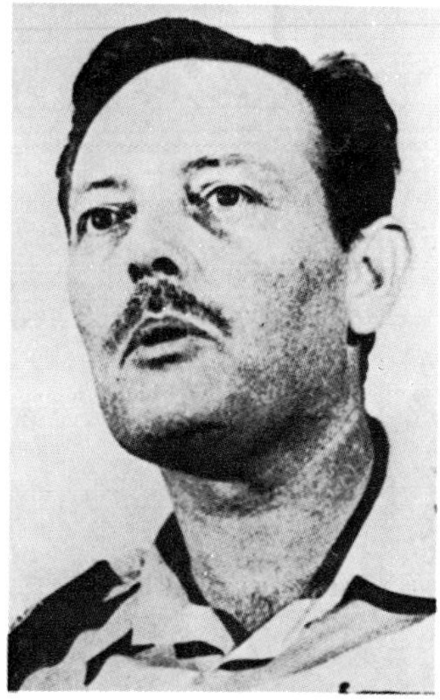

ıks: Stabschef Mordechai Gur *'lstein-Camera Press)*; rechts: ıeralmajor Benny Peled, erbefehlshaber der Luftwaffe *ıac Ismach)*

elische Fallschirmjäger nen aus dem Herkules-ısporter *(Y. Ysmach)*

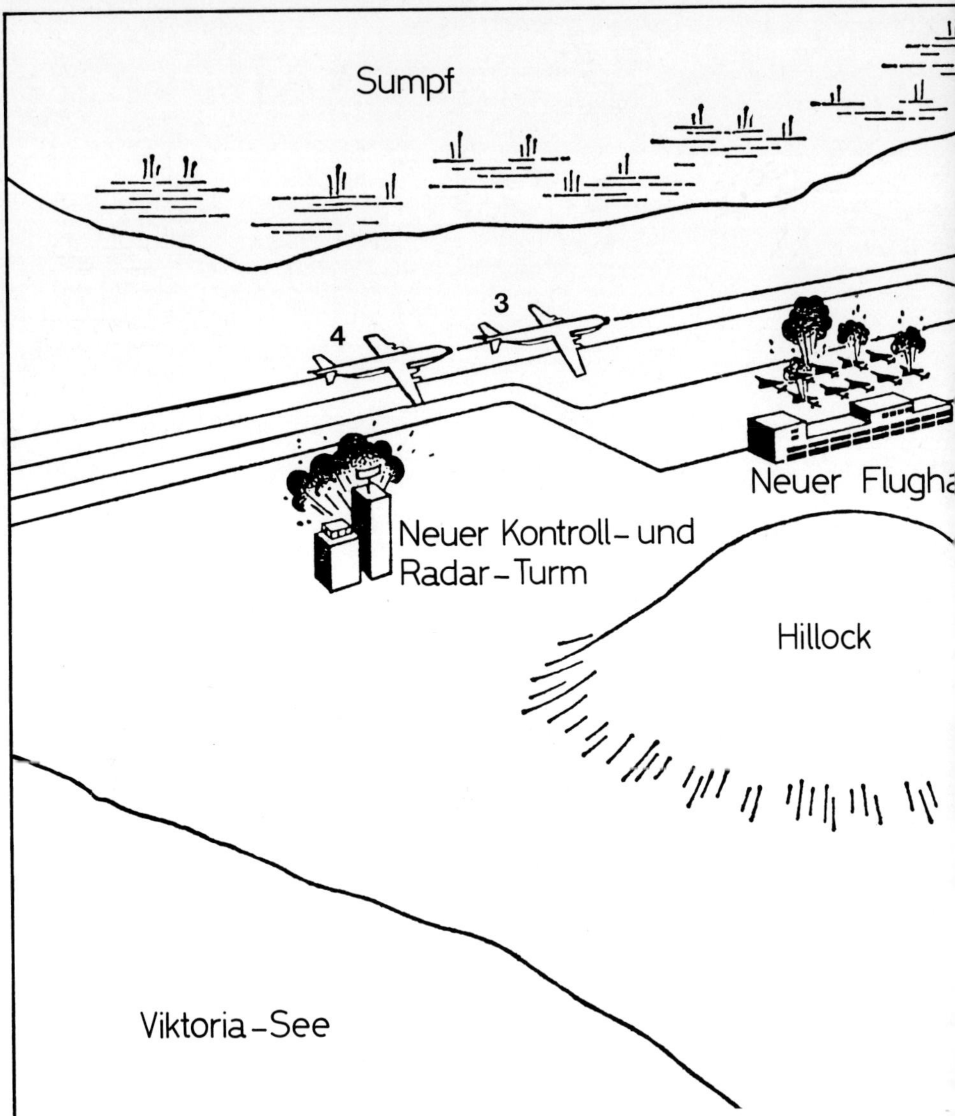

BEFREIUNGS-AKTION AUF DEM FLUGHAFEN ENTEBBE

Landung der Herkules-Transporter

In Maschine 1: Dan Shomron, der Mercedes und die Einsatztruppe, die die Entführer überwältigte
In Maschine 2: Einsatztruppen, Ausrüstung und medizinische Einrichtungen
In Maschine 3: Einsatztruppen zur Zerstörung der MIGs und militärische Ausrüstung
In Maschine 4: Treibstoff, Pumpen und ein Spezialisten-Team

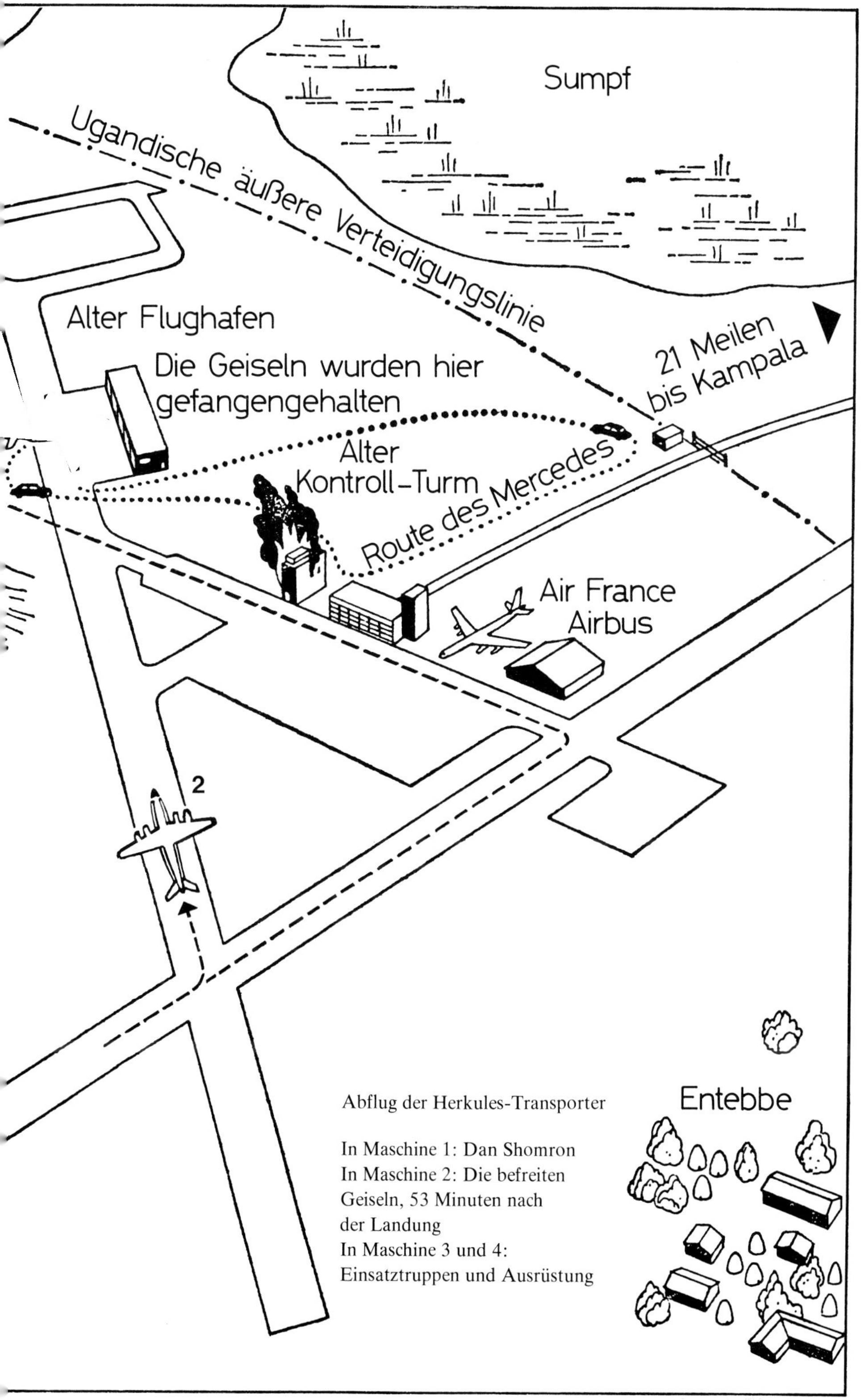
Sumpf
Ugandische äußere Verteidigungslinie
Alter Flughafen
Die Geiseln wurden hier gefangengehalten
21 Meilen bis Kampala
Alter Kontroll-Turm
Route des Mercedes
Air France Airbus
2
Entebbe
Abflug der Herkules-Transporter
In Maschine 1: Dan Shomron
In Maschine 2: Die befreiten Geiseln, 53 Minuten nach der Landung
In Maschine 3 und 4: Einsatztruppen und Ausrüstung

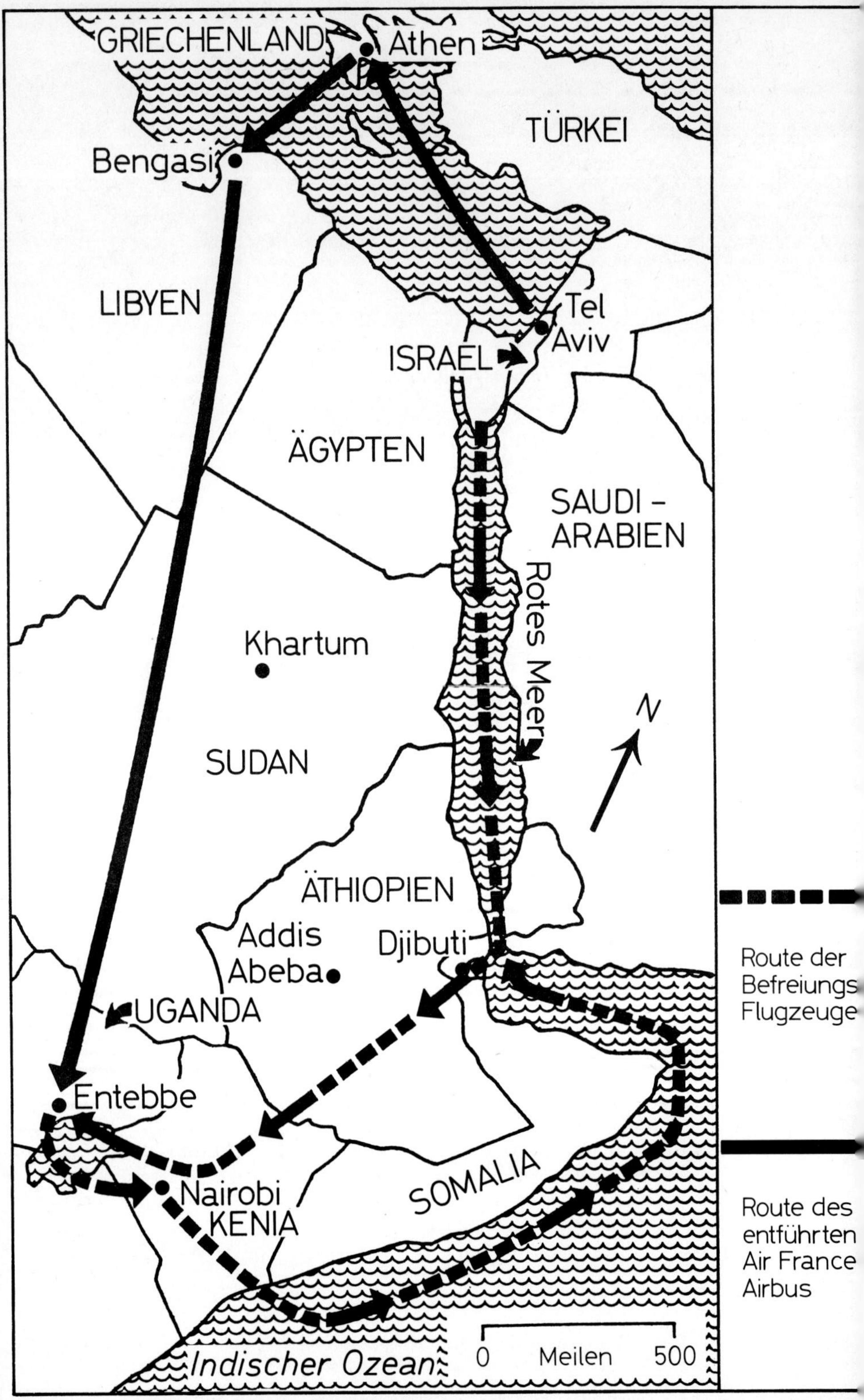

GRIECHENLAND
Athen
TÜRKEI
Bengasi
LIBYEN
Tel Aviv
ISRAEL
ÄGYPTEN
SAUDI - ARABIEN
Rotes Meer
Khartum
N
SUDAN
ÄTHIOPIEN
Addis Abeba
Djibuti
UGANDA
Entebbe
Nairobi
KENIA
SOMALIA
Indischer Ozean
0 Meilen 500
Route der Befreiungs Flugzeuge
Route des entführten Air France Airbus

Die geretteten Geiseln verlassen
die Herkules. Links der Pilot
der Air-France-Maschine, Michel
Bacos *(Government Press Office)*

Ein Mitglied des Kommandos wird bei der glücklichen Heimkehr begrüßt. *(Micha Bar-Am / Magnum)*

lkommen in Israel!
ide World)

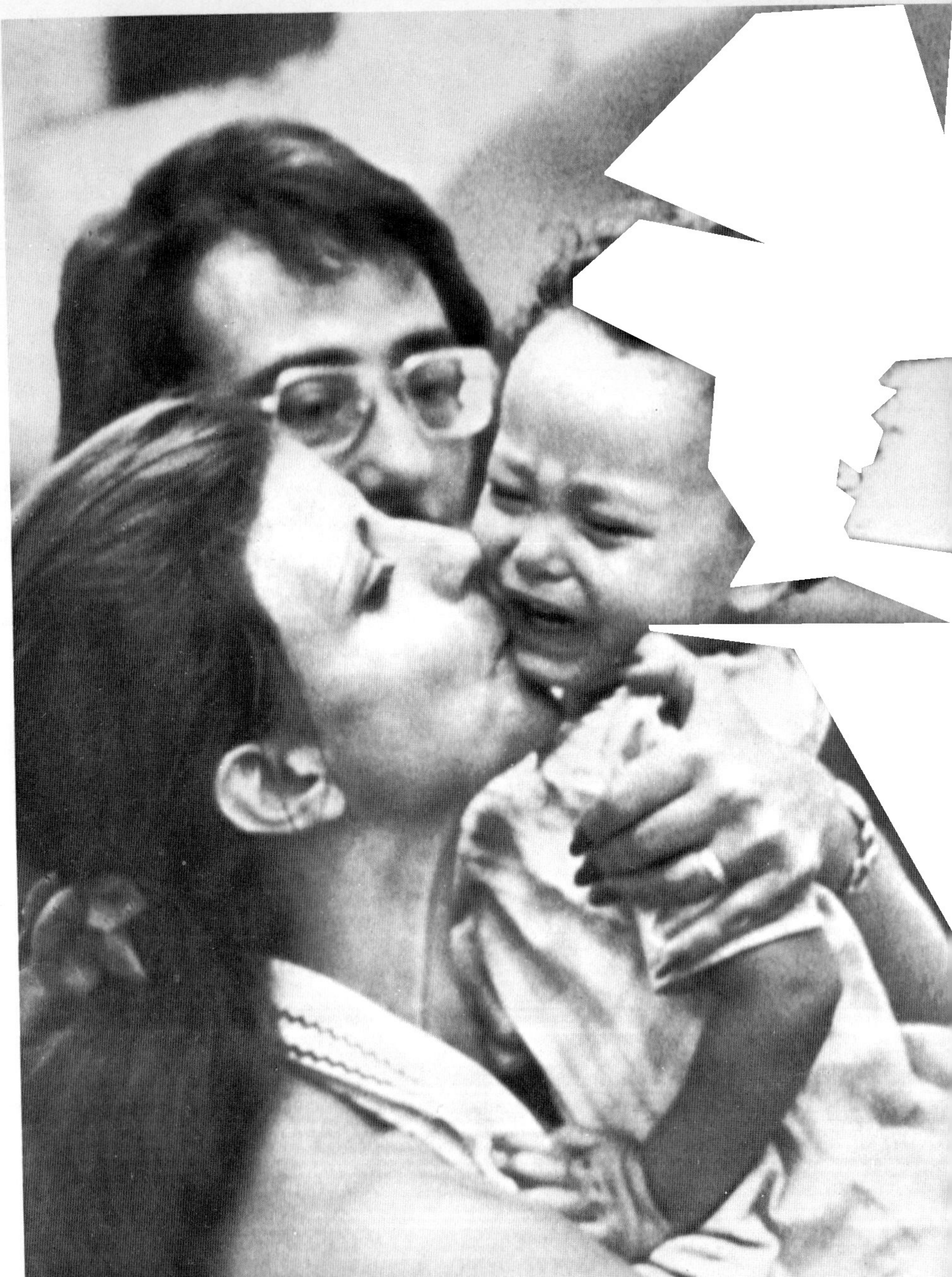

Ankunft in Paris: diese Mutter
und ihr Kind wurden von den
Entführern freigelassen
(Ullstein-UPI)

Oberstleutnant Yonni Netanyahu, Kommandeur der Einsatztruppe, wurde in Entebbe getötet *(Bamahane)*

Trauernde Teilnehmer bei seinem Begräbnis *(Israel Sun)*

Am Sarg von Ida Borochovich.
Sie kam bei der Befreiungsaktion
ums Leben *(Ullstein-AP)*

nergrollen aus dem Bett aufgeschreckt wurde und sich einbildete, daß er wieder in Entebbe war und auf einer Sprengladung saß, die von Artilleriefeuer getroffen wurde.

In Wirklichkeit wurde keine »Herkules« beschädigt. Aber der Besitzer des Mercedes beschwerte sich, als sein Wagen nach dem sechzehnstündigen Abenteuer zurückkam. »Ich mag ihn weiß, wie er war. Und nun sehen Sie sich das an: ganz schwarz, nicht wahr?«

Die IAF sparte sich eine Antwort und bezahlte das Umspritzen. Die Zuhörer im Büro des Verteidigungsministers Peres in Tel Aviv warteten bis nach Mitternacht und wanderten dann ab nach nebenan, zum Quartier des Stabschefs. Vom IAF-Kommando 707 war nichts weiter zu berichten. Es gab nur die kurze Nachricht, daß die Flugzeuge mit den befreiten Geiseln an Bord auf dem Wege nach Nairobi waren.

Von ihrem fliegenden Kommandoposten über Entebbe aus wollten der Chef der Gesamtoperation, »Kutti« Adam, und IAF-Kommandeur Benny Peled ihren Chef Dan Shomron nicht belästigen. Der Bodenkommandant des Unternehmens »Thunderbolt« wollte die Nachrichtenübermittlung auf ein Minimum beschränken. Die gedämpften Geräusche von Schüssen zwischen 23.03 Uhr bis gegen etwa 0.30 Uhr störten zwar, waren aber unwichtig, so lange die Bodentruppen ruhig blieben.

»Wir feiern Amerikas 200. Geburtstag«, sagte Adam, als die 707 auf Kurs Nairobi drehte. »Und Israel ist erst in den zwanzigern.«

Um 1.20 Uhr rief Verkehrsminister Yaakobi den Sprecher des halbamtlichen Komitees der Geiselfamilien an, Prof. Gross.

»Er konnte es nicht glauben, als ich ihm sagte, daß sein Bruder und seine Schwägerin wahrscheinlich frei seien und daß die Geiseln befreit waren«, erinnert sich Yaakobi. »Erst ein paar Stunden vorher hatte er mich um ein weiteres Zusammentreffen am Sonntagmorgen gebeten, um die verschlimmerte Lage zu besprechen. Er befürchtete den Beginn der Hinrichtungen. Zehn Minuten später, als er sich etwas erholt hatte, rief er die Angehörigen der Geiseln an. Wir wußten genau, daß zwei getötet worden waren, doch wir kannten die Namen nicht. Alle Familien wurden aufgefordert, sich im Baseball-Stadion zu versammeln, wo ihnen mitgeteilt werden sollte, wo sie die Rettungsflugzeuge erwarten konnten. Jetzt kam das Schlimmste. Zwei Familien würden dabeisein, die sich mit den anderen freuten, die aber tiefen Schmerz und große Qual erleiden mußten, wenn sie sahen, wie die befreiten Geiseln ins Freie strömten – und ihre Angehörigen waren nicht darunter.«

Im Krankenhaus, in das man Dora Bloch eingeliefert hatte, erkundigte sich ein weiterer britischer Diplomat, Peter Chandley, ob die Frau in Sicherheit war. Sie schlief ruhig. Die Schwestern sagten, es ging ihr gut, und sie könne sich später ihren Mitpassagieren zum Flug 139 anschließen. Chandley erzählte dem Personal nichts von dem Überfall, und keiner schien davon zu wissen. Er verließ die Krankenstation auf Zehenspitzen. Niemand, der nicht Ugander war, sollte Dora Bloch noch einmal lebend sehen.

»Auftanken in Nairobi!«

Golda Meir wurde aus tiefem Schlaf geweckt. Das Telefon läutete beharrlich.

»Ken?«

»Frau Meir«, sagte Premierminister Rabin, »ich glaube, Sie freuen sich zu hören, daß die Geiseln auf dem Heimweg sind. Entschuldigen Sie, daß ich Sie im Schlaf gestört habe.«

»Sie wollten mich informieren. Danke schön. Und Glückwünsche.«

Golda Meir legte den Hörer auf und schaute auf die Uhr. Es war 2.30 Uhr. Draußen vor ihrem Haus in Ramat-Aviv schüttelte eine leichte Brise die schweren roten Blüten eines Feuerdornbusches. Ein Feuerdorn aus Afrika.

Später schrieb sie einen würdevollen, aber entrüsteten Brief an die »Jerusalem Post«, in dem sie sich öffentlich von einer Behauptung distanzierte, die unter dem Titel »Israels Superspion machte Entebbe erst möglich« erschienen war. Es war erwähnt worden, daß sie den Premierminister gedrängt hatte, die Aktion voranzutreiben und den Forderungen der Terroristen nicht nachzugeben, andernfalls wäre er in ihren Augen kein Mann mehr.

»Ich war erschrocken, daß man mir eine so widerliche Geschichte in den Mund legte. Selbstverständlich hat Mr. Rabin mich nicht um Rat gefragt, und er brauchte es auch nicht. Mr. Rabin war so nett, mich mitten in der Nacht anzurufen, sobald unsere Leute auf dem Rückflug waren, um mich über die geglückte Rettungsaktion zu informieren. Für diesen Anruf bin ich zutiefst dankbar. Das Unternehmen als solches bewundere ich sehr. Das gilt für ihn, für sein Kabinett und natürlich für ›Zahal‹, die israelischen Verteidigungsstreitkräfte.«

Einen Superspion hat es nie gegeben. Es wurden nur schnell einige lose Fäden zusammengezogen. Wie das in den letzten Stunden gemacht wurde, kann man aus den durch Computer gesteuerten Bändern entnehmen. Die Mitteilungen waren lakonisch und kurz. Sie wurden von IAF-Kommandant Peled und General Adam in ihrem fliegenden Kommandostand empfangen. Die Depeschen zwischen Piloten, Kommandoeinheiten und Spezialteams waren ein Muster an Kürze. Dennoch vermittelten sie das dramatische Geschehen und auch die ausgeklügelte Taktik, die dahinter stand.

Das hörte sich etwa so an:

»Zwanzig an Bord.« Das bezog sich auf Geiseln. »Nein, einundzwanzig. Jetzt kommt eine Gruppe mit zehn.«

»Holen wir uns das vom Jumbo?« Gemeint war Nairobi und die Schwierigkeit, in Entebbe aufzutanken.

Die Piloten antworteten der Reihe nach: »Ja!«, »Ja!«, »Ja!«, »Ja!«.

»Macht nicht die Würmer im Apfel kaputt!« Damit waren die Ugander im alten Flughafengelände gemeint, denn die Geiseln hatten die Kommandotruppe gewarnt, nicht auf afrikanische Soldaten zu schießen: »Sie haben uns nur geholfen.«

Aber eine Gruppe der »Würmer«, eine motorisierte Einheit der ugandischen Armee, kam nicht gerade in hilfreicher Absicht. Zwei Kommandoeinheiten fingen sie in der Nähe des Hauptkontrollturms ab und töteten nach ihrer eigenen Schätzung aus dem Hinterhalt zwanzig von ihnen. Spätere Zählungen ergaben, daß 45 Ugander in Kämpfen gefallen waren, die die Kommandos hatten vermeiden wollen. Ganz genaue Zahlen gibt es nicht, weil die ugandische Geheimpolizei später eine Reihe von Tötungen inszenierte.

Yonnys Leiche wurde in die »Herkules« gebracht, die mit den Geiseln abfliegen sollte. Seine Männer, die bei diesem Handstreich hinter ihm gestürmt waren, glaubten, er sei nur verletzt. Sie warfen nur einen kurzen Blick auf die Geiseln, die in Yonnys Maschine strömten. Einige schubsten Bahren zurück, andere waren deutlich verschreckt und verzweifelt. Sie wollten die Sicherheit der großen »Herkules« erreichen.

Eine junge Frau, nur mit BH und Höschen bekleidet, wurde in eine Decke gehüllt, als sie in der Maschine völlig außer Atem zusammenbrach. Ein junger Mann rief, so schien es, fortwährend nach seiner Mutter. Ein Besatzungsmitglied der »Herkules« wies ihn zurecht: »Sie sind doch erwachsen, hören Sie doch auf, nach Ihrer Mutter zu rufen!« In der Verwirrung begriff keiner der Retter den Schmerz von Dora Blochs Sohn. Ein junger Israeli machte in der Halle eine kurze Verschnaufpause, neben ihm zwei ugandische Gefangene. Er fesselte ihnen Hand- und Fußgelenke und erteilte ihnen eine Kurzlektion in Hebräisch: »Bestellt Präsident Amin, daß Danny vom Kibbutz 3/M hier war. Das ist alles. Ich bin nach Afrika gekommen und möchte eurem Häuptling ein Andenken hinterlassen. Verstanden?« Er hatte Englisch gesprochen und wiederholte dann den kostbaren Satz auf Hebräisch: »Danny vom Kibbutz 3/M war hier.«

Die »Herkules«, die als erste gelandet war, sollte als letzte starten. Der Chefpilot knipste die Lampen im Cockpit aus, nachdem er die Motoren gestoppt hatte, und überdachte die Lage. Es gab zwei Rollbahnen; von der einen konnte man die andere nicht einsehen. Die alte Rollbahn wurde von den beiden bekannten MIG-Geschwadern und anderen Militärflugzeugen benutzt. Man sah Explosionen und Brände. Aber deren Ursache war nicht bekannt. Luftwaffensoldaten, die gleich nach der Landung beauftragt worden waren, sich schnell einen Überblick zu verschaffen, berichteten, daß die Treibstoffwagen auf die abgelegene Seite des Flugfeldes gebracht worden waren.

Während der ersten fünfzehn Minuten der Erdphase des Thunderbolt-Unternehmens hielten die Piloten kurze Beratungen ab. Lohnte es sich, an Bränden und möglichen Munitionsexplosionen vorbeizurollen? Weil die Flugfähigkeit ausschlaggebend war, beschlossen sie, unter weniger gewagten Bedingungen aufzutanken.

Ein IAF-Kommandant sagte: »Wenn eine Hippo nicht herauskam, hätten wir etliche Männer zurücklassen müssen. Die Soldaten wußten das, wir wußten das. Wenn man sich vorstellt, welche Verzögerungen bei einem normalen Langstreckenflug eintreten können und daß die kleinste Unregelmäßigkeit ein Flugzeug zur Notlandung zwingen kann, dann hat man eine winzige Ahnung davon, wie uns zumute war. Eine verirrte Kugel, eine winzige Unaufmerksamkeit – dann hätte es keinen Pardon mehr gegeben. Sogar die kleinste Verzögerung beim Start am Ende des Unternehmens hätte sich fatal auswirken können. Wir alle waren uns darüber im klaren. Mir schlug das ziemlich auf den Magen.«

Eine »Herkules«, voll beladen und fertig zum Start, mußte sich mit einem Radpaar unerwartet durch Matsch hindurchquälen. Der leichte Regen hatte den Beton glatt und schlüpfrig, die Erde morastig gemacht. Der Pilot spürte den Widerstand und schaute nach vorn auf die weiße Leitlinie, nach der er steuerte. »Steck ma deinen Kopf raus«, befahl er seinem Co-Piloten.

»Diese Linie . . .«

»Sie markiert das Ende, nicht die Mitte der Rollbahn!« schrie der Co-Pilot. »Dreh nach Steuerbord!« Der Viktoriasee kam bald in Sicht.

Der Pilot gab Gas und riß die Maschine aus dem Morast, hatte dabei aber kostbare Meter in der letzten gefährlichen Phase des Starts verloren. Der

Pilot stellt die Maschine automatisch auf einen Notstart mit maximaler Wirkung ein. Fuß auf die Bremse, Vollgas – die Nase senkte sich. Weiter Vollgas, Fuß weg von den Bremsen – die Nase hob sich, und die Maschine rumpelte voran. Bei einer Geschwindigkeit von sechzig Meilen pro Stunde hob die Maschine ab, teils wie ein herkömmliches Flugzeug, teils wie ein Hubschrauber, wobei die Propeller wie Rotorblätter wirkten. Die kräftigen Allison-Turbinen zogen die Last himmelwärts. Die Startstrecke wurde später auf 600 Fuß, der Abflugwinkel auf unglaubliche 45 Grad geschätzt.

Solche Beinahe-Unfälle wurden im Verteidigungsministerium in Tel Aviv nicht bekannt. Was in Code-Worten und hastigen Dialogen wiedergegeben wurde, erzeugte höchste Spannung. Ein Offizier vom Krisenstab sagte später: »Die verkürzten Übertragungen verursachten ein Mosaik von Geschäftigkeiten. Jeder feindliche Lauscher wäre getäuscht worden. Zweifellos wußten die Russen etwas von dem Unternehmen; denn sie zapfen jedes Funkgespräch bis in die unteren Wellenbereiche an. Und die Araber? Sicher haben sie etwas vermutet. Aber selbst ein informierter Horcher hätte nur darauf tippen können, daß ein auf fantastische Weise gelungener, von langer Hand vorbereiteter Überfall beendet war. Die Stimmen klangen sehr ruhig, sehr sachlich.«

Die Luft-Unterhaltung auf hebräisch war vollkommen verwirrend, eine Art Kurzschrift aus Kürzeln und Ziffern als Verständigung zwischen Sender und Empfänger. Für Generalstabschef Mordechai Gur bedeutete das jetzt mehr als die Ereignisse der vergangenen Nacht, in der er sich mit Landungen und Starts seiner Piloten abplagen mußte, die versuchten, ihn zu überzeugen, daß solche Unternehmen durchführbar und sicher seien. Jetzt hörte General Gur dem Kauderwelsch zu und war froh, daß er sich an Bord einer »Herkules« im Dunkeln einer israelischen Wüste von der Manövrierfähigkeit der Maschine hatte überzeugen lassen. »Das hatte genügt, um die Nerven eines Nichtfliegers durcheinanderzubringen«, gestand ein Pilot. »Einen erfahrenen Flieger kann das ganz schön erschüttern, wenn er nicht weiß, wie so etwas läuft.«

Brigadegeneral Dan Shomron, der als erster das Flugfeld von Entebbe betreten hatte, war auch der letzte, der vor dem Abflug in seine »Herkules« einstieg. Sein IAF-Adjutant wurde zum Luftpiloten zu Fuß. Vom zerstörten Kontrollturm und der außer Kraft gesetzten Radarstation liefen die letzten Gruppen zurück. Bodenschutztrupps suchten noch schnell den Schauplatz des Unternehmens nach verlorenen Dokumenten und liegengelassenen israelischen Gepäckstücken ab. Die toten Terroristen waren fotografiert worden, man hatte ihnen die Fingerabdrücke abgenommen.

Shomron ging rückwärts auf die Rampe der »Herkules« zu. Jenseits des Hügels breitete sich Feuer aus, dort, wo die MIGs in ihren Hangars brannten. Aus dem brennenden Kontrollturm wurde weiter geschossen. Die Rampe hob sich langsam und knarrend, die Hydraulik zischte, und die Hippo begann zu vibrieren, als die Geschwindigkeit der Triebwerke zunahm, nachdem die Einstiegluken mit einem Abschlußknall geschlossen worden waren.

Irgendwo leckten der Schakal und Dr. Hadat sich wohl die Wunden. Der französische Airbus mit der Flugnummer 139 stand unbeschädigt da, ein Symbol für Kompromisse und schwache Politik, die nach Shomrons Meinung Israel gezwungen hatte, Leben aufs Spiel zu setzen und mit eigenen Methoden das zu erreichen, was eigentlich Aufgabe einer internationalen Polizeiaktion hätte sein sollen.

»Wenn wir so etwas in Afrika machen können, dann geht es auch überall«, sagte er später. Er zog den Schluß, daß feindliche Stützpunkte überall so behandelt werden sollten. »Chirurgische Operationen« nannte er das. Wenn ein Land die Spuren von Mördern verwischt, sollte es wissen, daß Israel zurückschlagen werde. Flughäfen und Ölquellen könnten durch Vergeltungsschläge wirkungsvoll ausgeschaltet werden. Im Ministerium lagen eine Reihe von Plänen für Fallschirmjäger-Einsätze und Kommandounternehmen per Hubschrauber. Aber keiner davon würde gebraucht werden, wenn sich nach dem Unternehmen Thunderbolt eine Anti-Terroristenbewegung auf internationaler Basis entwickeln würde.

Brigadegeneral Shomron sah noch einmal seine Männer an, die mit nacktem Oberkörper unter den vom Kampf gezeichneten Schützenpanzern lagen. Dann schlief er wieder ein, als ob nichts gewesen wäre.

Nachricht aus Tel Aviv für Idi Amin

In Kairo rührte sich der gesunde Menschenverstand bei Arabern, die merkten, daß sie bei einer Fortsetzung des Terrorismus mehr zu verlieren als zu gewinnen hatten.

Präsident Anwar Sadat wurde durch einen Anruf aus dem Bett geholt und bekam einen vorläufigen Bericht. Die ägyptischen Führungskräfte hatten das wechselvolle Schicksal des Terrorismus verfolgt, hatten den Aufbau von Guerilla-Stützpunkten in radikaleren arabischen Ländern und in Somalia bemerkt. Einige von ihnen waren sich bewußt, daß sie eigentlich viel mehr mit Israel gemeinsam hatten als mit den Kräften, die diese Künstler in Sachen moderner Revolution mit Waffen versorgten.

»Es ist kein Geheimnis, daß der Erzterrorist Carlos, der Schakal, wieder in Libyen ist«, erklärte Sadat später einem Redakteur der Zeitung »Akhbar el-Yom«. »Ich möchte, daß Gaddafi (der libysche Staatschef) das erfährt. Der Schakal fährt mal in den Südjemen, mal in den Sudan, und zwar zur Unterstützung einer Supermacht, um die naiven Chefs unerfahrener Staaten als bloße Werkzeuge in das Kräftespiel dieser Supermacht einzubeziehen.« Sadat nannte die Sowjetunion nicht beim Namen, aber später bezog er sich auf die russische Unterstützung für Uganda.

Präsident Amin wurde am Sonntag um 2.20 Uhr Ortszeit durch einen Anruf aus Tel Aviv geweckt, wo »Borka« Bar-Lev am Radio saß.

»Sagen Sie Ihrer Regierung, daß sie die Forderungen der Entführer annehmen muß«, sagte Big Daddy.

»Ich verstehe«, antwortete Bar-Lev ernst.

»Es hat keinen Zweck mehr, weiter zu verhandeln«, sagte der Präsident von Uganda.

»Nun gut, Dank für das, was Sie getan haben«, sagte Bar-Lev.

»Dank? Wofür?« fragte Big Daddy.

Bar-Lev legte den Hörer auf. In einer Nachrichtensendung aus Paris war schon das neueste vom Überfall auf Entebbe gebracht worden. Nur Amin hatte offenbar noch nichts davon erfahren. Die Geiseln waren außerhalb seiner Reichweite. Die Terroristen, die ihm zu neuem Ruhm verholfen hatten, waren tot.

Einige Stunden später, gegen fünf Uhr morgens, hatte sich die Lage verändert. Diesmal rief Amin seinen israelischen Freund an. Mit erstickter Stimme fragte er Bar-Lev: »Was habt ihr mir angetan? Warum habt ihr meine Soldaten erschossen? Schließlich habe ich mich um die Israelis gekümmert, habe sie gut behandelt, ihnen Nahrung, Decken und Matratzen gegeben. Ich hoffte, daß man sie bald austauschen könnte, und nun – habt ihr meine Soldaten getötet.«

Bar-Lev sagte, daß man aus Amins Stimme Verwirrung und Schock heraushören konnte. Amin hatte offenbar immer noch nicht begriffen, was in Entebbe passiert war.

Amin: »Ihr habt meine Männer erschossen.«

Bar-Lev: »Wer hat geschossen? Hatten die Geiseln Waffen?«

Amin: »Die Geiseln haben nicht geschossen. Flugzeuge kamen und haben geschossen.«

Bar-Lev: »Flugzeuge? Ich habe nichts davon gehört, daß Flugzeuge da waren. Sie haben mich aus dem Schlaf geholt. Ich bin zu Hause und habe keine Ahnung.«

Im Laufe des Gesprächs riß Amin sich zusammen. Bar-Lev fragte, ob er seine Frau Nehama sprechen wollte, die Amin gut kannte. Der Präsident lehnte kurz ab und bestellte Grüße an sie und die Kinder.

Bevor Amin auflegte, fand er zu seiner Großsprecherei zurück. „Nicht als Politiker, aber als Berufssoldat muß ich sagen, daß das Unternehmen wirklich gut gemacht war und daß eure Kommandotrupps erstklassig sind.«

Das Tageslicht brachte Hintergedanken. Big Daddy rief noch einmal an mit der Bitte, ob Israel nicht seine Armee mit »ein paar Ersatzteilen ausrüsten« könnte. Einige seiner Gewehre und Panzer waren nicht in Ordnung. Zudem verlautete, daß die Russen über den Verlust ihrer MIG 17 und 22 nicht gerade glücklich waren. Ersatz aus der Sowjetunion war nur zu erwarten mit der strengen Auflage, für wirksamen Schutz zu sorgen. Ein israelischer Militärsprecher drückte es so aus: „Die Russen haben in diesem Gebiet in den vergangenen Jahren zwanzig Milliarden investiert. Sie müssen zwischen unstabilen Staatschefs wie Amin und Terroristengruppen wählen, um ihre Investitionen sichern zu können.«

»Der Überfall auf Entebbe zerstörte die Glaubwürdigkeit der PFLP- und PLO-Gruppen. Nur Gott weiß, was er für Amin bedeutete.«

Vielleicht hatte Big Daddy einen Einfall. Während die Flugzeuge des Unternehmens Thunderbolt die Geiseln nach Israel zurückbrachten, sprach der Präsident von Uganda mit Uri Dan in Tel Aviv.

»Ich halte in meinen Armen die Leichen meiner Soldaten, die von den Kugeln eurer Leute getötet worden sind. Ich glaube, ihr habt nur Gutes mit Bösem vergolten«, sagte Präsident Idi Amin zu dem Autor. Die Nachrichtenagenturen hatten schon fragmentarische Berichte über drei geheimnisträchtige Flugzeuge verbreitet, die in Entebbe gelandet waren, ein furchtbares Chaos angerichtet und Tod und Zerstörung hinter sich gelassen hatten, ehe sie wieder verschwanden. Ein israelischer Militärsprecher gab eine trokkene einzeilige Erklärung ab: »Die Geiseln wurden durch israelische Streitkräfte aus Entebbe befreit.«

Die ersten erregten internationalen Anrufe vervielfältigten sich bald zu einer Flut von Anfragen an Israel. Jeder wollte Einzelheiten über das Unternehmen wissen, das Freund und Feind erschreckt und überrascht hatte.

»Nur Idi Amin selber wußte sehr wenig über das, was vor seiner Nase passiert war«, berichtet Uri Dan. »Nur unter großen Schwierigkeiten konnte ich einen verschreckten Assistenten dazu veranlassen, seinen Präsidenten ans Telefon zu holen. Als ich seine zitternde Stimme hörte, begriff ich, daß man ihm den Schlag seines Lebens versetzt hatte. Er wirkte wie ein Mann, dem man den Teppich unter den Füßen weggezogen hatte.«

Amin sagte: »Ich spreche vom Flugplatz aus. Ich zähle die Leichen meiner Soldaten, die in dieser Nacht getötet wurden.«

Anfangs war sein Ton höflich. Er gab sich als Beschützer der Geiseln, als unschuldiges Opfer israelischer Falschheit. Er bestritt, mit den palestinensischen Terroristen zusammengarbeitet zu haben.

»Heute wollte ich mich für die Freilassung der Israelis einsetzen. Darum habe ich meine Rückkehr von der OAU-Konferenz in Mauritius vorverlegt. Alles, was mir jetzt noch bleibt, ist, die Zahl der Opfer zu zählen.«

Amin lehnte es ab, die genaue Zahl der Soldaten zu nennen, die auf dem Flugfeld gefallen waren. Uri Dan hatte den Eindruck, daß Amin immer noch nicht begriffen hatte, was wirklich geschehen war.

»Eure Herkules-Flugzeuge kamen, und meine Soldaten wollten nicht auf sie schießen. Andernfalls hätten wir sie vernichtet.«

Das Interview dauerte dreißig Minuten.

Frage: »Warum waren Ihre Soldaten da? Waren die Geiseln Gefangene Ihrer Soldaten und nicht die der Palästinenser?«

Amin: »Die Geiseln waren nicht in der Hand der ugandischen Armee. Sie waren in der Hand der Palästinenser. Wenn meine Soldaten hätten kämpfen wollen, hätten sie gekämpft. Aber sie wurden getötet. Meine Soldaten waren 200 Yards vom Gebäude entfernt, die Palästinenser waren drin. Fragen Sie Ihre Landsleute, wenn sie nach Israel zurückgekehrt sind.«

Frage: »Haben Sie die Absicht, nach Israel zu kommen, um den Sachverhalt zu klären und die veränderte Lage zu besprechen?«

Amin: »Warum sollte ich? Ich habe keinen Grund dazu. Es ist alles ganz klar. Ich habe mich den israelischen Geiseln gegenüber sehr gut verhalten. Ich helfe jedem auf der Welt, dem es um Frieden geht. Aber es tut mir leid – ihr habt unschuldige Menschen getötet.«

Frage: »Warum haben Sie eine ganze Woche lang ein Piratenstück auf Ihrem Territorium geduldet?«

Amin: »Erst gestern sprach ich mit dem UN-Generalsekretär und berichtete ihm, daß ich von der Air-France-Maschine eine Nachricht bekommen hatte, daß sie nur noch für fünfzehn Minuten Treibstoff an Bord habe. Darum, sagte ich, mußte ich die Landeerlaubnis für Entebbe gehen. Seitdem habe ich nur noch verhandelt, um die Geiseln zu retten.«

Amins Stimme versagte, und dann fuhr er fast weinend fort: »Wir haben uns gut um sie gekümmert. Wir haben alles für sie getan. Wir haben ihnen Nahrung gegeben, wir gaben ihnen Toilettengegenstände, und wir haben sie beschützt, damit sie ausgetauscht werden konnten. Und jetzt? Was ist mir geblieben? Anstatt mir zu danken, tötet ihr meine Leute.«

Mit rührender Heuchelei fügte er hinzu: »Gott wird dem helfen, der Frieden bringt. Gott hat gewollt, daß meine Leute heute sterben mußten. Das ist sehr bitter, sehr bitter. Ich muß die Leichen einsammeln. Ich weiß, das ist von Gott so bestimmt. Ich will keinen Krieg; denn wir alle sind Kinder Gottes. Auch im Nahen Osten. Ich möchte zwischen euch und den Palästinensern Frieden stiften.«

Uri Dan fragte ihn: »Warum arbeiten Sie mit den Palästinensern zusammen, warum lassen Sie sogar palästenensische Flieger auf Ihren MIGs ausbilden?«

Amin: »Ich kollaboriere nicht mit den Palästinensern. Die das Flugzeug entführt haben, das waren nicht nur Palästinenser. Da waren auch Deutsche, Franzosen und andere dabei. Es ist nicht wahr, daß Palästinenser meine Flugzeuge fliegen. Meine Piloten fliegen sie.«

Uri Dan fragte, wie es dazu kommen konnte, daß ugandische Soldaten getötet wurden, wenn es keine Kooperation zwischen ihnen und den Palästinensern gab.

Amin: »Die Soldaten waren da, um das Leben der Israelis zu schützen. Ich habe ihnen das Leben gerettet, und bestellen Sie ihnen, wenn sie nach Israel zurückkommen, daß ich ihnen ein glückliches Leben wünsche. Das habe ich auch zu Colonel Bar-Lev gesagt, mit dem ich gerade telefoniert habe. Wenn meine Soldaten auf die Flugzeuge geschossen hätten, wären eure Soldaten getötet worden. Aber wir wollten keinen Kampf. Wir können kämpfen, wenn wir es wollen. Wir wollten aber nur euer Problem lösen. Es tut mir leid, sehr leid, was geschehen ist. Was ihr gemacht habt, war eine böse Sache.«

Frage: »Mr. President, wie auch immer, war es durchaus notwendig, daß Sie den Luftpiraten eine Woche lang Schutz geboten haben? Sie hätten sie ausweisen können. Warum haben Sie Palästinensern gestattet, sich in die inneren Angelegenheiten Ihres Landes einzumischen?«

Amin: »Sie haben sich nicht in ugandische Angelegenheiten eingemischt. Ich wollte eure Landsleute schützen. Aber die Palästinenser, und nicht nur die Palästinenser, sondern auch die Europäer, die Franzosen und die Deutschen – sie legten Sprengstoff in das Gebäude und drohten, es in die Luft zu jagen. Ich habe die Menschen in das Gebäude gelegt, weil ich wollte, daß sie es gut haben sollten. Aber es ist nicht wahr, daß ich mit den Terroristen zusammengearbeitet habe. Ich habe versucht, das Leben der Passagiere zu retten.«

Frage: »Wollen Sie den Notstand ausrufen? Fürchten Sie nicht, daß Sie nach einem Unternehmen wie diesem, nach einem solchen Unglücksschlag, möglicherweise die Präsidentschaft von Uganda verlieren könnten?

Amin (zögernd, mit Besorgnis in der Stimme): »Nein, nein! Mit Sicherheit nicht. Meine Soldaten halten zu mir, sie helfen mir, und überhaupt gibt es keinerlei Schwierigkeiten.«

Frage: »Werden Sie den Notstand ausrufen?«

Amin: »Ja.«

Einen Augenblick später änderte er seine Meinung und wiederholte seine Antwort auf eine vorangegangene Frage, die den Notstand betraf: »Warum?«

Uri Dan sagte: »Damit Ihr Regime überleben kann.«

Amin: »Nein. Mein Land ist gut geschützt. Was geschah, ist unbedeutend. Wir werden es überstehen.«

»Eine letzte Frage, Mr. President: Werden Sie sich in dieser Angelegenheit an die Vereinten Nationen wenden oder an die Union der afrikanischen Staaten?«

Amin: »Darüber will ich am Telefon nicht sprechen. Danke.«

Später schrieb Uri Dan: »Von dem Augenblick an, als ich davon hörte, daß dieses Flugzeug nach Uganda entführt worden war, mußte ich immer an eine Szene aus einem Dokumentarfilm über Idi Amin Dada denken. Darin rudert er auf dem Victoria-See und spricht zu den Krokodilen. Während ich die erschöpfenden Verhandlungen verfolgte, die durch die sogenannte Vermittlung Amins zustande kamen, stellte ich mir ein Gespräch zwischen Krokodilen vor. Aber ich konnte mich nicht so richtig entscheiden. Nachdem ich mein Gespräch mit Amin beendet hatte, war mir klar, daß das Krokodil am anderen Ende der Leitung gesessen hatte.«

»Es ist mir leid um dich, mein Bruder Jonathan ...«

In Kenia veröffentlichte die *Sunday Nation* am Morgen eine Meldung vom Überfall auf der Titelseite. Vielleicht war das unvorsichtig von Redakteur George Githii, der Israel erst vor wenigen Stunden verlassen hatte. Trotzdem war es ein Knüller. Nur diejenigen, die mit der Technik des Zeitungsmachens vertraut sind und die etwas schläfrige Routine kennen, mit der eine Sonntagsausgabe am Samstagnachmittag verabschiedet wird, dürften sich gewundert haben.

Präsident Jomo Kenyatta hatte seinem Freund Kikuyu den Job bei der *Nation* aus politischen Gründen verschafft. Er blieb dabei diskret im Hintergrund. Niemand in dem Einparteienstaat würde die Disziplin verletzen, die Jomo verkörperte, der alte Mau-Mau-Führer, der selber etwas von Terrorismus verstand, die er seinen Untertanen auferlegt hatte. Es ist eine alte britische Technik, die Macht solchen Männern zu übergeben, die wissen, wie wichtig es ist, alles scharf unter Kontrolle zu behalten. Deshalb war es unwahrscheinlich, daß die *Sunday Nation* ihren »Scoop« veröffentlichte, ohne daß sich Redakteur Githii die Zustimmung seines Präsidenten eingeholt hätte. Kenia ist zu klein. Und Amin in Uganda war zu groß geworden.

Es wäre leicht gewesen, die Geschehnisse auf dem Flughafen Embakasi geheimzuhalten, obwohl der Flugplatz während der ganzen Nacht in Betrieb war. Embakasi liegt nur wenige Meilen von Nairobi entfernt; dazwischen befindet sich ein Vergnügungspark.

Die ungewöhnliche Geschäftigkeit setzte ein, als eine außerfahrplanmäßige Boeing 707 mit der EL-AL-Charterflugnummer LY 167 um 23.23 Uhr Ortszeit landete und auf Bahn 4 eingewiesen wurde, einer Landebahn mit besonderen Vorkehrungen für gefährdete Flugzeuge. Die 707 wurde sofort von Sicherheitsbeamten aus Kenia und Angestellten der EL-AL-Fluggesellschaft abgeschirmt. Die Registrierungsnummer am Heck lautete 4 XBY 8. Das entsprach nicht der Eintragung im Logbuch der Flugsicherung, wo die 707 mit der Flugnummer 169 geführt wurde. Knapp zwei Stunden später nahm eine weitere 707 mit dem Kontrollturm von Nairobi Kontakt auf und kündigte sich mit der Flugnummer 167 aus Tel Aviv an. Die Fluglotsen von Nairobi waren leicht verwirrt, akzeptierten jedoch den Bericht des Flugkapitäns, daß er durch Maschinenschaden aufgehalten sei. Dann baten sie den örtlichen Manager von EL-AL um Klärung. Dem reichte diese Information; er wußte, daß die Rettungsflugzeuge jetzt auf dem Weg von Entebbe nach Nairobi waren. Um 2.06 Uhr Ortszeit landeten die zweite 707 und die erste »Herkules« vom Unternehmen Thunderbolt gleichzeitig in Nairobi. Innerhalb der nächsten dreißig Minuten landeten drei weitere »Herkules«-Maschinen. Sie wurden zu den anderen auf die Landebahn 4 eingewiesen.

Eine Boeing 707, die alle Einrichtungen eines Krankenhauses an Bord hatte, übernahm die Verwundeten, die von den »Herkules«-Maschinen gebracht worden waren. Zehn Schwerverletzte wurden mit Krankenwagen in das Kenyatta State Hospital gebracht. Dort hörte eine kanadische Nachtschwester den Ruf nach Blutkonserven. Sie war etwas überrascht, einige kräftige israelische Soldaten vor sich zu sehen, die Transfusionen erhalten sollten. Sie kannten sogar die nötige Blutgruppe. Im Fall Pasko Cohen, der die Nazi-Konzentrationslager überlebt hatte, kam die Hilfe zu spät. Er starb kurz vor Sonnenaufgang.

Die großen Transportmaschinen schluckten gierig Treibstoff für den langen Rückflug. Einige der befreiten Geiseln verließen die Sicherheitszone, um Kaffee und belegte Brote zu holen. Sie wußten, daß der normale Service über den Tagesdienst hinaus ausgedehnt worden war. Angestellte des Direktoriums für Zivilluftfahrt in Ostafrika baten sie, »keinen Wirbel« über diese Gastfreundschaft zu machen. Sie fürchteten um die guten Beziehungen zu ihren Kollegen in Entebbe. Später wurde berichtet, daß vier Mitglieder des Direktoriums von ugandischen Soldaten ermordet wurden, aus Rache dafür, daß sie die Landung der israelischen Flugzeuge nicht verhindert hatten.

Die letzte »Herkules« verließ Nairobi etwa zwei Stunden bevor es hell wurde. Die Boeing 707 mit der Krankenhauseinrichtung folgte. Zwei schwer verletzte israelische Soldaten und eine verwundete Geisel wurden im Kenyatta State Hospital zurückgelassen. Bei Tageslicht, so berichtete die *Nation*, waren Blutflecken am Parkplatz der Rettungsflugzeuge der einzige Beweis für das, was in dieser Nacht geschehen war. An einer anderen Stelle des Flughafens von Embakasi hockte jedoch eine P3 Orion, eine Langstreckenaufklärungsmaschine, das erste Flugzeug, das die US Air Force, wenn auch nur vorübergehend, in Kenia stationiert hatte.

Der Generalstab, der Krisenstab und höhere Offiziere fanden sich im Amtssitz des Premierministers ein, dem roten Ziegelbau, der früher als Kaserne diente und jetzt ein Durcheinander von militärischen und Verwaltungsbehörden beherbergte. Dort trafen sie mit Oppositionsführer Menaihem Begin zusammen, der wie immer trotz der Hitze formell gekleidet war, mit Anzug, Schlips und Kragen. Rabin hatte ihn eingeladen.

»Kol Hakavod – gut gemacht!« Begin umarmte den Premierminister.

»Ein Drink?« Gur hob die Whiskyflasche in Begins Richtung.

»Tee.« Begin lockerte die Krawatte. Das war das erste Zeichen eines Zugeständnisses. Er hatte sich seine altmodische Höflichkeit, seine enthaltsamen Gewohnheiten und seinen Sinn für korrekte Kleidung bewahrt, als wolle er dadurch seinen Ruf als Terrorist überspielen, den die Engländer damals »aufhängen« wollten, wie er es ausdrückte. Die Zeit, in der er der Irgun-Widerstandsbewegung angehörte, erlebte er immer wieder, Stunde für Stunde. Er fühlte sich immer noch als Kommandeur der IZL – Irgun Zvai Leumi –, obgleich dreißig Jahre seit dem schwarzen Sonntag vergangen waren, an dem die Engländer und jüdische Gemäßigte sich gegen ihn gestellt hatten.

»Dann ist das eben Tee«, sagte Gur und goß eine teefarbene Flüssigkeit in ein Glas.

Begin nippte, verzog das Gesicht und grinste. »Zum Wohle – Lechaim.« Er schluckte den puren Whisky. »Heute mache ich eine Ausnahme.«

Die Porträts von Herzl und Weizman schienen von der Wand her mit den Augen zu zwinkern. »Wissen Sie, wie viele Kämpfer wir während der Irgum-Auseinandersetzung verloren haben?« fragte Begin.

»Ein paar hundert«, schätzte ein junger Assistent.

»Fünfunddreißig!« Der Oppositionsführer hatte inzwischen das Jackett und die Krawatte abgelegt. »Das Leben hatte immer Vorrang. Wenn die Strategen mit ihren Plänen kamen, war meine erste Frage immer: Gibt es einen sicheren Fluchtweg?«

Die Frage war am Jahrestag des schwarzen Sonntags gestellt und beantwortet worden, als der Staat Israel gegründet wurde. Aus derselben besessenen Sorge um das Leben heraus waren mehr Menschen aus dem Unternehmen Thunderbolt herausgekommen, als die schlimmsten Pessimisten erwartet hatten. »Besessenheit«, hatte Begin einmal gesagt, »überkommt alle, die mit angesehen haben, wie unser Volk fast vollständig ausgerottet wurde.«

Darum durchbrach er seine Lebensgewohnheiten und stieß auf die Mitarbeiter des Thunderbolt-Unternehmens an, auf fast 500 Männer und Frauen, die an der Front von den Agenten bis zu den Kommandotrupps dabei waren. Sie hatten Yonny verloren, aber sonst niemanden.

Ein Gefühl der Erleichterung überwältigte Begin, als er ein paar Stunden später auf dem Ben-Gurion-Flughafen eintraf, zusammen mit dem Krisenstab, um die befreiten Geiseln zu begrüßen, und als die Menge ihn umringte. Seit acht Stunden, seit drei Uhr morgens, als der Militärsender die Nachricht zuerst gesendet hatte, waren die Familien durch Freunde oder das Komitee benachrichtigt worden. Bei Sonnenaufgang versammelten sie sich zunächst im Baseballstadion von Yad Eliyahu. Zu der Zeit hatten die »Herkules«-Maschinen sich geteilt und waren zu verschiedenen Militärbasen geflogen, um die Kommando-Teams und militärische Ausrüstungsgegenstände abzusetzen. Einer der großen Transporter brummte zum Flughafen Elath an der Spitze des Golfs von Akaba. Über den Ortschaften flogen die Piloten tief, wenn sie auf den Straßen winkende Menschen ausmachen konnten. Die Männer der Kommandotrupps sowie die Einrichtungen und Geräte wurden ausgeladen, wobei letztere unter strengem Geheimverschluß blieben. Die Flugzeuge wurden aufgetankt und trafen dann auf dem Ben-Gurion-Flughafen zusammen. Um 11 Uhr begaben sich die Familien der Geiseln vom Stadion zum Flughafen. Als Begin von der Menge erkannt worden war, wurde er hochgehoben und über die Köpfe der Menschen hinweg weitergeschoben. Eine spontane Anerkennung dafür, daß er ein Stück Tradition verkörperte.

An Yonnys Eltern in Boston im US-Staat Massachusetts wurde ein Telegramm geschickt, das ihnen den Soldatentod des Colonel Yonathan Netaniahu, Sohn des Ben-Zion, anzeigte. Diejenigen, die seinen Vater kannten, waren sicher, daß es keine Tränen gab, wenn er erfuhr, wie Yonny gestorben war. Sic hatten recht. Die Eltern flogen nach Jerusalem, um dort Yonnys sterbliche Überreste zu übernehmen. Der Vater, tief verwurzelt in jüdischer Tradition, Lehrer für jüdische Geschichte an der Cornell University, begriff, was jeden israelischen Soldaten antreibt, den Leichnam eines gefallenen Kameraden zu bergen. Er verstand auch, mit welch großen Gefahren es verbunden gewesen war, seinen Jungen zurückzubringen.

»Yonny hat mich buchstäblich von der Straße geholt«, berichtete ein Soldat von einem Kommandotrupp den Eltern bei einem Besuch während der sieben Trauertage. »Ich wäre heute ein Krimineller oder ich würde von Job zu Job wandern. Ich hatte das Glück, in seine Einheit zu kommen. Er tat mehr, als uns Nachtmärsche beizubringen, aus Flugzeugen abzuspringen oder einen Hubschrauber schnell zum Einsatz zu verlassen. Er kannte alle Waffen, aber er lehrte mich, sie als Mittel zur Rettung des Vaterlandes zu betrachten. Er führte mich in die Geschichte ein und öffnete mir die Augen. Nur seinetwegen ging ich aufs College.«

Vater Ben-Zion hörte den Kameraden seines gefallenen Sohnes zu, nickte und sagte wenig. Er hatte ein umfassendes Werk über religiöse Verfolgungen beendet. Seine Arbeit hatte ihn nur physisch in die USA geführt, ihn aber seiner Heimat Jerusalem nicht entfremdet. Er empfing Verteidigungsminister Shimon Peres, der die Grabrede bei Yonnys Beisetzung halten sollte. Peres erinnerte ihn an die großartige Widmung von Ben Gurion in der ersten Ausgabe von »Scrolls of Fire« für Reuben Avinoam: »Für Reuben, der seinen Sohn verlor und seine Generation entdeckte.« Der Verteidigungsminister fügte hinzu: »Ben Gurion erfuhr von neuem die erstaunlichen menschlichen Reichtümer unseres Volkes und die unergründliche Tragödie des vorzeitigen Sterbens unserer besten Söhne.«

Später beugte sich Peres über Yonnys Leichnam und zitierte aus dem zweiten Buch Samuel, Kapitel 1, Vers 26: »Es ist mir leid um dich, mein Bruder Jonathan, ich habe große Freude und Wonne an dir gehabt.« Dann fuhr er fort: »Es ist ein kurzer Weg von Jonathan, Sohn des Saul, zu Yonathan, Sohn des Ben-Zion.«

Eine persönliche Bemerkung

Man muß die Echtheit der Gefühle anerkennen, die Verteidigungsminister Peres ausgedrückt hat. Das kann man am besten, wenn man in Israel lebt oder gelebt hat. Peres' Liebe zu seinem Volk zeigte sich in den Worten, die er an Yonnys Sarg sprach. Der Name lautet auf englisch natürlich Jonathan. Als Würdigung des Überfalls von Entebbe haben Peres und die übrigen Kabinettsmitglieder beschlossen, daß die Aktion unter dem Namen »Unternehmen Jonathan« der Nachwelt im Gedächtnis bleiben soll.

Eine junge Nation braucht ihre Helden. Die Israelis sind kein besonders melodramatisches Volk. Ihre Romantik äußert sich weniger augenfällig. Die letzten paar Jahre waren hart gewesen und manchmal entmutigend. Ausländer neigen leicht dazu, die Belastungen zu vergessen.

Als ich nach dem Zermürbungskrieg der siebziger Jahre nach Israel zurückkehrte, hatte sich die Stimmung, oberflächlich betrachtet, verändert. Die Menschen hatten sich den neuen Gefahren angepaßt. Da waren die Schwierigkeiten bei der Gründung des Staates gewesen, der Abwehrkampf um die Siedlungen, und schließlich die offenen und heimlichen Kriege, die immer mehr technisiert wurden, bis die Belastung bis zu einem Grad jenseits des Erträglichen stieg.

Dann nahm es Israel mit den Russen auf – der kleinste moderne Staat stellte sich gegen das größte totalitäre Regime in der Geschichte, das über ein unbegrenztes Waffen-Reservoir verfügte.

Ich weiß noch, daß ich fürchtete, die Israelis seien zu weit gegangen. Sie stahlen moderne sowjetische Raketensysteme, sie holten aus den arabischen Staaten, den Kunden der Russen, die allergeheimsten Waffen, sie deckten russische Kriegspläne auf, die bisher im Westen unbekannt waren – alles in allem: Israel machte die arrogant und imperialistisch gewordene Sowjetunion lächerlich.

Ich erinnere mich, daß Motti Hod, der in Israel geborene Chef der wohl besten taktischen Luftflotte der Welt, Washington warnte: »Die Russen sind beweglich und schnell. Machen Sie nicht den Fehler, anzunehmen, daß sie durch bürokratische Behinderungen, wie es sie in einer Diktatur gibt, ohne Wirkung sind. Im Kriegsfalle reagieren sie minutenschnell auf Situationen, über die Sie monatelang nachgrübeln würden.«

Seit Israel Schwächen in der russischen Bewaffnung aufgedeckt hatte, änderte sich die Stoßrichtung der sowjetischen Taktik gegenüber Israel. Ein Teil der Änderung bestand im Terrorismus. Die Sowjets lieferten Waffen, bildeten Fanatiker aus und bedienten sich dabei durch Experten, die keinerlei sichtbare Verbindungen zu Moskau hatten.

Israel sollte ein Staat aus Geiseln werden. Seine nahen Feinde taktierten mit vorzeitigen Angriffen, um den Staat Israel zu isolieren.

Terrorismus ist eine raffinierte Waffe in der Hand dieser traditionellen Feinde. Gruppen unzufriedener Fanatiker konnten in jedem Land gewonnen werden. Das Palästina-Problem war nur eins unter vielen, das durch die beabsichtigte Isolation und die Vernachlässigung der Flüchtlinge an Israels Grenzen durch die übrige Welt entstanden war.

Terrorismus reichte von Bazooka-Angriffen auf einen Kibbuz bis zur Flugzeugentführung aus politischen Gründen. Alle Formen des Guerilla-Krieges schwächen die Kräfte des Opfers.

Wenn der Terrorismus gegen Israel Erfolg hat, ist es nur noch eine Frage der Zeit, bis jede Demokratie der gleichen Drohung in gleichem Maße gegenübersteht. Daniel Moynihan sagte dazu vor der Hebräischen Universität, als das Unternehmen Thunderbolt ablief: »Israel ist im gleichen Maß ein Symbol für Demokratie geworden, als die gänzlich gewissenlosen Angriffe auf israelische Bürger durch Terroristen ein Symbol für den Generalangriff auf Demokratie und Anstand geworden sind. Sie bilden das tragende Ethos des Totalitarismus in unserer Zeit.«

Nach dem Unternehmen Thunderbolt sprach ich mit Ministern und Generälen des Krisenstabes, mit Soldaten und Fliegern, und mußte wieder daran denken, wie diese Demokratie funktioniert und warum sie sowohl eine Beleidigung für die Russen als auch eine Aufforderung zu weiteren Angriffen darstellt.

Die Soldaten und die Politiker waren erschöpft. Das Unternehmen Thunderbolt war, wie einer sagte, »nur ein Kommandounternehmen, das zufällig ein bißchen weiter entfernt stattfand.« Aber es hatte das Gewissen derjenigen belastet, die die Entscheidungen getroffen hatten. Während es ablief, fanden sich alle zu einem tüchtigen, schlagkräftigen Team zusammen.

Als es beendet war, kamen alte Argumente wieder ans Tageslicht, Argumente, die Israels Feinde veranlassen, den Staat in Krisenzeiten zu unterschätzen. Gewiß hat die Gewohnheit, anstehende Probleme demokratisch zu lösen, zur besten Regelung des Falles Flugnummer 139 geführt. Dennoch ermutigt eine solche Diskussion die Feinde zur Annahme, daß die Gemeinsamkeit beim nächsten Mal zusammenbrechen werde.

Die Feinde können nicht begreifen, welch wichtige Rolle tiefe Gefühle spielen. Der Romantizismus ist Israels entscheidende und wirkungsvollste Waffe.

Diese Sabra-Mentalität – außen stachlig und innen weich – kommt am besten in den Erlebnissen einer heilen israelischen Familie zum Ausdruck, die auf dem Flug 139 gefangengenommen wurde. Sie mußte sich wieder an die Tage der Progrome und der Konzentrationslager erinnern. Es war die Familie Davidson, Uzi, der Vater, Sara, die Mutter, und die beiden Söhne Roni (17) und Benny (13).

Sara, die Mutter, ist eine hübsche und unerschrockene junge Frau, die sich weder vor körperlichen Schmerzen noch intellektuellen Herausforderungen fürchtet. Das bewies sie im Gespräch mit einem Deutschen, der seine Waffe auf ihren Kopf gerichtet hielt. Hier einige Auszüge aus ihrem Tagebuch und dem ihres Mannes. Sie wurden mit der ersten »Hercules« zurückgebracht.

»Uzi sieht mich an, und ich sehe Uzi an. Als ob wir uns verständigt hätten, sagten wir zu den Jungen: ›Wir werden nicht sterben. Wir werden nach Hause fahren, nach Israel. Wir bleiben für immer zusammen.‹

Ich sagte ›zusammen‹ und bekam plötzlich fürchterliche Angst . . . man sagt etwas und begreift erst hinterher, wie wichtig dieses ›zusammen‹ ist und welche Gefahren auf uns lauern, wenn wir getrennt werden und dieses ›Zusammensein‹ zerstört ist.

Die ganze Familie verstand. Ohne ein Wort schmiegten wir uns aneinander, ganz wir selbst, und schützten uns gegenseitig. Uzi war wie der Kommandant einer kleinen Einheit. Er flüsterte: ›Wenn sie die Männer von den Frauen trennen, bleibt ihr Jungen dicht bei Mutter, immer bei Mutter. Du, Ron, bist der ältere, du verstehst schon.‹

Meine kleinen Männer, Ron und Benny. Gestern waren sie noch meine kleinen Kinder.

Nicht jeder kann ruhig bleiben. Unsere Kinder sind ruhig und traurig. Aus verschiedenen Richtungen hörte ich hysterische Stimmen: ›Sie werden uns töten, sie werden uns niedermetzeln. Sie warten nur darauf, uns abzuschlachten.‹

Mit dem deutschen Entführer hatte ich ein langes Gespräch. Ich fragte ihn: ›Woher wußten Sie, daß der Pilot wirklich nach Benghasi flog, nachdem wir in Athen gestartet waren? Er hätte vortäuschen können, daß er Ihren Anweisungen folgte, tatsächlich aber in Lod oder sonstwo landen können.‹ Er schaute mich an, lächelte und sagte dann: ›Ich habe dieses Fach in einigen arabischen Ländern gründlich studiert. Ich habe monatelang gelernt, wie man Karten und Instrumente liest. Ich wußte immer, wo das Flugzeug war.‹

Er schwieg und sagte dann: ›Ihr Land ist schön, wirklich schön.‹ Ich fragte: ›Sind Sie dort gewesen?‹ Er antwortete nicht, anstelle einer Erwiderung lächelte er abermals. Ich sagte: ›Vielleicht hätte ich Sie das nicht fragen sollen.‹ Und er lächelte wieder.

Der deutsche ›Kapitän‹ verlas eine Erklärung: ›Die Franzosen sind die Feinde der Araber. Sie haben Israel einen Atomreaktor geschenkt. Die Amerikaner sind Feinde der Araber. Sie haben Israel mit mörderischen Waffen versorgt. Aber der Hauptfeind ist Israel, sind die Israelis.‹

Nette Aussichten! Wir wurden, getrennt von den anderen, auf unser Schicksal vorbereitet. Der ›Kapitän‹ beruhigte uns. ›Ihnen wird nichts geschehen. Die Geschichte der Entführungen beweist, daß wir die Passagiere nicht töten. Wir werden verhandeln. Wir stellen Forderungen. Wenn sie erfüllt werden, werden wir Sie freilassen und Sie können nach Hause zurückkehren.‹

Das Klatschen bringt mich um. Es bringt mich zur Weißglut. Jedesmal, wenn der ›Kapitän‹ spricht – Klatschen. Jedesmal, wenn Idi Amin erscheint – stürmischer Applaus. Ich bin keine Heldin, aber ich würde alles tun, um Uzi und die Jungen zu retten. Was ich aber wirklich tun möchte, kann ich nicht tun, nämlich aufstehen und Idi Amin oder die Terroristen anbrüllen: ›Ich halte Sie für den letzten Dreck! Ich bin Jüdin, ich bin Israeli!‹ Aber so lange wir uns ein wenig menschliche und nationale Würde bewahren können – wo ist da der Punkt, an dem wir uns selber erniedrigen, indem wir sie mit Händeklatschen begrüßen? Wir müssen Amin gegenüber Respekt zeigen; denn wir sind in seiner Hand, und er kann unser Schicksal entscheiden. Respekt – gut. Aber kein Kriechen, nicht diese Selbsterniedrigung! Unter diesen Umständen scheint es schwer zu sein, die menschliche und jüdische Würde aufrecht zu erhalten.«

Auch Uzi Davidson machte sich Notizen: »Während der letzten Nacht unserer Gefangenschaft las ich über Winston Churchill, und draußen hörte ich zwei oder drei Schüsse. Dann noch einen Einzelschuß. Ich hob den Kopf und sah, daß die Entführer von ihren Plätzen aufsprangen. Wir waren am Rande der Halle. Ich hatte keine Ahnung, was los war. Ich glaubte, daß ein ugandischer Soldat sein Gewehr zufällig abgefeuert hatte. Ich fürchtete, es werde Ärger geben. Ich verlor jedes Zeitgefühl, aber ich glaube, innerhalb von zwei Sekunden hatte ich die Familie bei den Ruheräumen versammelt. Dort gab es eine Mauer, hinter der wir Deckung nehmen konnten. Ich hielt es für besser, dort Schutz zu suchen. Ich weiß nicht, wie lange wir dort gelegen haben. Es dürften Minuten gewesen sein. Mir kam es vor wie fünf Jahre, die kein Ende nehmen wollten.

Draußen gab es ein gewaltiges Getöse mit Schüssen und Explosionen. Wir wechselten kein Wort. Die Terroristen sah ich nicht. Irgend jemand in der Halle stand auf und rief: ›Ja, ja, israelische Soldaten, israelische Soldaten!‹ Und während ich mich noch wunderte, warum der Mann einen solchen Unsinn rief, bot sich mir der schönste Anblick, den ich je im Leben hatte. Dicht bei uns stand ein israelischer Soldat, einwandfrei yemenitischer Herkunft – klein und dünn, mit einem Kalachnikov-Gewehr, das für ihn zwei Nummern zu groß war. Er wirkte so gelassen, als hätte er mal hereingeschaut, um uns zu einem Drink einzuladen, nur mal so. Er sagte: ›Shalom, Leute. Es ist alles in Ordnung. Stehen Sie in Ruhe auf und kommen Sie mit mir. Wir bringen Sie nach Hause.‹

Es schien unwirklich und unmöglich. Ich wußte nicht genau, ob ich träumte oder nicht, ob ich Tagträume hatte oder in einem surrealistischen Drama mitspielte. Doch die ruhige Stimme war so überzeugend, so einfach, so undramatisch, daß wir aufstanden, ihm zum Flugzeug folgten und ruhig an Bord gingen, wie er es empfohlen hatte.

Gerüchtemacherei. Die Ugander zogen draußen Leinen. Was sollte das bedeuten? Ein Gerücht besagt, daran sind ›Wanzen‹ angebracht, mit denen man alles abhören will, was wir sagen. Das Gelände sei für eine Minenfalle vorbereitet, meint ein anderer ›Bericht‹. Da kam ein ugandischer Soldat und sagte: ›Wir haben Leinen gezogen, damit Sie Ihre Wäsche aufhängen können. Alle Frauen können im Waschraum ihre Wäsche waschen und sie draußen aufhängen.‹ Was für eine Erleichterung! Keine Minen, keine ›Wanzen‹, nur Wäscheleinen. Das ist ein menschlicher Zug.

Der ›Kapitän‹ lächelte mich an. Ich nahm meinen Mut zusammen und ging auf ihn zu. Er war nicht nervös. Ich fragte, was aus unserem Gepäck geworden wäre.

Er erklärte mir, daß wir es von ihm aus haben könnten, aber die Koffer seien innerhalb des Flugzeuges in Spezialcontainern, und in Entebbe gäbe es keine Einrichtungen zur Entladung. Er sprach ganz freimütig. Ich dachte: Sollte ich aufhören? Weitermachen? Irgend etwas an ihm ermutigte mich, weiter zu reden. Ich sagte: ›Wie können Sie uns unter solchen Bedingungen leben lassen, ohne Matratzen, ohne Decken, so zusammengepfercht?‹ Er holte ein Stück Papier und einen Kugelschreiber heraus und notierte sich meine Bitten: Matratzen, Decken, Seife und Waschpulver sowie gründliche Reinigung der Toiletten. Er versprach mir, sich darum zu kümmern. Aber hier hatte er nichts mehr zu sagen, nur in der Luft war er der Anführer gewesen. Hier waren die Araber die Bosse, und er hatte als Soldat ihren Befehlen zu gehorchen.

Der Mann weckte mein Interesse. Für mich hatte er etwas Geheimnisvolles. Von ihrem Standpunkt aus konnte ich die Palästinenser verstehen. Aber er, ein Deutscher, der den Eindruck eines wohlerzogenen und intelligenten jungen Mannes machte? Ich fragte ihn: ›Warum sind Sie hier?‹ Er zögerte einen Augenblick und antwortete dann ausführlich. Er glaube an die Rechte des palästinensischen Volkes. Die Palästinenser seien ein unglückliches Volk, weil sie keine Heimat hätten. Er müsse ihnen helfen. Darum sei er hier, und er sei bereit, alles zu tun, um diesem unglücklichen Volk zu helfen.

Ich sagte: ›Nehmen wir einmal an, daß Sie, die Volksfront und alle anderen Feinde Israels in den arabischen Ländern oder sonstwo es schaffen, Israel zu zerstören, was Gott verhüten möge, und die überlebenden Juden würden wieder über die ganze Welt zerstreut – was würden Sie tun? Flugzeuge entführen, damit das jüdische Volk wieder in seine Heimat zurückkehren kann? Oder tun Sie das nur für die Palästinenser?‹

Er sagte: ›Ich stimme Ihnen zu, daß die Juden einen eigenen Staat haben sollten.‹

Ich sagte: ›Sind Sie für die Existenz des Staates Israel?‹

Er sagte: ›Ja, gewiß. Aber entweder sollte ein palästinensischer Staat neben Ihrem gegründet werden oder Sie sollten mit den Palästinensern gemeinsam in einem Staat leben.‹

Ich sagte: ›Das widerspricht dem Konzept der Leute, für die Sie arbeiten und für die Sie Ihr Leben aufs Spiel setzen. Die sind nicht bereit, die Existenzberechtigung des Staates Israel anzuerkennen.‹

Er antwortete: ›Ich bin nicht der Sprecher der Volksfront. Ich habe meine eigenen Ansichten. Haben Sie jemals gesehen, wie die Menschen in einem palästinensischen Flüchtlingslager leben? Haben Sie die Kinder gesehen?‹

›Irgendwann‹, erwiderte ich, ›wird man für das Nahostproblem eine Lösung finden. Der Krieg kann nicht endlos weitergehen. Was werden Sie dann machen? Wo gehören Sie hin?‹

Er war fast beleidigt. ›Ich bin Deutscher und liebe mein Vaterland. Aber nicht so, wie es jetzt ist. Ich wünsche mir ein anderes Deutschland. Ich lebe im Untergrund, bin ständig auf der Flucht. Die deutsche Polizei sucht mich überall. Ich weiß, daß mein Leben entweder mit einer Kugel im Kopf enden wird oder daß ich lange Jahre hinter Gittern sitzen muß. Ich habe das Gefühl, daß ich bald sterben werde . . . Es wird sehr schnell kommen.‹

Ich sagte: ›Sie verschwenden sich, junger Mann. Sie sind hochintelligent. Wenn Sie etwas Nützliches studieren würden, könnten Sie der Menschheit weit besser dienen als mit Flugzeugentführungen. Sie haben sich in einem Netzwerk verstrickt, in dem Sie Ihre Kräfte sinnlos vergeuden.«

Er rechtfertigte sich: »Ich habe eine Menge gelernt, obwohl ich noch jung bin.‹

›Mag sein‹, sagte ich. ›Aber Sie vergeuden sich selber. Sie machen nicht den richtigen Gebrauch davon.‹

Er schwieg.

Ich sagte: ›Mal ehrlich. Wie fühlen Sie sich, wenn Sie hier mit erhobener Maschinenpistole vor Frauen und spielenden Kindern stehen? Wenn Sie uns bekämpfen müssen – wir haben doch Soldaten. Warum kämpfen Sie nicht gegen unsere Soldaten?‹

Er senkte den Blick. ›Glauben Sie mir, ich fühle mich miserabel, wenn ich Sie und die Kinder vor mir sehe . . .‹

Jahrelang konnte ich die Massenvernichtung der Juden nicht begreifen. Jahraus, jahrein habe ich gelesen, was darüber geschrieben wurde, habe die Filme gesehen, die grausigen Zeugenaussagen gehört. Ich konnte es nicht verstehen. Warum gingen die Juden so willig in die Gaskammern? Warum gingen sie wie die Schafe zur Schlachtbank, wenn sie doch nichts zu verlieren hatten? Ich brauchte diesen Alptraum von Entebbe, um es zu fassen. Und jetzt, aber erst jetzt, begreife ich. Es ist so leicht, Menschen zu betrügen, wenn sie am Leben bleiben wollen. Die Juden in den Massenvernichtungslagern wußten nicht, was ihnen bevorstand. Sie glaubten die Lügen von Arbeitslagern und

Baderäumen. Wir waren genauso leicht zu täuschen. Die deutsche Frau war wie ein wildes Tier. Frustriert in ihrer Persönlichkeit und auch als Frau. Aber sie war nicht so gefährlich, weil sie keine Maske trug und leicht zu durchschauen war. Es wäre mir niemals in den Sinn gekommen, mich mit ihr zu unterhalten. Sie war eine offene Feindin.

Der Deutsche gab sich freundlich. Er verbarg seine Feindschaft. Er verstellte sich, um seine Opfer glauben zu machen, daß er es gut mit ihnen meine. Er war so freundlich, so ruhig, so leutselig. Nach der Unterhaltung mit ihm ertappte ich mich bei dem Gedanken: Ich glaube ihm! Er hat es geschafft, dich zu täuschen! Wenn er befohlen hätte, in die Richtung zu marschieren, wo seine Kollegen mit Maschinenpistolen standen, um uns niederzumähen – wir wären gegangen. Weil er sich lächelnd verstellen konnte. Er ließ keine Gelegenheit aus, uns zu trösten: ›Sie haben keine Schuld. Sie sind in Ordnung. Ihnen wird nichts geschehen. Regen Sie sich nicht auf. Ihre Regierung wird einem Austausch zustimmen, und Sie fahren nach Hause.

Weil wir glauben wollten, daß er anders war als die anderen, besser und gutmütiger, glaubten wir ihm. Es ist leicht, zu glauben. Wenn die Sache anders verlaufen wäre, hätte keiner den ›guten Deutschen‹ drängen müssen, seine Kugeln auf unsere Kinder abzufeuern und uns mit Granaten und Sprengstoff in die Luft zu jagen.

Zum erstenmal habe ich begriffen, wie die Massenvernichtung der Juden möglich war.«

Saras letzte Eintragung lautete:

»Es gibt einen Vers: ›Gottes Erlösung kommt mit einem Augenzwinkern.‹ Als wir hörten, daß plötzlich geschossen wurde, sprach ich das ›Slima Yisrael‹ wie jeder Jude, wenn seine Stunde gekommen ist.

Dann sprang ein Soldat auf mich zu und sprach mich auf hebräisch an. Mich überlief eine Gänsehaut. Ich würde nicht sterben, sondern leben und Gottes Güte verkünden.«

Israels Ablehnung, unschuldige Menschen gegen Terroristen auszutauschen, hatte zu den neunzig Minuten von Entebbe geführt. Drei Tage später gelang ausgerechnet den Frauen, deren Freilassung die Entführer des Flugs Nr. 139 gefordert hatten, die Flucht aus einem gut bewachten Gefängnis.

Der internationale Terrorismus hatte wieder einmal Israels Isolation im

Kampf gegen die weltweite Verschwörung aufgezeigt, die sich die Vernichtung der bürgerlichen Gesellschaft zum Ziel gesetzt hatte.

Eine der Terroristinnen, deren Freiheit gegen das Leben unschuldiger Bürger gefordert wurde, war Inge Viett.

Als der Erpressungsversuch von Entebbe gescheitert war, wurde Inge Viett von einer anderen internationalen Terroristengruppe befreit. Pistolen waren in ihre Zelle geschmuggelt worden. Inge Viett und drei andere deutsche Terroristinnen überwältigten ihre Wärterinnen in West-Berlin und entkamen aus dem Gefängnis in die Nacht.

»Ich bin sprachlos«, sagte Justizsenator Hermann Oxfort in West-Berlin. Das ist verständlich. Oxfort trat inzwischen zurück.

Inge Viett war als Terroristin verhaftet worden. Sie wurde beschuldigt, Beihilfe bei der Entführung von Peter Lorenz, dem damaligen CDU-Fraktionsvorsitzenden im westberliner Abgeordnetenhaus, geleistet zu haben, um die Freilassung von fünf inhaftierten Anarchisten zu erzwingen. Lorenz war so lange mit einer möglichen Hinrichtung bedroht worden, bis die Anarchisten freigelassen und auf Kosten der Bundesrepublik Deutschland im Luxus-Flugzeug in die Freiheit des Süd-Jemen ausgeflogen wurden.

Die Niederlage, die der internationale Terrorismus durch das Unternehmen Thunderbolt erlitt, war nach dem Entkommen der Inge Viett nicht mehr so schlimm. Mit ihren Komplizen zusammen hatte sie binnen 48 Stunden Europa verlassen, rechtzeitig, um lesen zu können, daß die Debatte vor dem Weltsicherheitsrat der Vereinten Nationen eröffnet worden war, in deren Verlauf Israel der »offenkundigen Verletzung ugandischen Hoheitsgebiets« angeklagt wurde.

Daß diese im Nachhinein nicht der Ironie entbehrende Debatte und der Ausbruch der Terroristinnen gleichzeitig abliefen, mag künftigen Geschichtsschreibern unvermeidlich vorkommen. Inge Viett, der Schakal, Dr. Hadad und der in Entebbe getötete Terroristenführer dürfen sich damit trösten.

Die Debatte wurde in vielen Teilen der Welt als eine Art Rechtfertigung Israels begrüßt. Das ist sicher ein Maßstab dafür, wie korrupt die internationale Moral ist. In den neun Jahren nach dem Sechs-Tage-Krieg war praktisch jede Resolution der Vereinten Nationen, die sich gegen den jüdischen Staat richtete, angenommen worden, außer im Weltsicherheitsrat, wo das Veto der Vereinigten Staaten Israel vor dem Ausschluß bewahrt hatte.

In der Woche nach Entebbe versuchte es der mächtige antiisraelische Block in der UNO noch einmal. Ein Antrag, Israel durch die Organisation der Afrikanischen Union verurteilen zu lassen, scheiterte mangels Unterstützung. Der Sicherheitsrat war zuletzt nicht mehr in der Lage, sich gegenüber dem politischen Terrorismus blind zu stellen. Aber er war zu sehr eingeschüchtert, als daß er etwas gegen den Terrorismus gesagt hätte.

»Israel wurde nicht verurteilt und ist damit gerechtfertigt«, lautete das Argument jener, die das Ergebnis als Sieg bewerteten.

Israel wurde nicht verurteilt! Welch ein trauriges Zeugnis internationaler Moral! Werte wurden heruntergestuft. Frieden um jeden Preis ist jetzt das Ziel eines Weltforums, das nach der Massenvernichtung der Juden entstanden war, um die Menschlichkeit zu bewahren, nicht um sie für das Überleben um jeden Preis zu opfern.

Israels Gefühl des Isoliertseins vertiefte sich nach dem Spruch des Sicherheitsrates. Ich fühlte mich an die Worte eines stellvertretenden israelischen Luftwaffen-Kommandanten erinnert. Er saß hinten im Cockpit des Jets, während ich über der Wüste kreiste, wo Salomon damals die Tempel niedergerissen hatte.

Yerucham Amitai sagte über die Bordsprechanlage: »Glauben Sie, daß wir das noch einmal machen würden?«

»Ich glaube wohl«, antwortete ich. Wir flogen zu einer Zeit, als der Terrorismus neue Wege gefunden hatte, um sich in den israelischen Staat hineinzufressen. Der Zermürbungskrieg. Etwas, womit keiner richtig umgehen konnte; denn im Kampf gegen einen solchen Terrorismus bestand die Gefahr, daß man selber das Gefühl für Recht und Unrecht verlor.

»Sie haben recht«, antwortete Amitai. »Wir würden niemals eine neue Zerstörung zulassen.«

Amitai hatte die Todeslager überlebt, und nun flog er für Israel. Er hatte mir von Warschau erzählt, vom Leben im Untergrund, von seiner Flucht vor den Nazis. Er hatte in Palästina als Maurer gearbeitet, um das Geld für eine Pilotenausbildung zu verdienen. Er brachte es zu solcher Meisterschaft, daß er fast alle Flugzeuge einfliegen konnte. Er bildete Ugandas Luftwaffe aus, die Flieger von Singapur und die anderer kleiner Staaten. Es wurde für ihn zu einer Aufgabe, die Schwachen zu lehren, wie sie sich vor den Starken schützen konnten. Sein Tod bei einem sinnlosen Absturz hinterließ in mir ein Gefühl der Leere. Seine Geschichte verfolgte mich. Doch hätte ich ihm gegenüber niemals das Gefühl der Unterlegenheit vor einem unbeugsamen Beschluß in Worte fassen können.

Was hätten die Toten dazu gesagt?

Amitas hätte sich die Reden vor dem Sicherheitsrat angehört und die Achseln gezuckt.

»Wir sind von niemandem abhängig«, hätte er gesagt und seine Worte mir gegenüber wiederholt. »Wenn Israel sich selber nicht mehr schützen kann, hat es seine Bedeutung verloren. Wir sind zu aggressiver Verteidigung gezwungen worden, und die Einsätze werden immer höher. Am Ende werden wir entscheiden müssen, ob wir nicht eher den Tempel der Menschlichkeit einreißen sollten, ehe daß wir auch nur ein einziges Mitglied der Familie den Henkern ausliefern. Unter allen Umständen überleben zu wollen, ist am Ende kein Überleben. Und wir alle, gleich welcher Rasse, wären keinen Pfifferling wert, wenn wir unser Leben auf Kosten unseres Gewissens erkaufen würden.«

Debatte vor dem Sicherheitsrat der Vereinten Nationen

(Auszüge aus den offiziellen Sitzungsprotokollen vom 9., 12. und 13. Juli 1976 in New York City)

Oberstleutnant Juma Oris Abdall, Außenminister: Die Delegation von Uganda möchte der Organisation der Afrikanischen Union ihren Dank dafür aussprechen, daß sie darum ersucht hat, den Weltsicherheitsrat einzuberufen, um über die Aggression des zionistischen Israel gegen die Souveräntät und die territoriale Unabhängigkeit Ugandas zu beraten. Meine Delegation möchte auch Ihnen, Mr. President, und allen anderen Mitgliedern des Sicherheitsrates dafür danken, daß sie zugestimmt haben.

Am 28. Juni 1976, um etwa vier Uhr ostafrikanischer Zeit, zehn Uhr mitteleuropäischer Zeit, wurde Seine Exzellenz Al Hajji, Feldmarschall Dr. Idi Amin Dada, V.C., D.S.O., M.C., Präsident der Republik Uganda, durch einen Anruf vom Kontrollturm Entebbe darüber informiert, daß ein entführtes französisches Flugzeug mit 250 Personen an Bord über Entebbe kreiste, nur noch für fünfzehn Minuten Treibstoff hatte und um Landeerlaubnis nachsuchte.

Präsident Amin war im Zwiespalt. Er konnte die Landeerlaubnis verweigern und damit die Wahrscheinlichkeit eines Absturzes und damit des Todes aller an Bord befindlichen Menschen riskieren. Oder er gab die Erlaubnis zur sicheren Landung in Entebbe und sah sich damit den Konsequenzen einer Luftpiraterie-Aktion gegenübergestellt.

Indem Präsident Amin alle diese Fakten in Betracht zog und sich von humanitären Gesichtspunkten leiten ließ, entschied er, dem Flugzeug die sichere Landung auf dem Flughafen von Entebbe zu gestatten. Ein Aufgebot von Sicherheitsstreitkräften wurde bereitgestellt, um möglichen Gefahren vorzubeugen. Um eine Beeinträchtigung des normalen Luftverkehrs zu vermeiden und um den ugandischen Behörden die Möglichkeit zu geben, Art und Herkunft der Entführer zu untersuchen, wurde das Flugzeug beim alten Flughafengebäude, das ungefähr eine Meile entfernt liegt, eingewiesen.

Es dauerte mehrere Stunden, bevor der erste Kontakt mit denen, die das Flugzeug in ihrer Gewalt hatten, hergestellt werden konnte. Dann erfuhren die ugandischen Behörden, daß die Flugzeugentführer Mitglieder der Volksfront zur Befreiung Palästinas (PFLP) waren, und daß sie mehr als 250 Geiseln verschiedener Nationalitäten und unterschiedlicher Altersgruppen an Bord hatten. Die Entführer erklärten, daß niemand in die Nähe des Flugzeugs kommen dürfe. Welche Sicherheitsvorkehrungen die ugandischen Behörden auch immer beabsichtigten, kein Beamter durfte einen Umkreis von fünfzig Metern um das Flugzeug betreten. Nach einer weiteren Kontaktaufnahme mit den Entführern gelang es dem Präsidenten von Uganda, sie zu überzeugen, daß die Geiseln mit Erfrischungen versorgt werden müßten. Zu diesem Zeitpunkt informierten die Entführer die ugandischen Behörden, daß sie weitere Informationen von ihren Anführern abwarten müßten. Zu diesem Zweck forderten sie, daß die Tatsache ihres Aufenthalts in Entebbe veröffentlicht werde. Zum selben Zeitpunkt gaben sie eine lange Erklärung über die allgemeine Politik der PFLP ab und forderten eine möglichst weite Verbreitung. Wegen des Wohlergehens der Geiseln besorgt, stimmten die ugandischen Behörden zu. Die Erklärung wurde wiederholt über Radio Uganda ausgestrahlt und in der lokalen Presse veröffentlicht, um die Entführer zufriedenzustellen.

Anfangs war es die Absicht der ugandischen Behörden, die Entführer mit Treibstoff und Nahrungsmitteln zu versorgen und sie zu bitten, anderswohin weiterzureisen. Sie waren entschieden abgeneigt. Sie lehnten es ab, irgendwohin weiterzureisen, ehe sie Kontakt mit ihren Anführern aufgenommen hatten und ehe die Motive für ihre Tat publiziert worden waren. Diese Situation änderte sich während des ganzen Tages nicht. Währenddessen führte Präsident Amin persönlich sehr schwierige und taktvolle Verhandlungen mit dem Ergebnis, daß die Geiseln, die weiter von den Entführern bewacht wurden, das Flugzeug verlassen und sicher in das alte Flughafengebäude übergeführt werden durften. Dieser Vorgang war äußerst schwierig, weil er zu einem Zeitpunkt durchgeführt wurde, als die Entführer sehr reizbar und mißtrauisch geworden waren, weil sie befürchteten, die ugandischen Behörden wollten sie entwaffnen. Es bedeutete auch, daß das Flugzeug so nahe wie möglich an das alte Abfertigungsgebäude herangebracht werden mußte. Außerdem verlangten die Entführer, daß sie die Abflughalle und das übrige Gebäude durchsuchen konnten, um sich von ihrer und ihrer Geiseln Sicherheit zu überzeugen. Einige von ihnen bestiegen wieder das Flugzeug und brachten an strategisch wichtigen Stellen Sprengladungen an. Dann verlangen sie den Rückzug der ugandischen Sicherheitskräfte bis auf 200 Meter vom Flughafengebäude.

An diesem Punkt ist es wichtig, zu erwähnen, daß die Entführer außer über hochexplosiven Sprengstoffen und Handgranaten auch über automatische Schußwaffen verfügten. Wie Uganda in mehreren Kommuniques klargestellt hat, gestatteten die Entführer den ugandischen Streitkräften nicht, sich dem Flughafengebäude zu nähern. Das war ein Teil der Abmachung. Als jedoch die Geiseln und ihre Entführer im Flughafengebäude waren, wurden den Geiseln nach neuerlichem Feilschen weitere Erleichterungen zuteil, wie zum Beispiel die Versorgung mit Nahrungsmitteln und Medikamenten sowie anderen willkommenen Bedarfsartikeln, die von einigen Zivilisten verteilt wurden, während die Verhandlungen mit den Entführern weitergingen.

Fast den ganzen 29. Juni 1976 verbrachte man damit, die Modalitäten für konkrete Verhandlungen herauszufinden. Außerdem wartete man darauf, die genauen Wünsche der Entführer zu erfahren. Gegen Abend schlugen die Entführer den somalischen Botschafter in Uganda in seiner Eigenschaft als Doyen der Arabischen Liga als ihren Sprecher vor. Im Laufe des Tages hatten die Entführer einen Fragebogen bei den Geiseln herumgehen lassen, um Informationen über Nationalität, Beruf und Alter zu erhalten. Die Forderungen der Entführer waren am Abend noch nicht bekannt. Ebenfalls während dieses Tages akzeptierten die Entführer auf Ersuchen der ugandischen Behörden, daß zusätzlich zur Versorgung mit Nahrungsmitteln, für diejenigen Geiseln, die ärztliche Hilfe brauchten, ein Team mit einem Arzt und einem Krankenpflegestab zugelassen wurde.

Auf Anraten des Medizin-Teams und aufgrund der hartnäckigen Bitten von Präsident Amin stimmten die Entführer am 30. Juni zu, 47 Geiseln, Alte, Kranke und Kinder, zu entlassen. Am selben Tag gaben die Entführer zum ersten Mal ihre Forderungen bekannt. Sie verlangten die Freilassung von bestimmten Personen, die in Israel, Deutschland, Frankreich, der Schweiz und in Kenia in Haft saßen, insgesamt 53 Personen. Die Forderung wurde sowohl dem somalischen Botschafter als auch den ugandischen Behörden übergeben. Die ugandischen Behörden wiederum übergaben sie dem französischen Botschafter. Bei dieser Gelegenheit setzten die Entführer ein neues Ultimatum für den 1. Juli, 14 Uhr Ostafrika-Zeit, 11 Uhr mitteleuropäischer Zeit fest. Bis zu diesem Zeitpunkt sollten alle Personen, deren Freilassung gefordert worden war, nach Entebbe gebracht und gegen die Geiseln ausgetauscht werden.

Am 1. Juli 1976, an dem Tag, auf den das Ultimatum zur Freilassung der 53 Personen, die angeblich von den fünf oben erwähnten Regierungen in

Gewahrsam gehalten wurden, festgesetzt worden war, gelang es Präsident Amin nicht nur, die Entführer zu überreden, das Ultimatum bis zum 4. Juli 1976 zu verlängern. Er bat auch weiterhin um die Freilassung der verbleibenden Geiseln.

Die Antwort der Entführer bestand in der Freilassung von 100 Geiseln, die nicht israelische Staatsbürger waren oder eine doppelte Staatsangehörigkeit besaßen, und der Festlegung des Ultimatums auf den 4. Juli 1976, 11 Uhr mitteleuropäischer Zeit, um die Forderungen der Entführer durchführbar zu machen. Bis zu diesem Zeitpunkt hatte Präsident Amin persönlich, wie man sehen kann, alles getan, um die Entführer zur Freilassung der Geiseln zu überreden. Er hatte tatsächlich während der ganzen Zeit nicht geschlafen. In Anerkennung seiner Bemühungen erhielt er einige Botschaften von den Mächtigen der Welt wie zum Beispiel vom französischen Staatschef. In zwei Depeschen innerhalb von zwei Tagen drückte er seine tiefe Wertschätzung für Präsident Amins unentwegte Bemühungen um die Freilassung der Geiseln aus und forderte ihn auf, fortzufahren, damit alle Geiseln befreit werden konnten.

Am 2. Juli 1976 mußte Präsident Amin nach Mauritius reisen. Er mußte dort die dreizehnte Sitzung der Versammlung der Staats- und Regierungschefs der Organisation der Afrikanischen Union eröffnen. Er mußte auch den Vorsitz dieser Organisation seinem Nachfolger übergeben. Während seines Aufenthaltes in Mauritius ergriff Präsident Amin die Gelegenheit, seine Kollegen von seinen Bemühungen um die Befreiung der Geiseln in Kenntnis zu setzen. In seine Erklärung schloß Präsident Amin einen Aufruf an alle beteiligten Regierungen ein, alles nur Menschenmögliche zu tun, um das Leben der verbliebenen Geiseln zu retten. Er benutzte die Gelegenheit auch, um den Generalsekretär der Vereinigten Nationen, Dr. Kurt Waldheim, zu unterrichten, und zwar in allen Einzelheiten. Gleichzeitig bat er ihn, seine guten Beziehungen zu den betroffenen Regierungen zu nutzen, um ihnen den Ernst und die Dringlichkeit der Sache darzulegen.

Wegen der schwierigen Lage in Uganda brach Präsident Amin seinen Aufenthalt in Mauritius vorzeitig ab und kehrte am frühen Abend des 3. Juli 1976 zurück. Sofort nach seiner Rückkehr nahm der Präsident den Kontakt mit allen Beteiligten, auch den Geiseln, wieder auf. In Anwesenheit des somalischen Botschafters sprach er zum drittenmal zu den Geiseln und versicherte ihnen, daß er sich weiter unermüdlich dafür einsetzen werde, ihre Freilassung zu sichern. Besonders dankte der Präsident bei dieser Gelegenheit den Geiseln, die ihm im Laufe des Tages eine Botschaft geschickt hatten, in der sie seine Bemühungen für sie würdigten.

Kaum war Präsident Amin zur Ruhe gekommen, da landeten auch Israels Angriffstruppen in Entebbe. Sie, Mr. Präsident, wurden darüber in einer Botschaft unterrichtet, die Ihnen mein Präsident am 4. Juli am 21.20 Uhr mitteleuropäischer Zeit zugehen ließ. Völlig überraschend und ohne Erlaubnis der Regierung von Uganda waren drei zionistische israelische Transportmaschinen auf dem internationalen Flugplatz von Entebbe gelandet. Sofort nach der Landung rollten sie direkt zum alten Flughafengebäude, wo die Geiseln und die Besatzung des französischen Airbus, der während des Fluges zwischen Tel Aviv und Paris entführt worden war, von Palästinensern gefangengehalten wurden. Aus den Flugzeugen fuhren zwei Militär-Jeeps. Die Eindringlinge führten Handgranaten, Maschinengewehre, Bazookas und andere Sprengkörper mit sich. Aufs Geratewohl griffen sie das Flughafengebäude und die ugandischen Soldaten an, die das Gebäude aus einer Entfernung von 200 Metern bewachten. Sie waren, entsprechend den Bedingungen der Entführer, nur mit leichten Waffen ausgerüstet. Als Folge dieses Überfalls auf das Gebäude wurden sieben Entführer, einige Geiseln und eine Anzahl von ugandischen Soldaten getötet, mehrere andere verwundet. Die israelischen Eindringlinge sprengten das alte Flughafengebäude, beschädigten die Rollbahn, zerstörten eine Anzahl ugandischer Flugzeuge und kostspielige Einrichtungen.

Ich möchte die Aufmerksamkeit dieses Rates auf einige Aspekte des israelischen Überfalls lenken, aus denen klar hervorgeht, daß Israel den Überfall nicht ohne Wissen, Mitarbeit und Unterstützung anderer Länder inszeniert hat. Afrika sollte keinem Teil seines Kontinents erlauben, von den zionistischen Israelis und deren imperialistischen Anführern oder Kollaborateuren dazu benutzt zu werden, ein Bruderland anzugreifen. Nach einer Information, die uns vorliegt und von der internationalen Presse bestätigt wurde, hat das zionistische Israel am ersten Tag dieses Monats in Tel Aviv die Invasion in Entebbe beschlossen. Das war genau der Tag, an dem Präsident Amin die Entführer davon überzeugt hatte, das Ultimatum für ihre Forderungen aufzuschieben. Es war ihm ferner gelungen, die Entführer zur Freigabe weiterer Geiseln zu veranlassen.

Die ugandische Delegation hat ferner Kenntnis davon, daß der israelische Plan, Entebbe zu überfallen, schon entwickelt wurde, als das entführte französische Flugzeug noch gar nicht in Uganda gelandet war. Es ist zum Beispiel interessant zu wissen, daß die »Stimme Amerikas« in der Nacht des Überfalls, genau eine Stunde und vierzig Minuten, nachdem israelische Streitkräfte in Entebbe gelandet waren, die Nachricht vom Erfolg des Unternehmens über Funk verbreitete. Das war in der Sendung um 2 Uhr morgens afrikanischer, 23 Uhr mitteleuropäischer Zeit. Alle britischen Sonntagszeitungen, die normalerweise schon um Mitternacht auf der Straße verkauft werden, brachten mit vielen Einzelheiten die Story vom sogenannten erfolgreichen Unternehmen von Entebbe. Der *Sunday Express* schreibt zum Beispiel in der Ausgabe von 2.30 Uhr morgens an diesem Tag voller Freude:

»Ein israelischer Kommandotrupp befreite heute morgen alle Geiseln, die von pro-palästinensischen Guerillas auf dem Flughafen Entebbe, Uganda, gefangengehalten wurden, das teilte ein israelischer Sprecher heute morgen in Tel Aviv mit. Die Besatzung der Air-France-Maschine ist ebenfalls frei, sagte der Sprecher. Explosionen erschütterten den Flughafen Entebbe, nachdem drei israelische Flugzeuge eingefallen waren.«

Ich möchte klarstellen, daß Uganda niemals internationale Piraterie gutgeheißen hat noch gutheißen wird. Es ist daher einfach nicht wahr, was aus führenden israelischen Kreisen zu hören war, daß Uganda mit den Entführern gemeinsame Sache gemacht hat. Die ugandische Regierung wurde in diesen Zwischenfall zufällig und aus rein humanitären Gründen hineingezogen. Vielleicht wäre die Besatzung des französischen Airbus besser in der Lage, uns zu berichten, wie die Flugzeugentführung in Uganda endete. Anhand dessen, was wir aus Presseberichten wissen, gehört der französische Airbus der Air France. Er startete in Tel Aviv zum Flug mit der Nummer 139 nach Paris über Athen. Nach dem Abheben in Athen übernahmen die Entführer das Kommando und zwangen die Piloten, in Benghasi zu landen, von wo die Maschine nach dem Auftanken wieder startete. Die Bitte um eine Landeerlaubnis in Khartum wurde zurückgewiesen. Möglicherweise endete der Flug nur deshalb in Entebbe, weil nur noch für fünfzehn Minuten Treibstoff vorhanden war. Aus dieser Geschichte kann man schließen, daß die Entführer eigentlich nach Khartum wollten.

Uganda gewährte den Geiseln alle Hilfe und Gastfreundschaft, die möglich war. Die Antwort auf diese humanitäre Geste war der Überfall des zionistischen Israel, einem Werkzeug des Kapitalismus. Die Israelis überfielen Uganda und erreichten damit wieder einmal ihr Niveau von Barbarei und Banditentum. Bei diesem Akt unverhüllter Aggressionen auf Uganda töteten die Zionisten Ugander, die versuchten, die Geiseln zu schützen, und richteten an ugandischen Besitztümern großen Schaden an.

Sieht so ein würdiges Mitglied dieser Organisation aus? Uganda hat seine Ansicht über die Mitgliedschaft Israels bei den Vereinten Nationen vor verschiedenen internationalen Gremien mehrfach dargelegt, zuletzt durch den Antrag von Präsident Amin auf der dreißigsten Sitzung der Vollversammlung.

Wir ersuchen diesen Rat, Israels barbarische, grundlose und unverantwortliche Aggression gegen die souveräne Republik Uganda offen auf das schärfste zu verurteilen. Uganda fordert uneingeschränkte Entschädigung von Israel für Leben und Eigentum, das während des Überfalls vernichtet wurde. Unsere Behörden sind dabei, die Einzelheiten der Schadenersatzforderungen auszuarbeiten.

Ich kann nur hoffen, daß kein anderer afrikanischer Staat durch diese gemeine Affäre mit Argwohn vergiftet worden ist; denn das würde bedeuten, daß keiner auf dem gesamten Kontinent mehr auf das Ideal der afrikanischen Einheit vertrauen oder sich dafür einsetzen könnte. Diese Einheit ist durch den Schweiß, die Intelligenz und das Blut all unserer afrikanischen Brüder geschmiedet worden. Laßt uns, auch wenn wir im Zweifel sind, aus dem heutigen Tag keinen Tag des Mißtrauens machen.

Ich möchte im Namen Präsident Amins, der Regierung und der gesamten Bevölkerung von Uganda am Schluß die Ergebenheit meiner Delegation Ausdruck verleihen, indem ich allen Ländern und Organisationen, besonders der Organisation der Afrikanischen Union, unseren Dank ausspreche dafür, daß sie uns während der unverantwortlichen Aggression gegen die unschuldige Bevölkerung von Uganda Botschaften der Sympathie, der Solidarität und der Hilfsbereitschaft gesandt haben. Wir wissen das sehr zu schätzen.

Chaim Herzog, Israel, Botschafter bei den Vereinten Nationen: Vom rein formalen Standpunkt aus mußte diese Sitzung einberufen werden, weil gegen die Regierung Israels Anklage erhoben worden ist. Lassen Sie es mich trotzdem ganz klar sagen, ich, der ich die Ehre habe, die Regierung Israels zu vertreten, sitze hier nicht auf der Anklagebank. Im Gegenteil. Ich stehe hier als Ankläger im Namen aller freien und anständigen Menschen dieser Welt.

Ich stehe hier als Ankläger gegen die Kräfte des Bösen, die eine Welle von Piraterie und Terrorismus ausgelöst haben, die die Grundlagen der menschlichen Gesellschaft bedrohen.

Ich stehe hier als Ankläger gegen jene üblen Kräfte, die in ihrer angeborenen Feigheit und in ihrer abartigen gemeinen Verhaltensweise schuldlose Reisende und unschuldige Frauen und Kinder, ja, sogar Säuglinge zur Zielscheibe ihrer bösen Vorhaben wählen.

Ich stehe hier als Ankläger gegen die Länder, die aufgrund böser Absichten oder aus Mangel an moralischem Rückgrat mit diesen blutdurstigen Terroristen zusammengearbeitet haben.

Ich stehe hier als Ankläger gegen alle Mächtigen überall in der Welt, die aus Gründen zynischer Zweckmäßigkeit mit dem Terrorismus kollaboriert haben.

Ich stehe hier als Ankläger gegen diese Weltorganisation, die Vereinten Nationen, die wegen der Machenschaften der arabischen Vertreter und deren Helfershelfer nicht in der Lage waren, wirkungsvolle Maßnahmen zu ergreifen, um das Weltübel Terrorismus zu bekämpfen.

Ich stehe hier als Ankläger gegen jene Delegationen dieser Organisation, die zu diesem Streitpunkt geschwiegen haben, zu einem Streitpunkt, der jedes Land dieser Organisation bewegen sollte. Indem sie das taten, machten sie sich zu Komplizen.

Die aufgeklärte Weltöffentlichkeit erhebt heute einen anklagenden Finger gegen die Terroristenorganisationen, die diese Welt tyrannisieren. Und ihre Vertreter haben in der Vergangenheit in diesem Weltgremium Sitz und gleiche Rechte erhalten wie die Mitgliederstaaten. Auf der Anklagebank sitzen alle Länder, die mit den Terroristen zusammengearbeitet, die ihnen geholfen und sie ermutigt haben. Angeklagt sind jene Staaten, die jede internationale Bewegung abgeblockt haben, die sich mit der Plage des Terrorismus, der die Welt bedrängt, auseinandersetzte.

Vor uns auf der Anklagebank sitzen alle Staaten – sie sind viel zu zahlreich –, die Zeter und Mordio schreien, wenn sie von Terroristen angegriffen werden, die vor diesem Sicherheitsrat wettern, wenn ihre Bürger und Diplomaten bedroht werden, die aber schweigen, wenn dasselbe mit Bürgern anderer Staaten passiert. Einige von ihnen besitzen noch nicht einmal den zweifelhaften Anstand, zu schweigen; sie haben die boshafte Unverschämtheit, sich der Verdammung eines Landes anzuschließen, das versucht, solche Handlungen zu verhindern.

Auf der Anklagebank sitzen alle Vertreter jener Staaten, die aufstanden und Beifall klatschten, als ein pistolentragender Terrorist die Halle der Vollversammlung betrat. Derselbe Mann, von dem der Präsident des Sudan sagt, er habe persönlich am 1. März 1973 den Befehl gegeben, die an Händen und

Füßen gefesselten amerikanischen und belgischen Diplomaten im Keller der saudi-arabischen Botschaft in Khatum zu erschießen.

Ja, angeklagt wird dieses verrottete, korrupte, brutale, zynische, blutdürstige Ungeheuer des internationalen Terrorismus und alle, die es auf die eine oder andere Weise unterstützen, durch Billigung oder Duldung. Die normalen, anständigen Menschen, die ihm jetzt begegnen, wollen nichts weiter als ihr Leben leben, frei von Terror und Einschüchterung, frei von den Drohungen der Entführer, von den wahllos geworfenen Bomben der Anarchisten und den Erpressungen durch Kriminelle und Mörder.

Israels Aktion zur Befreiung seiner Geiseln in Entebbe hat eine weltweite Welle der Unterstützung und Zustimmung ausgelöst, wie es sie kaum jemals gegeben hat, aus allen Kontinenten einschließlich Afrika, aus allen Bevölkerungsschichten, aus Ländern, die Israel feindlich oder freundlich gegenüberstehen. Der einfache Mann und die Frau auf der Straße haben sich hinter uns gestellt und dem Gespenst des Terrors ein »Genug!« entgegengerufen. Sie haben ein »Genug!« dieser Weltkörperschaft aus unfehlbaren Demokraten entgegengeschrien, die bei so vielen Gelegenheiten moralische Feigheit und zynisches Zweckdenken vereint hat, um sich selber in die Tiefe zu zerren, in die sie gesunken ist.

In mehr als einer Hinsicht wird diese Organisation heute angeklagt. Die Menschheit wird sie nach ihrem Verhalten in dieser Angelegenheit bemessen, weil es nie einen klareren Tatbestand gab. Nie war eine Streitfrage so scharf umrissen. Vor der Geschichte wird es für dieses Gremium, für seine ernannten Mitglieder, keine Entschuldigung geben, wenn der Terrorismus nicht verdammt wird. Die Streitfrage vor dieser Körperschaft ist nicht, was Israel auf dem Flughafen von Entebbe getan hat. Die Streitfrage vor dieser Körperschaft ist deren eigene Zukunft in den Augen der Geschichte.

Der Vertreter Ugandas hat sehr geflissentlich den Hauptstreitpunkt ausgelassen. Lassen Sie mich über den Ablauf der Ereignisse berichten.

Am Samstag, dem 27. Juni 1976 wurde ein Airbus der Air France, Flugnummer 139, auf der Route von Tel Aviv nach Paris von einer Terroristengruppe der Palästinensischen Befreiungsorganisation (PLO) entführt. An Bord befanden sich 256 unschuldige Passagiere und zwölf Besatzungsmitglieder.

Die Terroristen profitierten von den laxen Sicherheitsvorkehrungen auf dem Flughafen von Athen und brachten Pistolen sowie etwa zwanzig Handgranaten an Bord.

So begann ein methodisch geplanter und sorgfältig ausgeführter Akt von Luftpiraterie der Volksfront zur Befreiung Palästinas, einer von mehreren Gruppen, die sich zur PLO zusammengeschlossen haben. Auf diese Weise begann ein neues Verbrechen der PLO gegen unschuldige Bürger.

Nachdem die Entführer das Kommando in der Maschine übernommen hatten, zwangen sie den Piloten auf einem Flughafen zu landen, der inzwischen international als Schlupfwinkel für solche Kriminelle bekannt ist, nämlich in Libyen.

Dort fand auch die erste Zwischenlandung bei der Entführung der Minister der erdölfördernden Länder (OPEC) aus Österreich im vergangenen Jahr statt, wie man sich erinnern wird. Der Rat dürfte noch im Gedächtnis haben, daß die Entführer die Minister der Mitgliedsländer der OPEC – Libyen ist ebenfalls Mitglied – mit vorgehaltener Pistole in Schach hielten und vom libyschen Ministerpräsidenten Jalloud überschwenglich begrüßt wurden. Er umarmte die Kriminellen, die zu dieser Zeit seine arabischen Ministerkollegen als Geiseln hielten und erst einen Tag vorher in Wien ein Mitglied der libyschen Delegation ermordet hatten. In der Angelegenheit, über die wir hier sprechen, begrüßte der Premierminister in der vergangenen Woche die Terroristen nicht. Er war zweifellos damit beschäftigt, einen von Libyen geförderten Staatsstreich im Sudan vorzubereiten, was durch die Anklage, die mein sudanesischer Kollege vor diesem Rat erhoben hat, bewiesen wird. Außerdem war er damit befaßt, sogenannte libysche Friedentrupps nach Beirut zu bringen. Sie sollten die Flammen des Hasses schüren, die Anzahl der Morde erhöhen und die Gefahr für die christliche Bevölkerung des Libanon verstärken.

Nachdem ich Libyen erwähnt habe, halte ich es für zweckmäßig, die Aufmerksamkeit auf die zentrale Rolle zu lenken, die dieses Land heute bei der Förderung und Begünstigung des Terrors in aller Welt spielt.

Dieses Land ist jahrelang der Zahlmeister internationaler Terrorbewegungen gewesen, ob arabisch oder nicht.

Dieses Land, gegen das erst kürzlich der Sudan und Tunesien Klage erhoben haben wegen seiner Terrorakte und wegen seiner unheilvollen und gefährlichen Rolle, die es bei der Planung spielte, die Chefs dieser Staaten zu ermorden und die Regierungen zu stürzen.

Es ist dies Land, dessen Botschafter vor wenigen Tagen wegen subversiver Umtriebe von der Regierung Ägyptens ausgewiesen worden ist.

Es ist, das möchte ich zu Bedenken geben, eine Schande für diese Weltorganisation, daß der Vertreter des Staates, der den weltweiten Terrorismus fördert, einen Sitz als Mitglied dieses Sicherheitsrates hat, dessen Ziel es doch ist, die Aufrechterhaltung des internationalen Friedens und der Sicherheit zu fördern.

Um zu unserer Geschichte zurückzukehren: Das Air-France-Flugzeug wurde in Benghasi aufgetankt. Das Reiseziel der Entführer war nach einem vorbereiteten Plan der Flughafen von Entebbe, außerhalb von Kampala in Uganda gelegen. Am Montag, dem 28. Juni, landete der Airbus auf dem Flughafen Entebbe. Die Entführer erhielten Verstärkung durch Terroristen, die auf dem Flugplatz warteten und bis an die Zähne mit Maschinenpistolen und Sprengstoff bewaffnet waren.

Präsident Idi Amin von Uganda traf auf dem Flugplatz ein, kurz bevor die entführte Maschine landete. Er hieß die Entführer mit einer Umarmung willkommen und versprach ihnen Unterstützung und Hilfe. Dann wurden ugandische Soldaten postiert. Ihre Gewehrläufe zielten nicht auf die Entführer, sondern auf die unschuldigen Bürger, Männer, Frauen und Kinder.

Am Donnerstag, dem 29. Juni 1976, diktierten die Luftpiraten ihre Forderungen. Diese enthielten die Freilassung von 53 Terroristen, die in Israel, in der Bundesrepublik Deutschland, der Schweiz, Frankreich und Kenia inhaftiert waren. Sie setzten das Ultimatum auf den 1. Juli, 15 Uhr Ortszeit, fest. Sie drohten, sie würden die unschuldigen Passagiere töten, wenn dieser Termin nicht eingehalten werde.

Als die Entführer am Mittwoch, dem 30. Juni, 47 Frauen und Kinder sowie einige Passagiere freiließen, wurde allmählich klar, daß Präsident Amin unter einem Deckmantel von Betrug und Verstellung mit den Terroristen gemeinsame Sache machte. Das war die Situation am Abend des 1. Juli, dem Ultimativtermin, den die Terroristen festgelegt hatten. Es wurde deutlich, daß sich die israelischen Passagiere – Männer, Frauen und Kinder – in ernster Lebensgefahr befanden.

Als die Luftpiraten weitere hundert Geiseln freigelassen hatten, und diese ihre Erlebnisse in Paris beschrieben hatten, enthüllte sich eine verhängnisvolle Entwicklung. Sie berichteten den wartenden Reportern, daß ugandische Soldaten unter direktem Befehl Präsident Amins die Trennung von jüdischen und nichtjüdischen Passagieren beaufsichtigt hatten.

Diese unheilvolle Entwicklung war so mit Erinnerungen aus der Vergangenheit beladen, daß kein Jude, ob in Israel oder anderswo, sich nicht der furchtbaren Bedeutung bewußt war.

Vor unserem inneren Auge blitzte sofort die Erinnerung auf an die schreckliche Aussonderung während des entsetzlichsten Massenmordes, den die Menschheit je erlebt hat, der über unser Volk gekommen ist. Wir wurden daran erinnert, wie die Nazis die Juden für die Gaskammern und zur Ausrottung aussonderten.

Nach dem unvergeßbaren Erlebnis des Massenmordes während des Zweiten Weltkrieges in Europa hat jedes Mitglied des jüdischen Volkes, ob Mann oder Frau, bewußt oder unbewußt, wo immer es sich aufhielt, einen Eid geleistet, daß so etwas nie wieder geschehen dürfe, daß niemals wieder Begleitumstände zugelassen werden dürften, unter denen eine solche Katastrophe entstehen könnte, daß Auschwitz, Dachau und Buchenwald der Vergangenheit angehörten und niemals wiederkehren dürften.

Bei dieser Gelegenheit bekräftige ich feierlich den Eid, den unsere jüdischen Mitbürger geleistet haben, wo immer sie auch leben mögen. Es wird nie wieder geschehen.

Als diese unheilvolle Erinnerungen wachrufende Aussonderung begann, als die Aussonderung der Juden vollzogen wurde, sah die Regierung Israels deutlich, daß es keine Alternative gab als eine Befreiungsaktion einzuleiten, um das Leben der Mitbürger zu retten.

Die Befürchtungen der israelischen Regierung wurden durch das Verhalten Präsident Amins gegenüber dem jüdischen Volk erhärtet. Im September 1972 sandte Präsident Amin an den Generalsekretär der Vereinigten Nationen, Dr. Kurt Waldheim, ein Telegramm, das am 18. September 1972 veröffentlicht wurde. Kopien gingen an den Premierminister von Israel und den Führer der PLO, Yassir Arafat. In der Depesche spendet Präsident Amin den Mördern der israelischen Sportler bei den Olympischen Spielen in München seinen Beifall. Die Opfer waren durch die PLO niedergeschossen worden. Damit nicht genug. Im selben Telegramm pries er mit seinem diablonischen Geist Hitler dafür, daß er mehr als sechs Millionen Juden vernichten ließ.

Die Mitglieder dieses Rates werden sich daran erinnern, daß sich Präsident Amin vor neun Monaten vor der Vollversammlung der Vereinten Nationen für die Vernichtung des Staates Israel aussprach. Die Kombination aus dem Schritt, israelische und jüdische Passagiere von den anderen abzusondern, die offizielle Befürwortung der Hitler-Politik durch den Präsidenten von Uganda, seine Forderung, den Staat Israel auszulöschen und das schreckliche Schicksal von Hunderttausenden seiner eigenen Landsleute, die vor seinen

Augen keine Gnade fanden – in diesem Zusammenhang möchte ich die Mitglieder an den erschreckenden Bericht über die Brutalitäten des als »diktatorischen, faschistischen Herrscher von Uganda« bezeichneten Amin erinnern, den die Regierung von Kenia am 7. Juli veröffentlichte – alles zusammen brachte die Regierung von Israel zu der Erkenntnis, daß die Geiseln, Männer, Frauen und Kinder, zum Tode verurteilt waren und in Entebbe keine Gnade zu erwarten hatten, wenn keine Maßnahmen ergriffen wurden.

Welche noch unheilvollere Hinweise auf die bösen und besessenen Entführer und Mörder und ihre Absichten konnte es noch geben, als daß sie zusammen mit ihren ugandischen Verbündeten bis zum letzten Augenblick des Ablaufs des Ultimatums noch elf Kinder und 34 Frauen unter den Geiseln in ihrer Gewalt hielten, die dazu verurteilt waren, von diesen blutdürstigen Mördern kaltblütig erschossen zu werden?

Unter den wachsamen Maschinengewehren des internationalen Terrorismus und des Präsidenten Amin wurde von den Geiseln im Schatten des drohenden Todes ein Kindergarten eingerichtet. Sich diese tragische Szene vor Augen zu führen, ist verheerend. Sie liegt so vollkommen auf der Linie dieser Verbrecher. Es hätte ihnen nichts ausgemacht, einen Kindergarten voller unschuldiger Kinder dem Erdboden gleichzumachen, ebenso wie ihre Komplizen vor ein paar Monaten in Somalia. Wie der französische Botschafter hier berichtete, drohten sie, die Kehlen von dreißig französischen Kindern im Alter von sechs bis zwölf Jahren durchzuschneiden, die sie als Geiseln hielten.

Lassen Sie mich an dieser Stelle aus der Erklärung zitieren, die Premierminister Rabin am 4. Juli vor der Knesset abgegeben hat:
»Der Zeitpunkt des Ablaufs des Ultimatums rückt immer näher. Die Freilassung nichtisraelischer Passagiere hat immer deutlicher die Verschwörung gegen israelische Bürger gezeigt. Unsere politischen Bemühungen haben zu keinem Erfolg geführt. Der Sand im Stundenglas wird bald auslaufen. Es gibt keine Möglichkeit für eine Rettungsaktion von außerhalb. Unter diesen Umständen entschied sich die israelische Regierung einstimmig für den einzig verbliebenen Ausweg, unsere Bürger zu retten, und erklärte ihre Bereitschaft, Terroristen freizulassen, die sich in israelischen Haftanstalten befinden. Gemäß dem Kabinettsbeschluß informierten wir die französische Regierung, über die die Verhandlungen mit den Terroristen geführt werden. Wir waren bereit, diese Alternative – in Ermangelung einer anderen – anzunehmen, um unsere Landsleute zu befreien. Das war keine Taktik, um Zeit

zu gewinnen. Wäre dieser Ausweg als einziger übriggeblieben, hätten wir zu dieser Möglichkeit als letztem Ausweg gestanden.«

Die Luftpiraten schraubten ihre Forderungen hoch. Sie verkündeten, daß sie Israel für alle Terroristen für verantwortlich hielten, deren Freilassung sie gefordert hatten, einschließlich derer, die nicht in Israel in Haft gehalten wurden. Sie lehnten ab, daß der Austausch in Frankreich oder in einem neutralen Land außerhalb Ugandas vorgenommen werden könnte. Der drohende Ton und die neuen Forderungen ließen nichts Gutes für die Geiseln ahnen. Die Regierung Israels hatte keine Alternative mehr.

In der Nacht vom 3. zum 4. Juli 1976 unternahmen Israels Verteidigungsstreitkräfte eine höchst bemerkenswerte Aktion, die in die Geschichte eingehen wird. Sie befreiten die Geiseln und brachten sie in Sicherheit.

Bei dieser Gelegenheit möchte ich wiederholen, daß Israel die volle und alleinige Verantwortung für dieses Unternehmen übernimmt, daß keine andere Regierung bei der Planung oder der Ausführung beteiligt war. Die Aktion wurde von Israel geplant und ausgeführt. Wir sind stolz darauf.

Während der Rettungsoperation wurden drei Geiseln von den Terroristen getötet, bevor die Terroristen von israelischen Truppen erschossen wurden. Ein höherer israelischer Offizier wurde durch einen Schuß in den Rücken getötet, mehrere Soldaten und Geiseln wurden verwundet.

Das Gewicht des Beweismaterials, das uns vorliegt, enthüllt, daß die ugandische Regierung vorher von dem Piratenakt wußte und während der ganzen Zeit aktive Nachsicht übte. Selbst wenn die Beweise nicht vorhanden wären – und ich behaupte, es gibt sie im Überfluß –, genügt es, den Brief zu lesen, den Präsident Amin am 4. Juli 1976 an Sie, Mr. Präsident, gerichtet hat (Anlage S/ 12124), um mitzuteilen, daß er sich in seiner eigenen Erklärung in Widersprüche verstrickt hat. Aus diesem Brief geht klar hervor, daß die ugandischen Truppen nicht die Terroristen und die Luftpiraten, sondern die Geiseln bewacht haben. Im vierten Absatz dieses Briefes schreibt er: »Ich ordnete an, daß das Flugzeug ordentlich bewacht werden sollte.« Dann fährt er mit der unglaublichen Behauptung fort: ». . . die Entführer erlaubten den ugandischen Streitkräften nicht, sich dem Flughafengebäude zu nähern.« Das ist bekanntlich unwahr. Die ugandischen Truppen befanden sich im und in der Nähe des Gebäudes.

Er verrät dann seine Komplizenschaft, indem er die Geschichte von der Freilassung der 147 Geiseln am 30. Juni und 1. Juli berichtet und offen zugibt, daß er bei der Trennung der jüdischen von den anderen Passagieren mitgeholfen hat. Aus diesem Brief erfahren wir auch von der unseligen Rolle, die der somalische Botschafter in Uganda gespielt hat, der Vertreter eines Landes, das sich zum Unruhestifter erster Ordnung in diesem Teil Afrikas entwickelt hat. Es wurde zu einer Bedrohung für die Nachbarstaaten Kenia, Äthiopien und Djibouti. Es ist erst wenige Monte her, daß Somalia in ein Geiseldrama verwickelt wurde, in dem dreißig französische Kinder als Geiseln genommen worden waren. Damals setzte die französische Regierung angetrieben von den gleichen Empfindungen wie in diesem Fall die Regierung von Israel, bewaffnete Kräfte ein, um ihre Rechte im Rahmen der internationalen Gesetze wahrzunehmen und die Kinder aus Somalia herauszuholen.

Es ist kein Zufall, daß einer der Terroristen auf dem Flughafen Entebbe der Chef des PLO-Büros in Somalia war.

Die ganze Geschichte beruht von Anfang bis Ende auf dem betrügerischen Einverständnis der Regierung von Uganda. Lassen Sie mich nur einen kleinen Teil der Fakten aufzählen, wie sie die französischen Besatzungsmitglieder und die befreiten Geiseln berichtet haben.

Zur Frage der Mitschuld:

a) Der Kapitän der Air-France-Maschine hat erklärt, daß der deutsche Entführer Wilfried Böse im vorhinein wußte, daß das Ziel Entebbe war.

b) Als das Flugzeug in Entebbe landete, verkündete die deutsche Terroristin: »Alles o.k.; die Armee ist auf dem Flugplatz.«

c) Als sie gelandet waren, sagte Böse zu den Passagieren, daß sie einen sicheren Ort erreicht hätten.

d) Unmittelbar nach der Landung umringten ugandische Soldaten die Maschine. Unter ihnen befanden sich fünf bewaffnete arabische Terroristen, die ihre Komplizen aus dem Flugzeug umarmten und küßten. Danach beteiligten sie sich an der Bewachung der Geiseln und an den Verhandlungen.

e) Vor der Landung, als sie noch in der Luft waren, hatten die Entführer den Passagieren mitgeteilt, daß sie von Bussen abgeholt werden würden.

f) Nachdem die Passagiere in der großen Abfertigungshalle versammelt waren, wurde Präsident Amin beobachtet, wie er die Entführer umarmte und ihnen die Hand schüttelte.

g) Als das Flugzeug gelandet war und in die Rollbahn eingewiesen wurde, fuhr ein schwarzer Mercedes heran. Zwei Terroristen stiegen aus, und einer von ihnen übernahm von da an die Leitung der Operation. Er bestieg das Flugzeug, umarmte Böse, den deutschen Terroristen, und unterhielt sich mit ihm.

h) Michel Cojot, ein Angestellter der Air France, der als Übermittler zwischen den Passagieren und den Entführern tätig war, sagte aus, daß der Chef des Flughafens Entebbe berichtete, er habe sich für die Versorgung der Geiseln eingedeckt, da ihm schätzungsweise 260 Passagiere und Besatzungsmitglieder angekündigt worden waren.

Und nun etwas über die Haft der entführten Passagiere:

a) Während der ersten 24 Stunden übernahmen die ugandischen Soldaten die Wache. Von den Entführern war nichts zu sehen. Als sie erfrischt zurückkamen, wurden sie von den ugandischen Soldaten mit Maschinenpistolen versorgt, damit sie die entführten Passagiere bewachen konnten. Ich sollte hier erwähnen, daß der Außenminister von Uganda gesagt hat, die Luftpiraten seien mit Maschinenpistolen bewaffnet gewesen. Er vergaß dabei die Tatsache, daß sie im Flugzeug nur Pistolen und Handgranaten gehabt hatten. Die Maschinenpistolen wurden ihnen erst geliefert, als sie in Entebbe gelandet waren.

b) In den folgenden Tagen hielten die Ugander außerhalb des Gebäudes Wache. Gleichzeitig wurden starke ugandische Kräfte im ersten Stock des Hauses zusammengezogen.

c) Ugandische Soldaten begleiteten die Geiseln zu den Toiletten und bewachten sie selbst an diesem Ort.

d) Die Entführer kamen und gingen, als wären sie zu Hause. Sie hatten zwei Kraftfahrzeuge zur Verfügung, die von Ugandern gefahren wurden. Einer von ihnen trug Uniform.

e) Die Luftpiraten wurden auf dem Flugplatz mit Nachschub versorgt und bekamen Waffen – Maschinenpistolen, Pistolen und Sprengkörper. Sie bekamen ferner ein tragbares Funkgerät.

f) Der Terrorist, der auf dem Flughafen von Entebbe das Kommando führte, nahm einzelne Geiseln beiseite und verhörte sie in Gegenwart von Ugandern.

g) Jedesmal, wenn Präsident Amin auf dem Flughafen erschien, unterhielt er sich vor den Augen der Passagiere überaus freundlich mit den Terroristen.

h) Während einer Unterbrechung der Verhandlungen schickte Präsident Amin den französischen Botschafter fort und hinderte ihn daran, mit den Terroristen Kontakt aufzunehmen. Den Kontakt hielt nur er persönlich.

i) Präsident Amin warnte die entführten Passagiere vor jedem Fluchtversuch.

j) Offenbar aus Großmannssucht und um die Passagiere einzuschüchtern, ließ Präsident Amin von Zeit zu Zeit zwei Düsenflugzeuge das Flughafengebäude überfliegen, in dem die Passagiere gefangengehalten wurden. In der Nähe des Gebäudes parkte ein Panzerfahrzeug, das mit einem schweren Maschinengewehr ausgerüstet war, und dicht daneben standen zwei Hubschrauber.

k) Entführer und Männer der ugandischen Armee bewachten gemeinsam die Geiseln. Sie hatten ständigen und freimütigen Kontakt miteinander. Die ugandischen Soldaten gingen in der Halle Wache, im zweiten Stockwerk des Flughafengebäudes und im Flugzeug.

l) Die Entführer bewegten sich völlig sorglos und entspannt auf dem Flughafengelände. Sie verließen von Zeit zu Zeit das Gebäude und bewegten sich mit dem offensichtlichen Gefühl, daß die ugandische Armee mit Sicherheit nichts unternehmen werde, um sie zu überwältigen. Mr. Tony Russell, ein Beamter des Obersten Londoner Gerichtshofes und eine der befreiten Geiseln des Airbus der Air France, berichtete in einem Interview mit der »London Times« vom 5. Juli, Präsident Amin wäre in der Lage gewesen, alle Geiseln freizulassen, wenn er es gewollt hätte. »Als wir erst einmal vom Flugzeug fortgebracht worden waren«, sagte er, »konnten die Terroristen keine Befehle mehr geben. Ich habe das Gefühl, daß Amin uns hätte befreien können, wenn er es gewollt hätte. Als wir im Flughafengebäude waren, hätte es gelingen können. Die Terroristen hatten seit 30 Stunden nicht geschlafen und waren nicht schwer bewaffnet«, sagte Mr. Russell.

m) Der Chef der Entführer in Entebbe verbrachte die ganze Zeit in der Nähe Präsident Amins, der das beiläufig erwähnte, als er mit Oberst Bar Lev sprach, der ihn von Israel aus angerufen hatte.

n) Während die Passagiere gefangengehalten wurden, verbreitete Radio Uganda eine Stellungnahme der Entführer, in der Amin für seine standhafte Haltung gegenüber Zionismus und Imperialismus gelobt wurde.

o) Schließlich wurden die Terroristen zusammen mit den Soldaten der ugandischen Armee mit allen militärischen Ehren beigesetzt. Uganda unterhält enge Beziehungen zur PLO, die in diesem Land stark vertreten ist. Das PLO-Büro in Kampala, das von Khaled al-Shaykh geleitet wird, organisiert die Propagandaarbeit in ganz Ostafrika. Die Volksfront unter George Habash unterhält in Kampala ein Auskunftsbüro, das für die Aktionen der Organisation in Gesamtafrika verantwortlich zeichnet. Das Büro ist Wadia Hadad unterstellt, dem Chef desjenigen Zweiges der Volksfront, der Terroranschläge außerhalb Afrikas ausführt. Hunderte von Palästinensern sind im Öffentlichen Dienst und in der Verwaltung von Uganda beschäftigt. Sie bekamen die Posten der Asiaten, die vom Staat ausgewiesen worden waren.

Uganda und die PLO arbeiten auch auf militärischem Gebiet eng zusammen. In Uganda befindet sich ein militärisches Ausbildungszentrum für die Palästinenser. Palästinensische Piloten werden in Uganda bei der Luftwaffe auf MIG-21-Flugzeugen geschult. Mitglieder der PLO gehören zur Leibwache Präsident Amins. Den Umfang der ugandischen Zusammenarbeit kann man aus den Nachrichten ersehen, die in englischer Sprache von Radio Kampala verbreitet wurden, nachdem das Flugzeug in Entebbe gelandet war. Bandaufnahmen von diesen Sendungen sind bei der British Broadcasting Company verfügbar.

Wenn sich die Delegierten die Mühe machten, die Protokolle der Sendungen nachzulesen, werden sie eine vollständige Übereinstimmung der Ziele der Entführer und ihrer Forderungen mit denen der ugandischen Behörden feststellen.

In den Sendungen wird kein Versuch gemacht, die euphorische Stimmung über die Entführung und das Einvernehmen der Regierung von Uganda mit den Luftpiraten zu unterdrücken.

So begann eine begeistert verfaßte Meldung vom 29. Juni:

»Jetzt bringen wir die Sondermeldung, auf die Sie gewartet haben. Es folgen die Forderungen der Volksfront zur Befreiung Palästinas.« Der Sprecher verlas dann die Sechs-Punkte-Erklärung, die die PFLP herausgegeben hatte.

Man braucht nicht alle diese Beweise anzuführen, um nachzuweisen, daß Israel durch das Naturrecht und durch internationale Gesetze voll und ganz berechtigt war, das zu tun, was es getan hat. Wenn man die Fakten dieses Falles betrachtet, muß man zu einer von zwei Schlußfolgerungen kommen: Entweder war die Regierung von Uganda unmittelbar an der Geiselnahme unschuldiger Passagiere – Männer, Frauen und Kinder – beteiligt, oder die Regierung von Uganda hat ihre Hoheitsrechte nicht wahrgenommen und war nicht fähig, mit einem halben Dutzend Terroristen fertig zu werden.

Und welchen besseren Beweis brauchen wir, um diese Behauptung zu untermauern, als die Tatsache, daß die Regierung eine 75 Jahre alte Frau, Mrs. Dora Bloch, bis heute nicht freigelassen hat? Sie war auf dem Wege hierher in die USA, um an der Hochzeit ihres Sohnes teilzunehmen, als das Flugzeug entführt wurde. Die Weigerung der Regierung von Uganda, das Flugzeug der

Air France sofort nach der Eliminierung der Terroristen herauszugeben, bestätigt außerdem die Tatsache der Komplizenschaft.

Welchen anderen Grund kann die Regierung von Uganda gehabt haben, die Rückgabe des Flugzeuges an die französische Regierung zu verweigern und damit die Haager Konvention von 1970 zu verletzen, bei der Uganda Signatarstaat ist?

Wenn die Regierung von Uganda in dieses Verbrechen nicht verwickelt ist, warum wurde dann die 75 Jahre alte Dame, Mrs. Bloch, nicht sofort freigelassen, nachdem die Entführer ausgeschaltet waren? Warum wurde sie im Krankenhaus von Kampala weiter bewacht?

Warum wurde sie nicht dem britischen Konsul übergeben, als er nach der Befreiungsaktion am Sonntag, dem 4. Juli, nach ihr fragte? Warum erhalten wir plötzlich die verhängnisvolle Nachricht, daß sie schreiend von vier ugandischen Beamten aus dem Hospital gezerrt wurde? Warum wissen die ugandischen Behörden nichts über ihren Verbleib?

Entweder übt die ugandische Regierung ihr Hoheitsrecht aus – dann weiß sie auch, wo Mrs. Bloch ist. Oder sie tut es nicht.

Ich frage meine Kollegen, Afrikaner und andere, die sich zusammengetan haben, um Israel für sein angestammtes Recht der Selbstverteidigung zu verurteilen, können Sie das entsetzliche Benehmen, das sich in diesem Akt der »Ritterlichkeit« von Präsident Amin gegenüber der 75 Jahre alten Mrs. Dora Bloch widerspiegelt, gutheißen oder nicht?

Haben Sie einmal den Mut, Ihre Überzeugungen offen auszusprechen. Oder ersticken Sie an Ihrem Schweigen.

Hier haben Sie einen klaren, einfachen Fall, auf den es nur eine Antwort gibt, nur eine Antwort geben kann für alle anständigen Menschen, wo immer sie herkommen. Hier haben Sie das unglaubliche, makabre Schauspiel, daß ein Staat gegen eine 75 Jahre alte Dame Krieg führt, vermutlich von denjenigen unterstützt, die sich genauso jämmerlich und feige verhalten würden. Wenn die Regierung von Uganda nicht beteiligt ist, soll sie jetzt und sofort Mrs. Bloch herbeischaffen.

Zieht dieser Rat es vor, zum Schicksal der Mrs. Bloch zu schweigen?

Das Verschwinden der alten Dame und das nun schon allzu bekannte Bild der schrecklichen Ereignisse in Amins Uganda geben in sich schon eine Rechtfertigung für die Einschätzung der Lage, die Israels Regierung zum Handeln veranlaßt hat.

Dieser Typ von Aktion, der im Prinzip nicht beispiellos ist, wird im internationalen Recht in beträchtlichem Umfang behandelt, und es gibt keinen Zweifel, daß das Gewicht des internationalen Rechts und Präzedenzfälle voll und ganz zu Israels Gunsten sprechen. Israels Unternehmen in Entebbe führt uns jedoch vor Augen, daß es außer den geschriebenen Gesetzen noch ein anderes Recht auf der Welt gibt, nämlich das moralische Recht. Und nach diesem Recht durfte Israel tun, was es getan hat. Mehr noch: Es hatte sogar die Pflicht, so zu handeln.

Uganda verletzte einen obersten Grundsatz des internationalen Rechts, indem es fremde Staatsbürger auf seinem Territorium nicht schützte. Ferner verhielt es sich auf eine Weise, die ein Bündel von Verstößen gegen die Haager Konvention von 1970 über die Behinderung oder gesetzwidrige Beschlagnahme darstellt. Diese Konvention ist sowohl von Israel als auch von Uganda ratifiziert worden. Artikel 6 dieser Konvention besagt:

»Aufgrund der festgestellten Begleitumstände soll jeder Vertragsstaat, auf dessen Territorium sich der Täter oder der mutmaßliche Täter befindet, diesen in Gewahrsam nehmen. Weitere Maßnahmen sollen nach den Gesetzen dieses Staates getroffen werden. Jedoch sollen sie nur so lange fortgesetzt werden wie erforderlich, damit ein Strafrechts- oder Auslieferungsverfahren eingeleitet werden kann.«

Artikel 9 besagt:

»1. Wenn Handlungen, wie sie in Artikel 1a aufgeführt werden, vollzogen sind oder vollzogen werden sollen, müssen die Vertragsstaaten alle angemessenen Maßnahmen ergreifen, um die Kontrolle über das Flugzeug dem rechtmäßigen Kommandanten zurückzugeben oder seine Kontrolle über das Flugzeug sicherzustellen.

2. In den Fällen die der vorangegangene Absatz behandelt, soll jeder Vertragsstaat, in dem sich das Flugzeug oder seine Passagiere oder seine Besatzung befinden, die Fortsetzung der Reise für Passagiere und Besatzung erleichtern, sobald das möglich ist. Er soll das Flugzeug und seine Ladung ohne Verzögerung an die Personen zurückgeben, die laut Gesetz zu ihrem Besitz berechtigt sind.«

Das Recht eines Staates, militärische Aktionen zu unternehmen, um seine Bürger, die sich in Lebensgefahr befinden, zu schützen, wird von allen juristischen Fachleuten des internationalen Rechts anerkannt.

In seinem Buch »Selbstverteidigung im internationalen Recht« legt Professor Bowett auf Seite 87 fest, daß »das Recht eines Staates zum Schutz seiner Bürger, die innerhalb eines anderen Staates Schaden erleiden, durch

Gebrauch oder Androhung von Gewalt einzugreifen, grundsätzlich erlaubt ist, sowohl nach Schriftsätzen von Juristen als auch nach der Praxis der Staaten«. Im Schiedsspruch über die spanisch-marrokanischen Ansprüche an Großbritannien stellte Richter Huber als Berichterstatter der Schiedskommission im Jahre 1925 fest:

»Es kann jedoch nicht in Abrede gestellt werden, daß von einem bestimmten Punkt an die Interessen eines Staates in Ausübung des Schutzes seiner Bürger und deren Eigentum Vorrang vor territorialer Souveränität haben können, auch wenn darüber keine konventionellen Bestimmungen bestehen. Dies Recht auf Intervention beanspruchen alle Staaten. Nur über die Begrenzungen bestehen unterschiedliche Auffassungen. Wir ziehen jetzt die Handlungen eines schützenden Staates in Betracht, die prima facie eine Verletzung der Unabhängigkeit und Unverletzlichkeit des Territoriums des dort regierenden Staates einschließt. Wenn diese Handlungen die Souveränität des regierenden Staates beeinträchtigen, müssen sie notwendigerweise außergewöhnlicher Art sein und auf solche Fälle beschränkt bleiben, in denen keine anderen Hilfsmaßnahmen zur Verfügung stehen. Das setzt die Unzulänglichkeit aller anderen Maßnahmen zum Schutz vor Schaden, ob bestehend oder drohend, für Leib und Eigentum der Staatsbürger voraus, ferner Schaden, der entweder durch die Handlungen des regierenden Staates und seiner Behörden entsteht oder durch Einzelpersonen oder Gruppen von Einzelpersonen, die der regierende Staat nicht hindern kann oder will.

In »Staatsrecht«, 6. Auflage, legt Brierly auf Seite 627 folgendes fest:

»Ob die Landung von Truppeneinheiten zum Schutz von Staatsbürgern, die unter Lebensgefahr stehen oder denen schwerer Schaden droht, gerechtfertigt ist, scheint eine heikle Frage. Fälle dieser Form von Intervention waren in der Vergangenheit nicht selten. Wenn sie nicht mit dem Verdacht verknüpft waren, Vorwand zu sein, um politischen Druck ausüben zu können, wurden sie im allgemeinen als gerechtfertigt angesehen, weil die schlichte Notwendigkeit zu sofortigem Handeln bestand, um das Leben von unschuldigen Bürgern zu retten, denen die Regierung des Landes keinen Schutz geben konnte oder wollte.«

Er stellt weiter fest:

»Jede Anstrengung muß unternommen werden, um die Vereinten Nationen zum Handeln zu bringen. Aber wenn die Vereinten Nationen nicht in der Lage sind, rechtzeitig zusammenzutreten, und die Notwendigkeit zum sofortigen Handeln geboten ist, dann wird es schwer sein, die Legitimität einer Aktion in Abrede zu stellen, die erfolgt, um die Staatsbürger zu verteidigen, wozu sich jede verantwortungsbewußte Regierung verpflichtet fühlen muß, sofern sie über die entsprechenden Mittel verfügt. Es ist natürlich geboten, die Aktionen streng darauf zu begrenzen, daß die sichere Rückführung der bedrohten Bürger gewährleistet wird.«

Zum Beweis dieser Behauptung schreibt O'Connel im Buch »Internationales Recht«, zweite Auflage, Seite 303:

»Traditionelles Internationales Recht hat die Staaten nicht gehindert, ihre Bürger, deren Leben und Eigentum durch die politischen Bedingungen in anderen Staaten gefährdet war, zu schützen, vorausgesetzt, daß die körperliche Anwesenheit bei der Ausübung dieses Schutzes der Situation angepaßt ist. Als die Sechste Internationale Konferenz amerikanischer Staaten 1928 in Havanna versuchte, einen rechtsgültigen Begriff für Intervention zu formulieren, machten auch die Vereinigten Staaten klar, daß dieser Begriff klar definiert werden müßte; denn die USA würden nicht dabeistehen und erlauben, daß durch den Zusammenbruch einer Regierung Leben und Eigentum amerikanischer Bürger in revolutionsgeplagten Ländern gefährdet würden. Zeitlich begrenztes Eingreifen, so wurde argumentiert, sei unter solchen Umständen nicht illegal.«

Der Autor fährt fort:

»Artikel 2 (4) der Charta der Vereinten Nationen sollte als Verbot von Gewaltanwendungen gegen die territoriale Unverletzbarkeit und die politische Unabhängigkeit von Staaten ausgelegt werden, nicht aber als Verbot von Gewaltanwendung, die, in Ziel und Wirkung begrenzt, dem Schutz der Unverletzlichkeit des eigenen Staates und der lebenswichtigen Interessen seiner Bürger dient, falls der Mechanismus, den die Charta der Vereinten Nationen vorsieht, in der betreffenden Situation unwirksam ist.«

Entführung kann mit Piraterie gleichgesetzt werden. Piraten sind schon nach dem internationalen Recht des Mittelalters hostis humani generis – Feinde der Menschheit – gewesen. Während des Kampfes gegen Sklavenhandel und Piraterie wurden im internationalen Recht einige Normen gesetzt, die das Eingreifen in Fällen erlaubten, in denen Schiffe im Sklavenhandel zwischen Afrika und Amerika beteiligt waren, und gegen die Zentren der Piraterie in Nordafrika. Das Prinzip nationaler Souveränität wurde zugunsten des höheren Prinzips menschlicher Freiheit aufgehoben.

In diesem Zusammenhang ist es vielleicht passend, daran zu erinnern, daß das Marinekorps der Vereinigten Staaten für den Kampf gegen die Piraten gegründet wurde. Und man kommt nicht umhin, zu bemerken, daß die Marine-Hymne die »Küsten von Tripolis« anspricht. Offenbar ist jene Küste nicht erst jetzt ein sicherer Hafen für Terroristen – damals für Piratenschiffe und heute für Luftpiraten.

Israels Eingreifen in Entebbe ist den humanitären Rettungsaktionen jener Tage sehr ähnlich. Der Sklavenhandel damals hätte für sich in Anspruch nehmen können, daß die Suche nach den Sklavenschiffen eine Verletzung des internationalen Seerechts darstelle. Aber zivilisierte Menschen definieren ein höheres Recht, nämlich das Recht auf menschliche Freiheit, dem sich jede nationale Gesetzgebung unterzuordnen hat.

Hätte es in den dreißiger Jahren einen jüdischen Staat gegeben, hätten wir uns möglicherweise während des Aufkommens des Nazismus dazu entschieden, einen Versuch zur Befreiung der Insassen der Konzentrationslager zu unternehmen. Diejenigen, die uns heute kritisieren, würden behaupten, wir hätten damit eine schamlose Verletzung der nationalen Souveränität des Dritten Reiches begangen. Was wäre wohl wichtiger gewesen: Hitlers Souveränität oder die Rettung unschuldiger Menschen vor einem Massenmord?

Darf ich an die Resolution 2645 (XXV) der Vollversammlung von 1970 erinnern, an das Dokument 8/10750 vom 20. Juni 1972, in der über Fragen der Entführung vor diesem Gremium Übereinstimmung erzielt wurde, und an die Resolution von 1970 des Europarates, in der Flugzeugentführungen, Geiselnahmen, Sabotage und Erpressungen von Regierungen durch palästinensische Organisationen sowie die Benutzung gewisser arabischer Staaten als Zufluchtsort, Ausbildungsstätte und Ausgangspunkt für terroristische Aktionen verurteilt werden.

Ich habe diese Resolutionen und andere entsprechende Beschlüsse der Vereinten Nationen weiterer internationaler Gremien vor diesen Rat gebracht, um darauf aufmerksam zu machen, daß das Problem zwar nicht neu ist, daß aber bisher keine praktischen und wirksamen Schritte unternommen worden sind, um es zu lösen.

Das Problem der Terrorbekämpfung hat Länder überall in der Welt beschäftigt. So veröffentlichte die Sowjetunion am 3. Januar 1973 ein neues Gesetz zur strafrechtlichen Verfolgung von Flugzeugentführungen. Das Gesetz wurde am 16. Januar 1973 von V. Ivanov in der »Iswestija« behandelt. Die steigende Sorge der Sowjetbehörden wird deutlich in wissenschaftlicher und juristischer Literatur des Landes sowie in einer Reihe von Amtshandlungen.

Am 4. Dezember 1970 berichtete die »Prawda« wohlwollend über eine Konferenz der Organisation für die internationale Zivilluftfahrt in Den Haag, auf der eine neue Konvention zur Verhütung der Luftpiraterie abgefaßt wurde. Im November 1970 veröffentlichte die »Prawda« einen Artikel von O. Khlestov, in dem die Resolution 2645 (XXV) der Vollversammlung der Vereinten Nationen gelobt wurde. In einem weiteren Artikel von O. Khlestov wird am 16. Januar 1971 in der »Iswestija« die Haager Konvention von 1970 anerkannt.

Ich möchte auch auf einen Artikel von P. Yevseyew und Y. Kolosow aufmerksam machen, der unter der Überschrift »Luftpiraten geächtet« am 8. November 1971 in »International Affairs« in Moskau erschien. Darin werden sowohl die Resolution der Vollversammlung der Vereinten Nationen 2645 (XXV) als auch die Haager Konvention von 1970 behandelt und – daran möchte ich den sowjetischen Vertreter erinnern – unterstützt.

Das Recht auf Selbstverteidigung ist im internationalen Recht und in der Charta der Vereinten Nationen verankert und kann auf der Basis der klassischen Formulierung angewandt werden, wie es im bekannten Caroline-Fall geschehen ist. Eine solche Aktion ist gestattet, wenn

»Notwendigkeit der Selbstverteidigung sofortig und überwältigend sei und keine Wahl der Mittel und keinen Augenblick der Überlegung lasse.«

Genau das war die Situation, der sich Israel gegenübergestellt sah.

Unter vergleichbaren Umständen haben andere Länder ähnlich gehandelt wie Israel. Vor wenigen Monaten beriet der Rat über die von Frankreich getroffenen Maßnahmen zur Befreiung von dreißig Kindern, die in einem Bus an der Grenze von Somalia als Geiseln festgehalten wurden.

Ich darf den Rat auf die Ausführungen hinweisen, die der Vertreter Frankreichs am 18. Februar 1976 vor dem Sicherheitsrat vortrug.

Der Vertreter Frankreichs unterrichtete den Sicherheitsrat über einen Vorfall, bei dem dreißig französische Kinder im Alter von sechs bis zwölf Jahren in einem Schulbus von einer Gruppe Terroristen in Somalia als Geiseln festgehalten wurden. Die Terroristen stellten Forderungen an die französische Regierung und kündigten an, wenn man ihren Forderungen nicht nachkäme, würden sie den Kindern die Kehlen durchschneiden. Französische Streitkräfte gingen daraufhin gegen die Terroristen an der somalischen Grenze vor und töteten sie. Im Verlauf der Kampfhandlungen wurde eines der Kinder von den Terroristen getötet, fünf weitere wurden verwundet. Als die französischen Soldaten stürmten, um die Kinder zu retten, eröffnete der somalische Grenzposten das Feuer, und ein französischer Leutnant wurde schwer verwundet. Natürlich erwiderten die französischen Streitkräfte das Feuer in das somalische Territorium hinein und verursachten Verwundungen und Sachschaden. Auch in diesem Fall wurde eine Geisel vermißt. Das Kind wurde später als Geisel somalischer Terroristen aufgefunden und glücklicherweise später lebend zurückgegeben.

Die Debatte ist den Mitgliedern des Rates bekannt. Es muß jedoch gesagt werden, daß Frankreich jede Anklage wegen Aggression in diesem Fall eindeutig zurückgewiesen hat. Frankreich erfüllte seine rechtmäßige Pflicht unter internationalem Recht in einer Situation, die in mancher Hinsicht derjenigen ähnlich ist, vor der wir in Entebbe standen.

Beim Zwischenfall von Mayaguez im vergangenen Jahr, wo die Vereinigten Staaten eingriffen, um Handelsseeleute und deren Schiff zu retten, erklärte Präsident Ford hinterher: »Der Entschluß, Gewalt anzuwenden, beruhte hundertprozentig und vollständig auf einer einzigen Überlegung: Wir wollten die Mannschaft und das Schiff zurückbekommen.«

Ich könnte fortfahren und Dutzende von Beispielen aufzählen, die zeigen, daß internationale Präzedenzfälle und internationales Recht das israelische Unternehmen vollständig rechtfertigen und zeigen, daß ein selbstbewußtes Land unter ähnlichen Umständen dasselbe getan hätte, wenn es eine solche Aktion für durchführbar hielt.

Dies Prinzip wird unterstrichen im Fall der kriegsgefangenen britischen Seeleute, die auf einem deutschen Schiff, der »Altmark«, im Februar 1940 durch norwegische Hoheitsgewässer nach Deutschland gebracht werden sollten. Eine britische Flottille, angeführt vom Zerstörer »Cossack«, fuhr in norwegische Hoheitsgewässer ein. Norwegen war damals neutral und hatte dem deutschen Schiff die Durchfahrt gestattet. 1940 waren die britischen Seeleute Kriegsgefangene, die gemäß dem Kriegsrecht gefangengenommen worden waren. Mr. Winston Churchill persönlich ermächtigte die britischen Schiffe, auf norwegische Flotteneinheiten zu schießen, falls sie in diesem Gebiet das Feuer eröffnen und damit die britischen Streitkräfte gefährden sollten. Er sandte folgendes Telegramm an Kapitän Vian von der »Cossack« mit Bezug auf ein norwegisches Torpedoboot:

»Wenn es auf euch schießt, sollt ihr euch verteidigen, aber nicht mehr Gewalt anwenden als nötig und das Feuer einstellen, sobald die aufhören.«

In seinem Buch über die Geschichte des Zweiten Weltkrieges erläutert Sir Winston Churchill das Prinzip, von dem er sich leiten ließ:

»Zu Hause und im Kabinett war nur von Bedeutung, ob britische Gefangene an Bord waren oder nicht . . . Das war der ausschlaggebende Faktor.«

Der Regierung Israels kam es in diesem Fall nur auf die Geiseln an, die sich in Lebensgefahr befanden. Nur diese humanitäre Überlegung motivierte die Regierung Israels.

Die israelische Rettungsaktion war nicht gegen Uganda gerichtet. Israels Streitkräfte haben Uganda nicht angegriffen und ganz gewiß nicht Afrika. Sie haben ihre Staatsbürger aus der Gewalt einer Bande von Kidnappern und Terroristen gerettet, die von den ugandischen Behörden unterstützt und ermutigt wurde. Die Mittel, die angewandt wurden, beschränken sich auf das Nötigste, um die Aufgabe durchzuführen, wie es das internationale Recht vorschreibt.

Man kann einige Parallelen ziehen zum Recht des einzelnen, sich mit angemessenen Mitteln zu verteidigen, wenn er jemanden tötet, der versucht hat, ihn zu töten. Er ist nicht des Mordes schuldig. Im Urteilsspruch werden die Hintergründe und der Vorsatz der Tat berücksichtigt. Dasselbe gilt für die Gewaltanwendung bei internationalen Angelegenheiten.

Jahrelang hat Israel in Verfolgung seiner Entwicklungshilfepolitik Uganda unterstützt, wie es mit anderen Entwicklungsländern dieser Welt zusammengearbeitet hat und zusammenarbeiten wird. Das gilt auch für afrikanische Länder. Aber es gibt eine Grenze für die Hilfe, die wir Uganda zukommen lassen wollen. 1972 kam Präsident Amin nach Israel und legte Karten vor, auf denen der geplante Einfall in Tansania eingezeichnet war. Er bat um israelische Luftunterstützung bei der geplanten Aktion, einschließlich der Bombardierung von Daressalam. Israels Antwort auf diesen absurden und gemeinen Vorschlag sollte eine dramatische Wende in der Einstellung des Feldmarschalls Amin gegenüber Israel bringen. Seine Frustration durch Israels Haltung zu seinen Plänen in der Behandlung Tansanias, verbunden mit reichlichen Schmeicheleien von seiten des Herrschers von Libyen, bewirkten ein extrem heftiges, antisemitisches, antiisraelisches Verhalten des Herrschers von Uganda.

Der Schritt der Organisation der Afrikanischen Union, diese Klage vor den Weltsicherheitsrat zu bringen, muß denen, deren Sinne noch nicht völlig abgestumpft sind, wegen der Ungereimtheiten der Handlungen dieser Organisation gänzlich widerspruchsvoll vorkommen. Die Überlegungen der Organisation bei dieser Gelegenheit werden zweifellos keine Ausnahme bilden.

Lassen Sie mich meinen afrikanischen Kollegen den Text der Resolution des Ministerrates der Organisation der Afrikanischen Union von 1970 ins Gedächtnis zurückrufen.

»Der Ministerrat der Organisation der Afrikanischen Union hat auf seiner 14. ordentlichen Sitzung in Addis Abeba, Äthiopien, vom 27. Februar bis zum 6. März folgendes beschlossen:

Der Ministerrat hat die Erklärung des Außenministers von Äthiopien zu den wiederholten Sabotageakten und Entführungen von Zivilflugzeugen und der damit verbundenen Gefährdung der Passagiere angehört und ist sich der verheerenden Folgen solcher Verbrechen für den internationalen Luftverkehr bewußt.

1. Der Rat verurteilt alle Versuche, Zivilflugzeuge zu entführen und zu sabotieren.

2. Der Rat ruft alle Staaten auf, harte Maßnahmen zu ergreifen, um den zivilen Luftverkehr von Gefahren zu befreien.

3. Der Rat appelliert an alle Staaten, solche Kriminellen zu verhaften und zu bestrafen, um die Sicherheit des internationalen Luftverkehrs zu gewährleisten.«

Wie können sie ihre Haltung mit den Text einer Resolution zu genau diesem Problem vereinbaren, die sie alle unterschrieben haben? Hier dürfen wir wieder einmal aussuchen. Bemerken die Mitgliederstaaten der OAU nicht, daß sie ihre eigenen Luftlinien und Staaten der Gefahr der Piraterie und der Entführungen aussetzen, wenn sie solche Akte gutheißen? Müssen wir das so verstehen, daß es einen Auswahlkatalog von Entführungen, von internationalem Mord, von Piraterie, von Brutalität, von Räuberei gibt, geordnet nach Rasse, Hautfarbe oder Kontinent, denen der Mörder oder Gesetzesübertreter angehört?

Wir Juden sind nur zu vertraut mit diesem Auswahlprinzip, mit der furchtbaren Katastrophe und dem Verderben, das es dem bringt, der es anwendet.

In diesem Zusammenhang darf ich Ihnen ins Gedächtnis zurückrufen, daß ich erst im vergangenen Monat während einer Diskussion vor diesem Gremium als Antwort auf einige Bemerkungen des sowjetischen Vertreters zum Thema Terror daran erinnerte, daß ein angesehener sowjetischer Außenminister, Maxim Litvinov, einmal sagte: »Frieden ist unteilbar.« Ich gab zu bedenken, daß auch Terrorismus unteilbar sei. Man kann ihn sich nicht aussuchen. Entweder müssen sich die Staaten dieser Welt verbünden, um diese

Geisel der Menschheit zu vernichten, oder sie werden von ihr vernichtet werden. Es genügt nicht, daß Sie voller Schrecken die Stimme erheben, wenn nur Ihnen etwas geschieht. Wenn Terrorismus übel ist, dann ist er ein Übel für alle, in jedem Fall, bei jeder Gelegenheit, ganz gleich, von wem er verübt wird und wer auch immer das Opfer sein mag. Er muß beseitigt werden.

Indem er das Fazit aus der mutigen und phantasievollen Operation zog, über die wir gesprochen haben, stellte mein Premierminister am 4. Juli vor der Knesset fest:

»Diese Rettungsaktion ist eine Leistung von großer Bedeutung im Kampf gegen den Terrorismus. Es ist Israels Beitrag zur Bekämpfung des internationalen Terrorismus durch die Menschheit. Aber es war noch nicht das letzte Kapitel. Es wird uns ermutigen, unsere Anstrengungen fortzusetzen, aber der Kampf ist noch nicht vorbei. Neue Bemühungen, neue Methoden und unermüdliches Nachdenken werden erforderlich sein. Der Terrorismus wird uns weder unbeweglich noch in Routine erstarrt finden.«

In vieler Hinsicht ist dies die Stunde der Wahrheit für diese Organisation. Wenn sie diese Gelegenheit mutig aufgreift und sich ohne Zurückschreckung zusammenfindet im Kampf gegen den internationalen Terrorismus zum Wohle der einfachen Männer und Frauen überall in der Welt, dann dient sie dem Zweck, zu dem sie gegründet wurde. Sie kann vielleicht noch in geringem Umfang das Ansehen und das Wohlwollen wiedererlangen, das sie verspielt hat, indem sie sich zur Geisel von Despoten und Terroristen machen ließ.

Der Mord an elf israelischen Sportlern 1972 in München veranlaßte den Generalsekretär, von der Vollversammlung zu fordern, daß sie neue Maßnahmen erfinden möge, um die Geisel des Terrorismus von der Weltkarte verschwinden zu lassen. Die Araber und ihre Freunde erreichten es, das Problem mit Hilfe ihrer »automatischen Mehrheit« zu »beerdigen«. Heute liegt das Problem des internationalen Terrorismus vor dem Sicherheitsrat, nicht vor der Vollversammlung.

Wenn der Rat diese Gelegenheit, die ihm gegeben ist, um das Gespenst aus Terroristen, Entführern, Piraten und Erpressern aus unserer Mitte zu entfernen, nicht ergreift, wird er in den Augen der Menschheit auf tiefstes Niveau herabsinken. Er wird in die Geschichte als tragisches Gremium eingehen, das wieder einmal eine große Chance vertan hat.

Es war an uns, einem kleinen, von Feinden umgebenen Land, das Problem anzugehen, wie wir es taten und der Welt zu zeigen, daß es zur Kapitulation vor Terrorismus und Erpressung eine Alternative gibt.

Es war an uns, der Welt zu beweisen, daß man mit der Geisel des Terrorismus fertig werden kann. Jetzt gilt es für die Nationen der Welt, ungeachtet politischer Differenzen, die sie trennen mögen, sich gegen den gemeinsamen Feind zu vereinigen, der keine Autorität anerkennt, keine Grenzen kennt, keine Souveränität respektiert, die Grundlagen des menschlichen Anstandes mißachtet und menschlicher Bestialität keine Schranken setzt.

Wir kommen mit einer einfachen Botschaft vor diesen Rat. Wir sind stolz auf das, was wir getan haben, weil wir der Welt gezeigt haben, daß in einem kleinen Land, in der Lage Israels, die den Mitgliedern dieses Rates nur allzu vertraut ist, die Würde des Menschen, das menschliche Leben und die menschliche Freiheit den höchsten Wert besitzen. Wir sind nicht nur stolz darauf, daß wir das Leben von mehr als 100 Menschen gerettet haben – Männer, Frauen und Kinder –, sondern auch darauf, daß unsere Tat für die Sache der menschlichen Freiheit ein bedeutsames Zeichen gesetzt hat.

Wir fordern dieses Gremium auf, dem internationalen Terrorismus den Krieg zu erklären, ihn zu ächten und auszurotten, wo immer er auch sein möge. Wir fordern dieses Gremium auf, und darüber hinaus alle Mitgliedsstaaten und alle Länder der Welt, sich zu gemeinsamer Anstrengung zusammenzuschließen, um diese Kriminellen aus der menschlichen Gesellschaft auszuschließen und mit ihnen jeden Staat, der mit ihnen bei ihren ruchlosen Aktivitäten zusammenarbeitet.

Wenn ich dieses Gremium zum Handeln auffordere, kann ich seine Grenzen nicht übersehen. Sie werden täglich dadurch aufgezeigt, daß dieser Rat seit fünfzehn Monaten schweigend der größten Tragödie im Libanon zusieht, die die Welt gegenwärtig bedrängt. Ein Staat wird auseinandergerissen, Zehntausende wurden getötet, weitere Zehntausende verwundet, und das Maß menschlicher Leiden läuft täglich über.

Lassen Sie mich daran erinnern, daß dieser Sicherheitsrat über den Bericht des sogenannten Palästina-Komitees debattierte, während die Entführung stattfand. Der Sicherheitsrat trat viermal wegen der Palästinafrage zusammen, während palästinensische Terroristen einen Akt der Gewalt ausführten. Doch dieser Rat sah sich nicht einmal in der Lage, die Frage aufzuwerfen und für die Befreiung unschuldiger Bürger einzutreten.

Wenn dieses Gremium es versäumt, zu handeln, fordern wir alle freiheitsliebenden Länder dieser Welt auf, sich außerhalb des Rahmens dieser Körperschaft zusammenzuschließen, um Normen für das Verhalten gegenüber Terroristen aufzustellen und in eindeutigen Formulierungen klarzumachen, daß keiner dieser Staaten mehr etwas mit Ländern zu tun haben will, die diese Normen verletzen und den Terrorismus ermutigen.

Eines Tages werden die Luftpiraten kein Land mehr haben, in dem sie landen können, weil die Landeerlaubnis für ein entführtes Flugzeug ein Ausschluß aus der Völkergemeinschaft oder einem Teil der Völkergemeinschaft bedeuten würde, zum Beispiel von der Teilnahme am Luftverkehr, von Handel, von wirtschaftlichen oder internationalen Beziehungen. Dann wird es keine Luftpiraterie geben.

Wir sind stolz darauf, daß wir in diesem Kampf gegen den internationalen Terrorismus einen Weg gewiesen haben. Diese Debatte bietet eine Möglichkeit für die Welt, ein Problem zu behandeln, welches das Leben eines jeden Mannes, jeder Frau und jedes Kindes berühren kann. Länder, die aus Gründen der Zweckmäßigkeit oder der Feigheit zu diesem Problem nicht klar und eindeutig Stellung beziehen, werden von allen anständigen Menschen verdammt und von der Geschichte verachtet werden.

Dies ist ein Zeitpunkt in der Menschheitsgeschichte, da auch Regierungen schwierige Entscheidungen treffen müssen, die nicht von Gesichtspunkten geleitet sind. Israel ließ sich von solchen Gesichtspunkten leiten und setzte viel aufs Spiel dabei. Dürfen wir hoffen, daß auch andere sich diesen Prinzipien anschließen?

Mr. Abdalla (Uganda): Ich will nicht auf alles eingehen, was der Vertreter des zionistischen Israel gesagt hat, aber es gibt einen wichtigen Punkt, zu dem ich sofort eine Erwiderung geben möchte. Ich hoffe, Gelegenheit zu haben, später detailliert auf die unbegründeten Behauptungen über Uganda und einige andere befreundete afrikanische Staaten eingehen zu können.

Dieses Weltgremium ist über den israelischen Einfall in Uganda am 4. Juli 1976 unterrichtet worden. Wir alle kennen die Bemühungen Seiner Exzellenz Al Hajji, Feldmarschall Dr. Idi Amin Dada, V.C., D.S.O., M.C., Präsident der Republik Uganda und der gesamten Bevölkerung von Uganda, das Leben der Geiseln zu retten, 250 an der Zahl.

Bis zum Zeitpunkt der israelischen Invasion in den frühen Morgenstunden am Sonntag, dem 4. Juli, war es Präsident Amin gelungen, mehr als die Hälfte der Geiseln zu befreien. Unter Lebensgefahr hat mein Präsident sogar seinen Aufenthalt in Mauritius abgebrochen, um das Leben der restlichen Geiseln zu retten. In seinen humanitären Bemühungen war mein Präsident nicht nur um die Freilassung, sondern auch um das Wohlergehen der Geiseln besorgt. Dabei wurden die Bedürfnisse des täglichen Lebens – zum Beispiel

Nahrung und ärztliche Versorgung – aller Geiseln ohne Ausnahme befriedigt.

Aus diesem Geist heraus wurde Mrs. Dora Bloch, der ein Stück Nahrung in die Luftröhre geraten war, sofort und eilig in das beste ugandische Krankenhaus gebracht. Als es ihr am Samstagabend, dem 3. Juli, wieder besser ging, wurde sie von Angestellten des Krankenhauses zum alten Flughafengebäude zu den anderen Geiseln zurückgebracht. Entsprechend dem Übereinkommen zwischen der Regierung von Uganda und den Entführern wurde so verfahren, um das Leben der Geiseln nicht zu gefährden, die sich zu der Zeit noch immer auf dem Flughafen von Entebbe befanden.

Die Israelis verübten mit dem Überfall auf den Flughafen Entebbe, wo die Geiseln, einschließlich Mrs. Dora Bloch, von den Entführern festgehalten wurden, einen Akt unverhüllter Aggression. Wie dieser Rat weiß, benutzten die Israelis alle Arten von Waffen und schossen wahllos. Dabei verloren viele Menschen ihr Leben, darunter ugandische Soldaten, Entführer, Geiseln und Angehörige der israelischen Invasionstrupps. Die Mitglieder der Invasionstrupps nahmen alle Geiseln mit, tot, verletzt oder sonst wie. Sie nahmen auch alle Mitglieder der Invasionstrupps mit, tot oder verwundet. Deshalb muß Israel die Frage nach dem Verbleib von Mrs. Dora Bloch beantworten.

Die Presseberichte und diplomatischen Verlautbarungen, nach denen ein Diplomat Mrs. Dora Bloch am Sonntag im Krankenhaus gesehen haben will, sind falsch. Es gibt keine konkrete Information darüber. Jeder weiß, daß die Aggression gegen die Bevölkerung von Uganda gerichtet war und daß deren Ergebnis in so vielen verlorenen Menschenleben besteht. Mein Präsident tat sein Bestes, um alles friedlich zu lösen, aber die israelische Aggression ließ das nicht zu. Deshalb ist Israel für die Beantwortung der Frage nach dem Verbleib von Mrs. Dora Bloch verantwortlich.

Ich habe mich bemüht, Kenya nicht zu erwähnen, weil es ein Bruderstaat ist und ein Nachbar Ugandas. Unglücklicherweise erwähnte der Verteter Kenyas Uganda in seiner Erklärung. Ich dachte an die Organisation der Afrikanischen Union, daran, daß der Außenminister von Mauritius hier ist, und wollte nicht viel über Kenya reden.

Ich möchte, daß der Rat genau verfolgt, welche Rolle Kenya bei dieser Invasion gespielt hat. Am 1. Juli wurde eine israelische Militär-Sondermission nach Nairobi geschickt, die den Entschluß zur Invasion mit den Behörden von Kenya abstimmen und vermutlich deren Billigung und Unterstützung erlangen sollte.

Wir haben unwiderlegbare Beweise, daß dieser Bitte bereitwillig entsprochen wurde. Abgesehen davon, daß wir unsere eigenen Informationsquellen haben, möchte ich aus einem Artikel über den Zwischenfall zitieren, den Mr. James MacManus verfaßt und den die Londoner Zeitung *The Guardian* am Montag, dem 5. Juli 1976, veröffentlicht hat. Darin heißt es:

»Obgleich die Regierung von Kenya zu dem Angriff keine Stellungnahme abgegeben hat, und es ist unwahrscheinlich, daß sie das tut, bemüht man sich in offiziellen Kreisen, die Rolle der Regierung bei dem Unternehmen herunterzuspielen. Von Nairobi aus gesehen, verliefen die Ereignisse in folgender Reihenfolge:

Um 21 Uhr Ortszeit (19 Uhr britischer Zeit) am Samstagabend beobachteten einige Augenzeugen, wie auf Kenyas geschäftigem Flughafen drei Truppentransportflugzeuge eintrafen, angeblich israelische Militärmaschinen vom Typ C-131.

Kurze Zeit später wurde eine Flughafenhalle in ein behelfsmäßiges Lazarett umgewandelt, komplett mit Operationstisch, Anästhesie-Einrichtung und Sauerstoff-Flaschen. Reguläre Truppen Kenyas und Mitglieder der paramilitärischen Einheit General Service Unit (GSU) waren schon vorher aufgezogen, um das Flughafengelände zu sichern.

Gegen Mitternacht starteten die drei Maschinen zum Einstundenflug nach Entebbe. An Bord befanden sich israelische Truppen und Mitglieder einer Anti-Terroristen-Gruppe.«

Aus dieser Darstellung geht hervor, daß die israelischen Invasionsflugzeuge nicht nur die Erlaubnis hatten, Kenya zu überfliegen, sondern sie hatten auch Landeerlaubnis und durften Service-Einrichtungen benutzen, sowohl auf dem Weg zum Überfall auf Uganda als auch auf dem Rückweg nach Israel.

Eine weitere Version vom Überfall bringt eine andere britische Zeitung, die *Financial Times* vom Montag, dem 5. Juli 1976. Diese Version lautet:

»Nach Berichten aus Nairobi traf in der Stadt in der letzten Woche eine große Zahl israelischer Sicherheitsbeamter ein, die zusammen mit Sicherheitskräften aus Kenya auf dem Flughafen Embakasi stark in Erscheinung traten, als die israelischen Flugzeuge aufgetankt und die Insassen ärztlich versorgt wurden.«

Obwohl wir in dieser Zusammenfassung aufgezeigt haben, daß ein Bruderstaat und Mitglied der Organisation der Afrikanischen Staaten die Invasion unseres Landes begünstigt hat, möchten wir vor diesem Rat feststellen, daß Uganda die Bevölkerung von Kenya weiterhin als ihre Brüder und Schwestern betrachtet, und wir drücken die Hoffnung aus, daß die Behörden Kenyas irgendwie irregeleitet waren, als sie sich an dieser abscheulichen Aktion beteiligten. Darum hat Uganda nicht vor, wegen der Kollaboration Vergeltungsmaßnahmen gegen Kenya zu ergreifen.

Ich möchte hier die Erklärung zitieren, die mein Präsident damals bei der Eröffnung des Gipfeltreffens der Organisation der Afrikanischen Union in Mauritius abgegeben hat. Er verteilte auch Broschüren an alle Mitglieder, in denen bestätigt wird, daß er keinerlei Ambitionen hat, auch nur einen Zoll vom Grund und Boden Kenyas zu erobern, und daß er und die gesamte Bevölkerung von Uganda die Charta der Organisation der Afrikanischen Union respektieren. Glücklicherweise ist der gegenwärtige Vorsitzende der Organisation der Afrikanischen Union hier. Er wird mehr über die Erklärung meines Kollegen aus Kenya sagen, was die angeblichen Ansprüche Ugandas auf Kenyas Boden betrifft.

Mr. Herzog (Israel): Die Bemerkungen, die der Vertreter Ugandas über Mrs. Dora Bloch gemacht hat, geben Anlaß zu sehr tiefer Besorgnis; denn was er über sie gesagt hat, ist eine dreiste Lüge. Es stimmt nicht mit den veröffentlichten Tatsachen überein, die nicht nur in Israel, sondern auch in anderen Ländern bekannt sind.

Lassen Sie mich aus der *New York Times* von heute, dem 9. Juli 1976, zitieren:

»... im britischen Unterhaus sagte gestern ein Minister, daß ein Angehöriger des britischen Konsulats einen Tag nach dem Handstreich der Israelis Mrs. Bloch im Krankenhaus besucht habe ...«

Und das war der 4. Juli 1976.

»Der Diplomat berichtete, daß sie von zwei Männern in Zivilkleidung bewacht wurde und daß ihm der Zutritt zu ihr verweigert wurde, als er eine Stunde später zurückkam.

Aus Quellen aus dem Mulago-Hospital verlautet, daß Mrs. Bloch am letzten Freitag eingeliefert wurde. Einzelheiten über ihre Behandlung und Entlassung sind im Krankenhaus nicht eingetragen.« (New York Times, 9. Juli 1976, Seite A2.)

Angesichts des Wahrheitsgehaltes der Erklärung des Vertreters von Uganda über diesen Punkt können wir, glaube ich, Rückschlüsse auf den Wahrheitsgehalt der anderen Erklärungen ziehen, die er vor diesem Rat gegeben hat.

Mr. Hussen (Somalia): Wir baten darum, an dieser Debatte teilnehmen und unsere Meinung den Ansichten unserer Vorredner hinzufügen zu dürfen. Wir möchten den Rat auffordern, das zionistische Regime in Tel Aviv wegen des Aktes der unverhüllten Aggression gegen das Volk und Regierung von Uganda in schärfstmöglicher Form zu verurteilen. Wir ersuchen diesen Rat deshalb, so zu verfahren, weil hier die Existenz und die Souveränität eines Mitgliedsstaates auf dem Spiel stehen. Nicht nur, daß dieser Akt von Terrorismus und Aggression des zionistischen Regimes vom 4. Juli gegen Uganda gegen die Ziele und Prinzipien der Vereinten Nationen und ihrer Charta verstößt, er stellt außerdem eine Gefahr für den internationalen Frieden und die Sicherheit dar.

Mit großer Empörung haben Bevölkerung und Regierung der Demokratischen Republik Somalia diesen unbegründeten und ungesetzlichen Akt der Aggression wahrgenommen. Dieses Gefühl der Empörung ist in angemessener Form zusammengefaßt in einem Telegramm, das Jaalle Mohamed Siad Barre, Präsident der Demokratischen Republik Somalia, an seine Exzellenz Idi Amin, Präsident der Republik Uganda, geschickt hat. Der Text dieses Telegramms ist als offizielles Dokument vor dem Sicherheitsrat verteilt worden. Der Präsident der Demokratischen Republik Somalia stellt fest:

»Mit großem Schreck und Bestürzung habe ich den heimtückischen Akt der Aggression verfolgt, den die Truppen des zionistischen Israel auf dem Flughafen von Entebbe am 4. Juli 1976 verübt haben. Diese barbarische Aktion ist ein beispielloser und direkter Angriff auf die Republik Uganda und ihre Regierung. Sie stellt eine arrogante Beleidigung der Würde Afrikas und der Menschheit dar und widerspricht allen Normen internationalen Anstands und Wohlverhaltens. Afrika und die internationale Gesellschaft müssen aus diesem beschämenden Akt die notwendigen Schlußfolgerungen ziehen und so handeln, daß sich so etwas nicht wiederholen kann, denn es könnte jedem von uns geschehen. Darum müssen alle gewissenhaften Menschen und die internationale Gesellschaft diese Aktion energisch verurteilen. Das mutwillige Töten unschuldiger Menschen durch zionistische Agenten und die Zerstörung ugandischen Eigentums einschließlich des Hauptflughafens sind mehr als ein Beispiel für die Wesensart der Zionisten und für die Rolle, die sie im Nahen Osten spielen. Sie sind eine Bedrohung und eine ernsthafte Gefahr für internationalen Frieden und Sicherheit. Der legitime Kampf der palästinensischen Araber, ihr Heimatland wieder zu erlangen, und der der arabischen Nation, die von den Zionisten besetzten Gebiete zu befreien, darf durch solche Akte des Terrors nicht aufgehalten werden, sondern muß fortgesetzt werden, bis der endgültige und vollkommene Sieg errungen ist. Die beschämende Erklärung des Premierministers von Israel, mit der er das Unternehmen verteidigt, als ›Israels Beitrag zum Kampf gegen den Terrorismus, ein Kampf, der noch nicht zu Ende ist‹, sollte den arabischen Staaten eine Lehre sein. Denn der palästinensische Freiheitskampf kann nicht mit Terrorismus gleichgesetzt werden. In ihrem Kampf haben die Palästinenser immer einen tiefen Respekt vor dem Leben gezeigt und immer das Leben Unschuldiger geschont. In diesem Fall hätten sie das Flugzeug in die Luft sprengen können. Zum Abschluß möchte ich Ihnen, lieber Bruder, und über Sie der Regierung und der Bevölkerung Ugandas im Namen des Zentralkomitees der Sozialistischen Partei, der Bevölkerung und der Regierung der Demokratischen Republik Somalia unsere militärische Unterstützung anbieten sowie unsere Solidarität und unser tiefes Mitgefühl für den Verlust ugandischen Lebens bei diesem beschämenden Zwischenfall aussprechen. Ihr Andenken soll für uns alle eine mahnende Fackel sein. Friede ihren Seelen.«

Die Republik Uganda ist nicht das erste friedliebende Land, dessen Souveränität und territoriale Unantastbarkeit durch das arrogante, rassistische zionistische Regime verletzt worden ist. Seit der illegalen Okkupation des arabischen Palästina vor dreißig Jahren war dieses Regime an grundlosen Aggressionen wieder und wieder beteiligt. Um Israels gewohnheitsmäßige Räuberei zu veranschaulichen und seine unglaublich unverschämte Neigung zu zügellosem Benehmen, brauchen wir uns nur die arabischen Nachbarstaaten anzuschauen. Wir können uns zahlreicher Gelegenheiten erinnern, bei denen die Welt an den Rand eines alles verschlingenden Krieges gebracht wurde durch das gefühllose Verhalten des zionistischen Regimes. Die Notlage der palästinensischen arabischen Nation ist ein perfektes Beispiel für die teuflische Mentalität des israelischen Regimes.

Es ist eine allzu bekannte Tatsache, daß das rassistische zionistische Regime jahrelang an gezielten Gewaltakten und Umsturzversuchen in Afrika und anderswo beteiligt war. In diesem Zusammenhang paßt es, die »New York Times« zu zitieren. Da wird am 10. Juli 1976 ein langer Artikel gebracht, der sich der Verunglimpfung des Staatsoberhauptes eines Mitgliedsstaates dieser Organisation widmet. Beiläufig wird dabei Israels offene Einmischung in die inneren Angelegenheiten anderer arabischer und afrikanischer Staaten berührt. Es heißt inter alia:

»Israels Interessen an Uganda waren größtenteils durch den sudanesischen Bürgerkrieg motiviert, in dem die Südsudanesen ... zehn Jahre lang gegen die Nordsudanesen gekämpft hatten.«

Obwohl das eine bekannte Tatsache ist, hat das Blatt sich vergewissert, daß Israel während der langen Zeit unablässig »Waffenlieferungen an den Südsudan« getätigt hat (Ibid.). Andere Länder, darunter mein eigenes, unterlagen derselben untragbaren Einmischung in verschiedener Form. Uganda ist nur das jüngste Opfer des fortgesetzten Terrors und der Einschüchterung, ausgehend von Israel.

Zahlreiche Entführungen, meistens politisch begründet, haben jahrelang stattgefunden. Die Opfer dieser Akte waren unschuldige Zivilpersonen unterschiedlicher Nationalität. Die internationale Gesellschaft hat immer wieder die Freilassung dieser unschuldigen Menschen und sicheres Geleit für sie an ihr Ziel gefordert. Doch wir wissen alle, daß die Sicherheit solcher Opfer, wichtig und gesetzmäßig wie sie ist, keine Rechtfertigung für einen dreisten Akt der Aggression gegen die Souveränität und die territoriale Unversehrbarkeit eines Staates und für mutwilliges Töten unschuldiger Bürger sein kann. Eine so verächtliche Handlung kann nur von Israel begangen werden, das der Unterstützung eines mächtigen Staates sicher ist und immer schändlich seine Arroganz zur Schau trägt, daß es zum Prinzip seiner Regierungspolitik erhoben hat, für Staatsterrorismus einzutreten. Eine solche Haltung ist nicht im geringsten überraschend, denn Israel selber ist ein Produkt des Terrorismus.

Es ist außerdem zur Gewohnheit geworden, daß Israel seine Delegierten routinemäßig veranlaßt, uns vor internationalen Foren, wie es vor diesem Rat am 9. Juli geschah, an den Nazi-Massenmord in Europa zu erinnern, um damit Sympathie und Unterstützung zu gewinnen. Israel sollte folgendes einsehen: Die Welt hat Hitler und seine Nazi-Philosophie, die auf Rassenreinheit basierte, verurteilt. Es ist nur logisch, daß Israel dasselbe von der Weltöffentlichkeit erwarten muß, wenn Israel eine Politik betreibt, die ähnlich, wenn nicht identisch ist mit der Hitlers von gestern und der weißen Minderheit in Pretoria von heute.

Das zionistische Regime versichert, daß es die letzte Greueltat in Uganda allein geplant und durchgeführt hat. Die Regierung und die Bevölkerung von Somalia können kaum glauben, daß Israel nicht von denen, die es gewohnheitsmäßig unterstützen, auch zur Ausführung dieser gemeinen Tat Hilfe erhalten hat, wie es bei allen militärischen Abenteuern in der Vergangenheit der Fall war. Wir glauben fest daran, daß die Verschwörung größer ist als zugegeben wurde, daß die Wahrheit eines Tages ans Licht kommen wird und daß wer auch immer an dieser beschämenden Tat beteiligt war, schließlich entlarvt werden wird.

Der Vertreter Israels versuchte uns zu überzeugen – speziell die Mitglieder des Rates –, daß sogar mein Land, Somalia, in die Entführung des französischen Airbus verwickelt war. Er versuchte, die Beteiligung des Botschafters von Somalia an den Verhandlungen zur Rettung der Geiseln so hinzustellen, als ob die Regierung von Somalia Verbindungen zu dieser Aktion gehabt habe. Die schlimme Behauptung ist unbegründet und verleumderisch, um es gelinde auszudrücken. Der Grund, aus dem der Botschafter von Somalia der Bitte entsprach, an den Verhandlungen teilzunehmen, war der – abgesehen von seiner natürlichen Sympathie, seinem Mitleid und seiner Anteilnahme an menschlichen Schicksalen –, daß er der Doyen der in Uganda akkreditierten arabischen Botschafter war. In dieser Eigenschaft, so erklärt Präsident Amin in seiner Mitteilung (enthalten in Dokument S/12124), stimmte der Botschafter von Somalia zu, zusammen mit seinem französischenKollegen bei den Verhandlungen anwesend zu sein. Es ist schwer zu glauben, daß der israelische Vertreter die Frechheit besitzt, die Tatsachen zu verdrehen und versuchen sollte, die Geste des Mitleids des Botschafters von Somalia in Mißkredit zu bringen. Hätte der Botschafter von Somalia anders gehandelt und es abgelehnt, seine Dienste zur Verfügung zu stellen, um die Geiseln zu retten, wäre das unserer Meinung nach seinerseits eine unverzeihbare Handlung gewesen. Aus diesem Grunde ist Israels Behauptung fehl am Platz. Sie ist jedoch ein weiterer Hinweis auf die ungeheuerliche und zynische Haltung, die das zionistische Regime allem gegenüber einnimmt, was nach Humanität riecht. Während seiner Erklärung war der Vertreter Israels bemüht, einen Keil zwischen die arabischen und afrikanischen Staaten zu treiben, wobei er als selbsternannter Advokat des Teufels auftrat. Es ist für uns selbstverständlich nicht neu, daß er das tat, weil wir die Geschichte Israels kennen und die Tatsache, daß von dort aus immer die Saat von Verdruß und Zerstörung gesät wird. Wir wissen auch, daß das Regime in Tel Aviv, seltsam genug, seine Einfälle aus Ideen der Zwietracht und der Gewalt bezieht.

In seinem fruchtlosen Bemühen, Beispiele aus der Vergangenheit zu finden, die ich als »berechtigte Übertretungen« bezeichnen möchte, versuchte der israelische Vertreter ein weiteres Mal, uns eine verzerrte Version vom unglücklichen Zwischenfall von Loyada aufzutischen. Das ist ein kleiner Ort an der Grenze zwischen der Demokratischen Republik Somalia und dem sogenannten französischen Somaliland. Wenn der zionistische Vertreter Verlangen nach Wahrheit gespürt hätte, dann hätte er nicht die Augen vor den Tatsachen verschlossen. Wenn er nicht vom Wege abgekommen wäre, hätte er sich daran erinnern müssen – denn es steht in den Protokollen dieses Rates –, daß zunächst einmal das Fahrzeug, in dem die Kinder festgehalten wurden, sich auf französisch regiertem Gebiet befand und nicht auf dem Territorium der Republik Somalia, wie er uns glauben machen wollte. Der zionistische Vertreter versucht in seinem verzweifelten Bemühen, für das beschämende, beispiellose Unternehmen seines Regimes ausweichende Rechtfertigungen zu finden, Beispiele für Aktionen zu sammeln, bei denen Gewalt eine Rolle spielte, die aber von anderen Mächten unternommen wurden. Er zitierte Zwischenfälle wie die von Mayaguez, Loyada und Entebbe – alles Zwischenfälle von Aggressionen solcher Staaten, deren Arroganz der Macht sie vergessen ließ, die Prinzipien des internationalen Rechts und der Gleichheit und Souveränität der Staaten, ob groß oder klein, zu respektieren, die obersten Prinzipien, deretwegen diese Organisation gegründet wurde, nämlich um zu schützen und zu bewahren. Wir glauben, daß es die Pflicht des Rates ist, solche Einlassungen zurückzuweisen, die, wenn sie unbeanstandet durchgehen, die Existenzberechtigung dieses Weltgremiums unterminieren würden. Diese Idee ist nichts anderes als ein Vorschlag, zu den Gesetzen des Dschungels zurückzukehren, wo nur der Starke überleben kann.

Selbst die Organisation der Afrikanischen Union blieb von pauschalen Ausfällen des israelischen Vertreters nicht verschont. Er schämte sich nicht, die Organisation von 48 unabhängigen Staaten zu beleidigen. Erlauben Sie, daß ich anführe, was er in diesem Zusammenhang gesagt hat:

»Der Schritt der Organisation der Afrikanischen Union, diese Klage vor den Weltsicherheitsrat zu bringen, muß denen, deren Sinne noch nicht völlig abgestumpft sind, wegen der Ungereimtheit der Handlungen dieser Organisation gänzlich widerspruchsvoll vorkommen. Die Überlegungen der Organisation bei dieser Gelegenheit werden zweifellos keine Ausnahme bilden.« (Sitzung Nr. 1939, Seite 61.)

Eine solche Frechheit von Seiten eines Regimes, das mit dem Minderheitsregime von Pretoria den Glauben teilt, daß beide einer höheren Rasse angehören und daß andere Rassen niedriger sind als sie, ist widersinnig und ganz und gar abzulehnen. Solche Gedanken werden von Afrika kompromißlos zurückgewiesen und angeklagt.

Zum Abschluß möchte ich im Namen meiner Delegation noch einmal betonen, daß meine Delegation den Rat dringend bittet, gegen das israelische Regime angemessene und schnelle Maßnahmen zu ergreifen und es wegen des ungesetzlichen Aktes der Aggression gegen die Republik Uganda zu verurteilen.

Mr. Herzog (Israel): Das Gewicht der Beweise, die Ugandas Komplizenschaft bestätigen, wuchs an dem Tag, als die detaillierten Aussagen der Geiseln analysiert worden waren und neues Beweismaterial verfügbar wurde. Nach der Befragung der Passagiere wissen wir jetzt, daß auf der Karte, die der Anführer der Luftpiratengruppe, Wilfried Böse, sofort nach dem Start des Flugzeugs in Athen hervorholte, schon klar die Route Athen-Benghasi-Entebbe eingezeichnet war. Wir wissen auch durch Veröffentlichungen, daß Idi Amin, bevor die entführte Maschine Entebbe erreichte, sein Privatflugzeug nach Somalia schickte, um dort den Terroristenführer aufnehmen und nach Entebbe bringen zu lassen, der später die Aufsicht über die gekaperte Maschine übernahm, nachdem sie in Entebbe gelandet war.

Den Mitgliedern des Rates ist außerdem bekannt, daß vier Terroristen das Flugzeug in Athen in ihre Gewalt brachten. Der Beweis, den ich vorgelegt habe und den andere Vertreter bestätigt haben, zeigt, daß das Flugzeug in Entebbe durch eine Verstärkung von etwa fünf Terroristen erwartet wurde. Vier Terroristen entführten das Flugzeug. Sieben Terroristen erhielten durch die Regierung von Uganda ein Staatsbegräbnis mit allen militärischen Ehren. Mit anderen Worten ergibt sich aus dieser Rechnung – inbegriffen auch die Rechnung Ugandas –, daß die Terroristen in Entebbe Verstärkung erhielten. Tatsächlich wissen wir, daß sie in zwei ugandischen Dienstwagen auf die Szene gefahren wurden, von denen einer von einem ugandischen Soldaten in Uniform gelenkt wurde.

Interessant ist festzustellen, daß trotz der überwältigenden Beweislast, die die Tatsache bestätigt, daß die Terroristen in Entebbe Verstärkung erhielten, weder in Präsident Amins Bericht, enthalten im Dokument S/12124, noch in den beiden Erklärungen seines Außenministers vom Freitag, dem 9. Juli, ein direkter Hinweis darauf zu finden ist.

Ich habe die Stellungnahme des Außenministers von Mauritius sorgfältig verfolgt, und nirgendwo war ein Hinweis, daß die Terroristen in Entebbe von einer Verstärkung erwartet wurden. Was den Außenminister von Mauritius anbelangt, gab es sie nicht. Die Beredsamkeit des Außenministers von Mauritius wurde nur noch von seinem beredten Schweigen übertroffen. Kurz nach der Freilassung von 101 Geiseln am 1. Juli sandte Associated Press aus Paris folgende Nachricht:

»Weitere von den Luftpiraten freigelassene Geiseln eines Air-France-Passagierflugzeuges kamen hier am frühen Morgen an und sagten, daß drei oder vier schwer bewaffnete Männer, offensichtlich Araber, warteten, um die ursprünglichen vier Entführer zu verstärken, als das über Griechenland gekaperte Flugzeug in Entebbe, Uganda, landete.«

Nach der israelischen Rettungsaktion brachte die französische Zeitung *Le Monde* in der Ausgabe vom 5. Juli zahlreiche Einzelheiten über das Luftpiratenstück, darunter folgendes:

»Bei ihrer Ankunft in Kampala trafen sie unmittelbar nach der Landung mit einer Gruppe von vier oder fünf Palästinensern zusammen, die mit Maschinenpistolen bewaffnet waren.«

Ähnliche Berichte erschienen in vielen anderen Zeitungen und Magazinen, auch wurden sie über Rundfunk- und Fernsehstationen ausgestrahlt. Alle Veröffentlichungen stützten sich auf Informationen von befreiten Geiseln und von Regierungsbeamten. Es gibt in niemandes Hirn auch nur den leisesten Zweifel, daß die Luftpiraten in Uganda Verstärkung erhielten. Wenn man die Botschaft, die Präsident Amin an den Präsidenten des Sicherheitsrates schickte, und die Erklärungen seines Außenministers sorgfältig liest, enthüllt sich einem ein unbeabsichtigter, indirekter Hinweis darauf, daß die Entführer in Kampala durch andere Terroristen Verstärkung erhielten. In Präsident Amins Bericht heißt es:

»Die Israelis griffen die Entführer sofort an und töteten sieben von ihnen.« (S12124, Anlage Seite 1.)

Ein ähnlicher Hinweis, daß sieben Entführer getötet wurden, findet sich in der Erklärung des ugandischen Außenministers auf Seite 17 des Dokuments S/PV 1939. Präsident Amins Hinweis auf »sieben von ihnen« besagt, daß mehr als sieben da waren. Wir erinnern uns jedoch, daß es nur vier waren, die die Air-France-Maschine nach dem Start in Athen in ihre Gewalt brachten. Damit haben Präsident Amin und sein Außenminister indirekt zugegeben, daß die ursprünglichen Flugzeugentführer auf dem Flughafen Entebbe durch weitere Terroristen Verstärkung erhielten. Welchen besseren Beweis für die Komplizenschaft Ugandas bei diesem Verbrechen braucht man noch als die Tatsache, daß Uganda gestattet hat, daß eine Verstärkung von vier oder fünf bewaffneten arabischen Terroristen zu den Entführern stoßen konnte?

Aus der wichtigen Rolle, die die Terroristen spielten, die sich in Kampala mit den Entführern trafen, ergibt sich ferner der Beweis, daß der Entebbe-Abschnitt der Entführung sorgfältig geplant war, was ohne die Mithilfe der Regierung von Uganda nicht möglich gewesen wäre. Die *New York Times*, die vom Außenminister von Mauritius völlig zu Recht als eine hochangesehene Zeitung bezeichnet wurde, interviewte eine der freigelassenen Geiseln, Mr. Michel Cojot, und berichtete darüber am 6. Juli:

Obwohl der Westdeutsche im Flugzeug einwandfrei der Anführer war, sagte Mr. Cojot und fügte hinzu, es war genauso klar, daß die vier Luftpiraten in dem Komplott nur einfache Soldaten waren, die keinerlei Befugnisse hatten, mit den Geiseln zu verhandeln oder Entscheidungen zu treffen. Sie durften sie nur gefangennehmen und in Schach halten.

Es waren die drei Araber, die auf dem Flughafen von Entebbe zu ihnen stießen, die das Kommando übernahmen und die weiteren Entscheidungen trafen, sagte er. Die Befehle kamen woanders her. Einer von ihnen sprach Spanisch.«

Mit anderen Worten: die Entführung durch die Volksfront zur Befreiung Palästinas hätte nicht wie geplant durchgeführt werden können, wenn das entführte Flugzeug sein vorher feststehendes Ziel Uganda nicht erreicht hätte, wo der Anführer des Unternehmens wartete.

Wenn Uganda nicht beteiligt war, wie konnte es dann dazu kommen, daß die Verstärkungen auftauchten? Warum haben diejenigen Vertreter, die sich in so bewegender Weise aus einem Gefühl des gemeinsamen Interesses heraus mit Idi Amins Uganda und der Sache des Terrorismus identifiziert haben, warum haben sie sich diese seltsame Entwicklung nicht selber zugeschrieben, die ihre Thesen als in sich falsch überführt hat?

Außerdem: Wenn es keine stillschweigende Einwilligung gab, wo sind dann die anderen Terroristen? Was ist mit den zwei oder drei Überlebenden der Rettungsaktion auf dem Flughafen Entebbe passiert? Warum sind sie nicht verhaftet und vorgeführt worden gemäß der Haager Konvention von 1970?

Da die Presse in unserer Verhandlung ausführlich zitiert worden ist, lassen Sie mich auch meinen Teil dazu beitragen. Eine weitere detaillierte Darstellung über Ugandas Beteiligung erschien am 5. Juli in der *New York Times*. Erlauben Sie mir, einen Teil des Artikels zu zitieren; denn er faßt zahlreiche Berichte zusammen, die erhärten, daß die ugandischen Behörden mit den Terroristen Hand in Hand gearbeitet haben. Der Bericht aus Paris lautet:

»Beamte und freigelassene Geiseln sagten heute, daß sie handfeste Beweise dafür hätten, daß Präsident Idi Amin mit den Entführern eines Airbus der Air France in Verbindung gestanden habe, sowohl während der Kommandoübernahme im Flugzeug als auch nach der Landung in Uganda . . .

Aus angesehener französischer Quelle verlautet, daß Präsident Amin es abgelehnt hatte, den französischen Botschafter in Uganda, Pierre Renard, oder einem französischen Sonderbeauftragten zu gestatten, direkt mit den Entführern zu verhandeln . . .

Alle bemerkten, daß während der ersten 24 Stunden nach der Landung in Entebbe Ugander die Geiseln bewachten, während die Entführer sich zurückzogen, um auszuruhen.

Andere Beweise, die auf die Verbindung des ugandischen Präsidenten mit den Entführern hinweisen, waren in Kommentaren französischer Diplomaten und in Berichten von Geiseln enthalten, die früher von den Terroristen freigelassen worden waren . . .

Unter den Passagieren, die in der vergangenen Woche freigelassen wurden, befanden sich auch Michel Cojot und sein zwölfjähriger Sohn Oliver. Mr. Cojot, ein französischer Unternehmensberater, hatte sich für die Geiseln als Dolmetscher nützlich gemacht und während der Heimsuchung einige kleine Bequemlichkeiten ausgehandelt.

Mr. Cojot sagte, daß er nicht den leisesten Zweifel hegte, daß Uganda über die Flugzeugentführung Bescheid gewußt habe und darauf vorbereitet war . . .

Mr. Cojot sagte, daß alle nach der Landung in Entebbe, dem internationalen Flughafen von Kampala, noch stundenlang im Flugzeug bleiben mußten.

Die Terroristen nahmen ihre Handgranaten und packten sie zurück in ihre Säcke, mit denen sie sie an Bord gebracht hatten. Sie steckten die tschechischen 7,65-Automatik-Pistolen, die sie während des Fluges nicht eine Sekunde aus der Hand gelegt hatten, in ihre Gürtel und setzten sich zusammen vorn im Flugzeug nieder, sagte Mr. Cojot. Bis dahin war immer mindestens einer vorn und einer hinten gewesen, um uns zu bewachen.

Mr. Cojot sagte, daß er es in dem Augenblick einrichten konnte, mit einem Besatzungsmitglied zu sprechen und ihm anzudeuten, daß es möglich wäre, die vier Entführer zu überwältigen, die zusammensaßen und keine Waffe in der Hand hielten, und dann könnte jemand aus dem Notausgang schlüpfen und um Hilfe rufen.

Wir stimmten jedoch darin überein, daß die Luftpiraten sich wie zu Hause fühlten. Die plötzliche Entspannung nach der vorangegangenen straffen Disziplin zeigte, daß sie sich in einer freundlich gesonnenen Umgebung glaubten . . .

. . . Die ganze Zeit bemerkten wir, daß wir von Entführern und Ugandern bewacht wurden.

Freunde der Entführer, die sie auf dem Flughafen trafen, erwiesen sich als Palästinenser, sagte Mr. Cojot. Sie kamen und gingen völlig frei in einem Datsun mit lokalem und diplomatischem Kennzeichen, und sie waren bewaffnet, fügte er hinzu.

Der ugandische Flughafendirektor hatte für die Geiseln etwas zu essen und zu trinken vorbereitet, gleich nach unserer Ankunft. Aber trotzdem mußte ich mit ihm reden, sagte Mr. Cojot, weil einmal nicht genug Teller da waren und dann nicht genug Gläser. Ich machte einen Scherz und sagte: ›Es muß schwer sein, sich um 263 unerwartete Gäste zu kümmern.‹

Der Manager antwortete: ›Oh, ich hatte Sie erwartet‹, sagte Mr. Cojot.«

Die *Washington Post* brachte am 5. Juli eine ähnlich detaillierte Anklage gegen Präsident Amin:

»Die Berichte der nichtjüdischen Geiseln, die vor ein paar Tagen freigelassen worden sind, unterstützten die Ansicht der Israelis.

Die befreiten Geiseln berichteten davon, daß Amin den Anführer der Entführergang und vier andere Entführer umarmte. Diese verließen dann die Geiseln, die 24 Stunden lang von ugandischen Truppen bewacht wurden.

Danach kamen die beiden Araber und die beiden Deutschen, die das Flugzeug über Griechenland in ihre Gewalt gebracht hatten, und wirkten erfrischt nach einer durchschlafenen Nacht und einem Bad.

Die vier Entführer trafen sich später mit mindestens drei Palästinensern, und die Bande wurde mit automatischen Waffen versorgt, berichteten französische und griechische Passagiere.

Ein griechischer Schiffsmechaniker, Christos Sarantis, der für die sieben Griechen sprach, die einige Tage zuvor entlassen worden waren, sagte: ›Wir wurden von schwarzen Soldaten bewacht und von etwa hundert Zivilpersonen, die ein ausgezeichnetes Verhältnis zu den Luftpiraten hatten und mit ihnen zusammenarbeiteten. Zwischen Amin, seinen Leuten und den Entführern herrschte beste Partnerschaft.‹«

Ich bin genau informiert über die Erklärung des Captain Bacos, die in der *New York Times* vom 6. Juli erschien und hier vom Außenminister von Mauritius zitiert worden ist. Die überwältigende Last der Beweise, die von der Mehrheit der freigelassenen Geiseln bestätigt wurde, zeigt jedoch – und darüber wurde sehr oft in der Presse geschrieben –, daß tatsächlich ugandische Truppen zusammen mit den Terroristen den Wachdienst über die 260 unschuldigen Geiseln und die Besatzung versehen haben. Ich bedaure, daß Uganda mit den Terroristen zusammengearbeitet hat.

Ich habe schon in meiner Erklärung vom vergangenen Freitag die Tatsache erwähnt, daß die Terroristen, immer unterstützt von den Ugandern, einige Israeli befragt haben, manchmal mit Gewalt und sogar mit Morddrohungen. Die *New York Times* von Sonntag, dem 11. Juli, brachte eine lebendige Beschreibung einer solchen Befragung, die von Terroristen und Ugandern durchgeführt wurde.

»Während Mr. Dahan von den Terroristen befragt wurde, was er wirklich über Israel wisse, wurde er ins Gesicht geschlagen, in den Rücken geboxt, und seine Finger wurden nach hinten gebogen. Ihm wurde befohlen, ausführliche Berichte über Israel zu schreiben, und er wich dahin aus, daß er über das Leben im Kibbutz berichtete und darüber, wie er Grapefruits erntete.

Nach einer solchen Übung riß ihm ein Ugander das Papier aus der Hand, warf es auf den Boden und sagte:

›So etwas wollen wir nicht . . . Wir wollen etwas über die Armee wissen. Wir wollen wissen, wo die Stützpunkte sind. Wir wollen den Namen deines Generals.‹

Ein großer Palästinenser, der eine Pistole trug, und ein anderer, der George genannt wurde, stießen bei der Befragung zu den vier ugandischen Offizieren hinzu. Einmal hielt George Mr. Dahan die Pistole auf die Brust.«

Angesichts der überwältigenden Last der Beweise, die von den meisten der 260 Passagiere und den Besatzungsmitgliedern der entführten Maschine bestätigt wurden, bleibt mir keine andere Wahl, als die beiden Erklärungen des Außenministers als nichts anderes zu bezeichnen als die furchtbarste Ansammlung von Verdrehungen, Halbwahrheiten, wohlerwogenen Auslassungen und unverblümten Lügen, wie sie dieser Rat seit langem gehört hat.

Ich will den Rat nicht dadurch ermüden, daß ich jede einzelne Verdrehung aufzähle. Es wäre zu viel aufzuzählen, es würde zu viel Zeit kosten. Es ist jedoch eine abscheuliche Lüge dabei, die mein Land nicht schweigend hinnehmen kann, und es ist meine Pflicht, die wahren Gesichter des Präsidenten von Uganda und seines Außenministers zu zeigen.

Vor diesem Sicherheitsrat hat der Außenminister von Uganda behauptet:

»Als es ihr – Mrs. Bloch – am Samstagabend, dem 3. Juli, wieder besser ging, wurde sie von Angestellten des Krankenhauses zum alten Flughafengebäude zu den anderen Geiseln zurückgebracht . . .

Die Israelis verübten mit dem Überfall auf den Flughafen Entebbe, wo die Geiseln einschließlich Mrs. Dora Bloch festgehalten wurden, einen Akt unverhüllter Aggression . . . Die Mitglieder der Invasionstrupps nahmen alle Geiseln mit, tot, verletzt oder sonst wie . . .

Die Presseberichte und diplomatischen Verlautbarungen, nach denen ein Diplomat Mrs. Dora Bloch am Sonntag im Krankenhaus gesehen haben will, sind falsch. Es gibt keine konkrete Information darüber.« (1939. Sitzung, Seite 112.)

So viel über die Behauptung des Außenministers von Uganda vor diesem Rat.

Ich wiederhole, daß dies eine verdammte Lüge ist. Ein britischer Diplomat hat Mrs. Bloch am Sonntag, dem 4. Juli, nach der Rettungsaktion der Israeli auf dem Flughafen von Entebbe, im Krankenhaus besucht. Das wurde diesem Rat durch den Vertreter Großbritanniens klar bestätigt. Der Diplomat bestätigte, daß sie von zwei Männern bewacht wurde und daß man ihm nicht erlaubte, sie zu sehen, als er eine Stunde später zurückkam. Dieser Diplomat, so informierte uns gestern der Vertreter Großbritanniens, soll heute aus Uganda ausgewiesen werden.

Und jetzt haben wir die beunruhigende Nachricht vernommen, daß die Regierung von Uganda im Zusammenhang mit dieser Verhandlung vor dem Sicherheitsrat ausländische Staatsbürger in Uganda mit Erpressung bedroht. Mit anderen Worten: Zum erstenmal in der Geschichte wird ein direkter Versuch unternommen, die Verhandlungen in diesem Rat durch Bedrohung mit Erpressung höchst zweifelhaften Charakters zu beeinflussen.

Wie kann dieser Rat schweigend darüber hinweggehen? Wie kann er einen dreisten Versuch ignorieren, dieses Gremium zu beeinflussen? Wie können die Mitglieder dieses Rates diesen empörenden Versuch, ihre nationale Souveränität zu verletzen, einfach übersehen? Die ganze gemeine Affäre verurteilt nicht nur die Regierung Ugandas, sondern auch alle Länder, die sich während dieser Debatte gegen Israels Rettungsaktion ausgesprochen haben.

Sie haben den Ausgangspunkt dieser Streitfrage übersehen, nämlich die Entführung des Flugzeugs. Und aus Gründen der politischen Zweckmäßigkeit haben sie nicht einmal den Anstand, ein Wort über das Schicksal einer 75jährigen alten Dame zu verlieren, die aus dem Krankenhaus herausgezerrt wurde, aller Wahrscheinlichkeit nach in ein Schicksal hinein, das vor ihr Zehntausende von Ugandern getroffen hat, ein Schicksal, das der Außenminister von Kenya heute in einem Brief an Sie, Mr. Präsident, beschrieben hat.

Mit allem gebührenden Respekt vor dem Außenminister von Mauritius und anderen Mitgliedern, die sich ihm in der Frage der Verurteilung Israels angeschlossen haben – daß sie sich nicht in der Lage sahen, das Schicksal der Mrs. Bloch auch nur flüchtig zu erwähnen, daß sie sich nicht in der Lage sahen, an die Behörden Ugandas eine Frage nach ihrem Verbleib zu richten, läßt auf das moralische Niveau einiger Standorte in dieser Debatte schließen.

Der Fall der Mrs. Bloch betont nur auf tragische Weise den Umfang der Mitschuld der Ugander. Lassen Sie mich aus einer Erklärung zitieren, die unser Außenminister Mr. Yigal Allon gestern vor der Knesset abgab:

, »Das Verschwinden von Mrs. Bloch gehört untrennbar zum gesamten Fall dieser Luftpiraterie. Das Schicksal, das ihr zugestoßen ist, gibt anschaulichen Aufschluß über die schreckliche Gefahr, die das Leben aller entführter Passagiere in Entebbe bedrohte, bis sie in der großartigen Rettungsaktion von den israelischen Verteidigungsstreitkräften befreit wurden. Es zeigt aber auch ein für allemal, wie hohl und voller Verachtung gleicherweise in menschlicher, moralischer und rechtlicher Hinsicht diese Stimmen sind, die sich beeilten, Israel in der internationalen Arena zu verurteilen, weil es gegenüber seinen Bürgern seine elementarste Pflicht erfüllte, indem es sie aus dieser furchtbaren Gefahr befreite.«

Noch einmal möchte ich die Aufmerksamkeit dieses Rates auf eine Tatsache lenken, die geflissentlich übersehen worden ist, nämlich daß bis heute, zehn Tage nach der Befreiung der Geiseln, das französische Air-France-Flugzeug nicht freigegeben worden ist. Das ist wieder ein bezeichnender Faktor, wenn auch weniger wichtig vor dem Hintergrund von Blutvergießen, Terror, Leiden und Unglück der Menschen, das dieser Zwischenfall zur Folge hatte.

Viele Reden, die von diesem Pult aus gehalten wurden, möchte ich nicht widerlegen. Sie wurden zum Teil von Vertretern aus Ländern gehalten, deren

Regimes so viel mit dem Regime in Uganda gemeinsam haben, daß mich ihre Bemerkungen weder in rechtlicher noch moralischer Hinsicht etwas angehen. Eines dieser Länder ist Somalia, das, wie ich schon erwähnte, ein Zentrum für terroristische Aktionen und ein Schrecken für die Nachbarländer geworden ist. Der Vertreter Somalias setzte ferner das Verfahren fort, einige meiner Äußerungen falsch zu zitieren, eine Tatsache, die mich nicht überrascht. Dennoch möchte ich mich auf einige der abgegebenen Erklärungen beziehen.

Was den mexikanischen Brief anbelangt, am 9. Juli 1976 an Sie gerichtet, Mr. Präsident, so haben wir immer mit Verständnis das Einschreiten Mexikos gegen den Terrorismus im eigenen Lande verfolgt. Darum sind wir um so mehr erstaunt, daß Mexiko unfähig ist, im gleichen Maße Verständnis aufzubringen, wenn Aktionen gegen den Terror in Fällen unternommen werden sollen, in denen die Opfer keine Mexikaner sind. Es ist völlig unglaublich und jenseits allen Fassungsvermögens, daß politisches Zweckdenken die Regierung von Mexiko veranlaßt haben sollte, sich gegen ein kleines Land zu stellen, das sich allein gegen den gemeinsamen Feind Mexikos und Israels stellt, nämlich gegen den internationalen Terrorismus.

Ich kann meine Verwunderung darüber nicht verbergen, daß der Vertreter Jugoslawiens sich diesmal wieder in der Lage sah, wie schon früher auf Seiten jener in die Debatte einzugreifen, die Israel verurteilen, wahrscheinlich in seinem eifrigen Bestreben, seine Loyalität zu den Kommentaren der sogenannten blockfreien Staaten zu demonstrieren. Wenn es ein Land auf der Welt gibt, das an einem Vorgehen gegen den Terrorismus interessiert sein sollte, wenn es ein Land auf der Welt gibt, das ein Wort des Beileids für die Opfer von Luftpiraterie und Terrorismus finden sollte, dann ist es Jugoslawien. Der jugoslawische Delegierte hat bemerkenswerterweise Uganda kondoliert. Unschuldige israelische Geiseln wurden bei dem Zwischenfall ebenfalls getötet. Warum hatte Jugoslawien für sie kein Wort übrig? Es ist traurig, daß sich Jugoslawien bei jeder Gelegenheit vor diesem Forum beeilt, sich an die Spitze derer zu stellen, die Israel verurteilen, ganz egal aus welchem Anlaß, offensichtlich geblendet durch eine extrem antiisraelische Haltung und durch Parteinahme für den neuen Antisemitismus in der Welt von heute. Jugoslawien und viele andere Länder, deren Vertreter heute hier gesprochen haben, können nicht einsehen, daß der internationale Terrorismus – unter dem sie nicht weniger leiden als andere –, sie die Wirkung der Worte, die sie hier vor diesem Rat gesprochen haben, noch spüren lassen wird.

Um es offen zu sagen, ich bedaure vielleicht mehr noch als andere Reaktionen die von Tansania. Ich bedaure sie, weil ich den Vertreter Tansanias persönlich sehr schätze und weil ich und viele andere in Israel großen Respekt vor dem großen Mu'allim Teacher, dem Präsidenten von Tansania, haben, dessen Gast zu sein ich die Ehre hatte. Bei seinen rechtlichen Einwänden hat er geflissentlich vergessen, daß die juristischen Sachverständigen, die er zitiert, solche Aktionen, über die wir hier diskutieren, im Rahmen des internationalen Rechts durchaus rechtfertigen aufgrund des Selbstverteidigungsrechts des einzelnen und des kollektiven Selbstverteidigungsrechts. Das habe ich, wie ich glaube, am Freitag ausgeführt, als ich des längeren aus den Schriften der Sachverständigen für internationales Recht zitierte. Er und andere zitierten Artikel 2, Paragraph 4, der Charta der Vereinten Nationen, der die Staaten verpflichtet, ihre Streitigkeiten mit friedlichen Mitteln beizulegen. Lassen Sie mich noch einmal aus O'Connell, »Internationales Recht«, zweite Auflage, Seite 303, zitieren:

»Artikel 2 (4) der Charta der Vereinten Nationen sollte als Verbot von Gewaltanwendungen gegen die territoriale Unverletzbarkeit und die politische Unabhängigkeit von Staaten ausgelegt werden, nicht aber als Verbot von Gewaltanwendung, die, in Ziel und Wirkung begrenzt, dem Schutz der Unverletzlichkeit des eigenen Staates und der lebenswichtigen Interessen seiner Bürger dient, falls der Mechanismus, den die Charta der Vereinten Nationen vorsieht, in der betreffenden Situation unwirksam ist.«

Der Verstand stumpft ab, und das Gedächtnis wird benebelt, je länger die Debatte vor diesem Rat andauert. Darf ich den Rat daran erinnern, daß wir über eine Entscheidung der Regierung Israels sprechen, die getroffen wurde, um seine Bürger zu schützen, Geiseln, deren Leben bedroht war, mehr als 100 Männer, Frauen und Kinder, die von den Terroristen, die sie entführt hatten, mit Waffengewalt in Schach gehalten wurden, Terroristen, die keine Souveränität anerkennen, alle Rechte mißachten und schon früher gezeigt haben, daß ihre Bestialität grenzenlos ist.

Das sind dieselben Leute, die an Händen und Füßen gefesselte Diplomaten erschießen, die während der Olympischen Spiele an Händen und Füßen gefesselte Sportler ermorden und die kürzlich Kinder als Geiseln festhielten und bereit waren, sie abzuschlachten. Diese Leute wurden unterstützt und ermutigt durch eine Regierung, an deren Spitze ein rassistischer Mörder steht, der applaudiert hatte, als an Händen und Füßen gefesselte israelische Sportler von Terroristen niedergemetzelt wurden, der vor diesen Vereinten

Nationen die Beseitigung Israels gefordert hat, der nicht nur Hitler für den Mord an sechs Millionen Juden gelobt hatte, sondern sogar vorschlug, ein Hitler-Denkmal zu errichten, ein Schritt, der selbst den Sowjetbotschafter in Kampala veranlaßte, Präsident Amin zu sagen, das ginge zu weit. Dies war das Problem, dem sich Israel gegenübersah: Über hundert Männer, Frauen und Kinder, unschuldige Geiseln, auf die Terroristenwaffen gerichtet waren, Geiseln, die kaum einen Zweifel daran hatten, daß es die Absicht dieser Terroristen war, ihren üblen Plan auszuführen und unschuldige Menschen abzuschlachten, wie sie es schon früher getan hatten. Das ist das Bild, das sich die Vertreter vor das geistige Auge führen sollten, wenn sie über die Frage diskutieren.

Ich bedaure viele Bemerkungen des Vertreters von Tansania, weil ich bezweifle, daß sie weder seine wahren Gefühle noch die wahren Gefühle der Regierung von Tansania widerspiegeln.

Ich weise den lächerlichen Versuch zurück, das israelische Unternehmen zur Rettung der Passagiere mit einem Angriff gegen Afrika gleichzusetzen. Wie kann der Vertreter Tansanias auf eine solche Äußerung kommen?

Würde es Afrika besser gehen, wenn palästinensische Terroristen im Einvernehmen mit Präsident Amin über hundert Männer, Frauen und Kinder niedergemetzelt hätten?

Würde es Afrika besser gehen, wenn das Blut jener unschuldigen Opfer den Boden Afrikas befleckt hätte?

Wer hat Afrika besudelt? Israel, weil es im Einklang mit dem internationalen Recht seine Bürger gerettet hat? Oder das rassistische Regime in Uganda, das einen heroischen Krieg gegen eine 75 Jahre alte wehrlose Dame führte?

Wer bedroht Afrika? Israel, das so vielen afrikanischen Ländern Hilfe geleistet hat, einigen heute noch hilft auf dem Gebiet der Landwirtschaft, der Technik oder des Gesundheitswesens? Oder das Land, das diese Woche dreißig Kampfflugzeuge als Verstärkung nach Uganda geschickt hat, nämlich die Regierung von Libyen? Gegen wen werden diese Flugzeuge eingesetzt, und von wem werden sie geflogen? Sie wissen genau so gut wie ich, daß sie gegen Kenya und Tansania fliegen werden, die bedroht worden sind und weiter offen bedroht werden, und zwar in Erklärungen des Präsidenten von Uganda, und daß die Maschinen unter anderem von PLO-Piloten geflogen werden.

Wer bedroht Afrika und die Afrikaner?

Israel, dessen Weigerung, sich in irgendeiner Weise in Präsident Amins

Plan verwickeln zu lassen, Tansania im Jahre 1972 zu bombardieren und zu erobern, zum Bruch Ugandas mit Israel führte? Oder das Staatsoberhaupt, das in Israel und anderen Ländern beiläufig eine Landkarte hinlegte, auf der die Einmarschwege nach Tansania schon eingezeichnet waren?

Wer hat Afrika mit Verachtung gestraft, wenn nicht der Präsident von Uganda, der den Präsidenten von Tansania, einen Mann von Format und internationalem Ruf, mit Ausdrücken bezeichnet hat, die so verächtlich und eklig sind, daß ich sie wegen der hohen Wertschätzung, die mein Volk und ich für den Präsidenten von Tansania empfinden, nicht wiederholen möchte.

Der Vertreter Tansanias sagte, er »hätte es vorgezogen, wenn Prinzipien den Vorrang gegenüber Zweckmäßigkeit bekommen hätten«.

Über welche Prinzipien wird gesprochen? Über die Prinzipien von Uganda, die sich in der finsteren Aufzählung von Mord, Kidnapping und Banditentum in dem Dokument widerspiegeln, das der Außenminister von Kenya heute vorgelegt hat? Haben Sie hier ein Wort gegen die ugandischen Prinzipien gesagt? Sind es Grundsätze oder Zweckmäßigkeitsdenken, die Sie, einen angesehenen Vertreter eines angesehenen Staates, ebenso zum Mitbefürworter dieser Resolution werden ließ wie Libyen, das Land, das Zahlmeister und Zentrum des Weltterrorismus ist, das Land, das Kampfflugzeuge nach Uganda liefert? Sie wissen genauso gut wie ich, daß diese Kampfflugzeuge von Uganda nicht gegen Israel eingesetzt werden.

Wenn Sie, mein lieber Freund, über Prinzipien und Zweckmäßigkeit diskutieren wollen, lassen Sie uns das auf jeden Fall tun. Aber lassen Sie uns die Begriffe auch definieren. Lassen Sie uns nicht verschiedener Meinung sein über Prinzipien und Zweckmäßigkeit, genauso, wie wir auch unter Terror und Rettungsoperationen dasselbe verstehen sollten.

Ich kann nur wiederholen, was ich am Freitag sagte: Laßt uns aufhören, mit unterschiedlichen Maßstäben zu messen. Wenn Terror schlecht ist, ist er überall schlecht, für jedermann und bei jeder Gelegenheit. Er ist schlecht ohne Rücksicht auf Farbe, Rasse, Glaube oder Nationalität des Terroristen. Er ist schlecht ohne Rücksicht auf Farbe, Rasse, Glaube oder Nationalität des Opfers.

Das ist unser Problem. Das ist das Problem, mit dem die Vereinten Nationen sich bisher nicht befaßt haben. Das ist das Problem, das die ganze Welt heimsuchen wird, wenn wir uns nicht damit befassen.

Ich hörte den Ausführungen des Vertreters von Pakistan zu. Ehrlich gesagt, ich hätte ihnen mehr Aufmerksamkeit geschenkt, wenn sie nicht vom Vertreter eines Regimes gekommen wären, das seine gesamte politische Opposition hinter Gefängnisgitter gesteckt hat. Hier zeigte sich die miserable Erscheinung des Vertreters eines Staates, dessen eigene Bürger vom rassistischen Regime Idi Amins brutal aus Uganda vertrieben worden waren und der nun umkippt, um sich beim Unterdrücker seiner eigenen Verwandten und Bekannten einzuschmeicheln. Wie verachtenswert kann ein Mensch sein?

Der Vertreter der Sowjetunion hat mich gefragt, warum wir nicht die Dokumente der Vereinten Nationen herangezogen haben, die Aggression innerhalb internationaler Beziehungen verbieten. Der Vertreter der Sowjetunion muß wissen, daß die Definiton von Aggression, die die Vollversammlung am 15. Dezember 1974 angenommen hat, in allen juristischen Kreisen kritisiert worden ist. Sie ist kein bindender Bestandteil des internationalen Rechts und schließt zufällig auch einen Akt nicht aus, wie ihn Israel durchgeführt hat.

Als der Vertreter der Sowjetunion fragte, warum Israel keine Anklage vor dem Sicherheitsrat erhoben hatte, wußte ich nicht, ob er naiv war oder glaubte, ich sei naiv. Lassen Sie mich ihm versichern, in dieser Hinsicht kann man mich nicht so einstufen, und ich zweifle nicht daran, daß auch er alles andere ist als naiv.

Ich frage den Vertreter der Sowjetunion: Wenn wir eine Klage vorgelegt hätten, wäre sie von der Sowjetunion unterstützt worden? Warum gab es keine sowjetische Stellungnahme, als das Flugzeug gekapert wurde? Warum haben die Sowjets nicht die vielen von der PLO begangenen Terrorakte in der Vergangenheit verurteilt? Warum haben sie keine Erklärung abgegeben oder einen Aufruf veröffentlicht, als die unschuldigen Geiseln in Entebbe festgehalten wurden? Warum sagte der Vertreter der Sowjetunion nicht ein einziges Wort über das Schicksal der Dora Bloch? Und warum wurde keine direkte Anfrage in diesem Punkt an den Vertreter Ugandas gerichtet? Schließlich haben die Sowjets Einfluß in Uganda.

Hat der Vertreter der Sowjetunion vergessen, daß die Sowjetunion seit 1954 jeden Versuch Israels abgeblockt hat, einen Fall vor den Sicherheitsrat zu bringen? Seit 22 Jahren haben wir wegen des Vetorechts der Sowjetunion keine Rechtsmittel in diesem Rat. Wir sind Zynismus in diesem Gremium gewöhnt, aber die zynische Frage des Vertreters der Sowjetunion – »Warum klagt Israel nicht vor diesem Rat?« –, wenn er im voraus weiß, daß er ohne

Rücksicht auf die Substanz der Anklage sein Veto einlegen wird, ist für mich der Gipfel des Zynismus.

Ich bemerke die sowjetische Sorge um die Unverletzlichkeit des afrikanischen Territoriums, und ich bin fest davon überzeugt, daß diese ergreifende Sorge sich in Politik und Aktionen der Sowjetunion widerspiegeln wird.

Der Vertreter der Sowjetunion sprach über Aggression und die Unverletzlichkeit territorialer Integrität und nationaler Souveränität. In diesem Punkt bin ich ihm unterlegen; denn die Sowjetunion hält, was Ungarn, die Tschechoslowakei und andere osteuropäische Länder anbelangt, einen sehr ansehnlichen Rekord. Mein chinesischer Kollege könnte dazu zweifellos noch mehr sagen.

Ich möchte dem Vertreter der Sowjetunion versichern, daß die Menschen in Ungarn 1956 und in der Tschechoslowakei 1968 nur zu glücklich gewesen wären, wenn die sowjetische Intervention nur der Rettung von 100 Geiseln gegolten und nicht länger als 53 Minuten gedauert hätte, wie es in Entebbe der Fall war. Damals hatte die Sowjetunion große Mühe, ihre Lage zu erklären. In dem Artikel »Souveränität und die internationalen Pflichten sozialistischer Länder«, veröffentlicht in der »Prawda« vom 26. September 1968, erklärte Sergei Kovalov die Rechtfertigung der Sowjetunion für solche Aktionen wie folgt:

»Diejenigen, die von ›illegalen‹ Aktionen der vereinigten sozialistischen Länder in der Tschechoslowakei sprechen, vergessen, daß es in einer Klassengesellschaft kein Gesetz gibt und geben wird, das unabhängig von der Klasse ist.«

In einer zivilisierten Gesellschaft gibt und kann es kein Recht geben, das von den höchsten Prinzipien der Menschheit unabhängig ist, nämlich von Freiheit und Menschenwürde. Das, mein Kollege aus der Sowjetunion, war das Prinzip, das Israel in Entebbe verteidigt hat.

Vielleicht ist das Dokument, das Algerien diesem Rat übergeben hat und das der Vertreter der Sowjetunion mit Beifall begrüßte, ein Gradmesser für das Verhalten von Regierungen in solchen Fällen.

Es ist sicher angebracht, daß Algerien sich für die Terroristen und Entführer ausspricht, wenn man bedenkt, daß es Algerien war, wohin das erste gekaperte Flugzeug in einer Aktion gegen Israel 1968 umgeleitet wurde. Algerien war direkt an dieser Aktion beteiligt und bahnte damit den Weg für künftige Heldentaten der Terroristen. Man konnte kaum erwarten, das Algerien, das eine so prominente Rolle in der Geschichte der Luftpiraterie, des internationalen Kidnappings und des Gebrauchs diplomatischer Immunität für terroristische Zwecke gespielt hatte, seinen Platz in der »Halle des Schicksals« des internationalen Terrorismus einbüßen wollte. Sie mußten auf die Bühne treten. Immerhin, was Amin vor zwei Wochen tat, vollbrachten sie 1968.

Im Laufe all dieser Diskussionen neigten einige Delegationen dazu, die Gruppe zu übersehen, die diese Flugzeugentführung organisiert hat, nämlich die PLO. Die PLO hat sich in einer Erklärung von diesem Unternehmen distanziert. Das ist gelogen. Die PFLP, der die Entführer angehörten, ist ein festes Mitglied der PLO. Man wird sich erinnern, daß die PLO früher jede Kenntnis der Organisation »Schwarzer September« leugnete, obwohl sie zu der Zeit von Yasier Arafats Stellvertreter geleitet wurde. Das war die Gruppe, die nach Angaben des Präsidenten des Sudan von Yassir Arafat persönlich den Befehl bekam, die amerikanischen und belgischen Diplomaten 1973 in der saudi-arabischen Botschaft in Khartum zu töten.

Die Politik der PLO ist eine verbürgte Tatsache. Sie basiert auf höchst brutalem Terrorismus. Dabei wurden unschuldige Menschen angegriffen, darunter unschuldige Frauen und Kinder. Diese Banden haben in Kiryat Shmona kaltblütig schwangere Frauen niedergemacht, haben an Händen und Füßen gefesselte olympische Athleten erschossen, haben Flugzeuge entführt, haben öffentlich Morde begangen, haben kleine Schulkinder in Ma'alot als Geiseln genommen und dabei den Tod von zwanzig Kindern verschuldet, mehr als sechzig wurden verletzt. Es sind dieselben Individuen, die versuchten, den palästinensischen Arabern auf dem Westufer und in Gaza ein Regime des Terrors aufzuzwingen, indem sie kaltblütig alle diejenigen umbrachten, von denen sie glaubten, daß sie nicht ihrer Meinung waren. Das sind dieselben Individuen, die 1974 in Rabat den Mord an fünf Chefs arabischer Staaten planten. Vierzehn PLO-Mitglieder wurden danach in Marokko ins Gefängnis gebracht. Das sind die Mitglieder derselben Organisation, die auf überaus feige Weise den Premierminister von Jordanien, Wasfi Tall, während seines Aufenthalts in Kairo ermordeten. Einem der Mörder genügte es nicht, den Premierminister in den Rücken zu schießen, er mußte auch noch öffentlich auf den Stufen des Sheraton-Hotels in Kairo sein Blut trinken.

Das sind dieselben Leute, die am 31. Januar 1974 die Ölanlagen in Singapur sabotierten. Das sind dieselben Leute, die von der ägyptischen Botschaft in Madrid Besitz ergriffen und den Botschafter und zwei seiner Mitarbeiter als Geiseln festhielten.

Das sind dieselben Leute, die amerikanische und belgische Diplomaten 1973 in Khartum ermordeten. Das sind dieselben Leute, die bei der Zerstörung des libanesischen Staates als Werkzeuge dienten, den Staat auseinanderzureißen, während dieser Rat schweigt und zuläßt, daß Zehntausende getötet und ebensoviele verwundet werden. Das sind die Terroristen, die die Minister der OPEC-Konferenz in Wien entführten und als Geiseln festhielten. Sie wurden von der algerischen Regierung befreit auf eine Weise, die eine dreiste Unterstützung der Terrorverbrechen dieser Gruppe darstellte. Von dort wurden sie nach Libyen gebracht, wo der libysche Premierminister Jalloud dieselben Terroristen begrüßte und umarmte, die noch tags zuvor in Wien einen libyschen Staatsbürger erschossen hatten.

Das sind die Leute, die Not, Mord und Totschlag in den Nahen Osten gebracht haben und die Vokabel Terrorismus zum internationalen Schlagwort machten – Terrorismus, der unschuldige Menschen überall auf der Welt treffen kann.

Ich möchte auch bemerken, wenn ich schon die arabische Unterwürfigkeit unter den Terrorismus diskutiere, daß die Regierung von Ägypten die Entscheidung der Organisation der Afrikanischen Union gefördert hat, diese Angelegenheit vor den Rat zu bringen. Lassen Sie mich daran erinnern, daß die Regierung von Ägypten den feigen Mörder freigelassen hat, der den jordanischen Ministerpräsidenten Wasfi Tall erschoß und auf der Treppe des Sheraton-Hotels in Kairo dessen Blut trank. 1970 setzte die ägyptische Regierung die Terroristen der »Schwarzer September«-Gruppe auf freien Fuß, die einen entführten Pan-American-Jumbo in Kairo auf dem Flughafen landen ließ und ihn dort in die Luft sprengte.

Aufmerksam habe ich gestern die langatmigen Ausführungen des libyschen Vertreters angehört, die sich auf die Tagesordnung bezogen, und ich muß sagen, daß ich für seine Sorgen volles Verständnis habe, die er heute noch einmal vorgetragen hat. Wer außer dem Vertreter in Libyen, des Landes, das Zahlmeister und sicherer Hafen für den internationalen Terrorismus ist, könnte es wünschen, in diesem Gremium eine Diskussion über das Übel, das internationaler Terrorismus heißt, zu unterbinden? Libyens Rolle bei der Unterstützung des internationalen Terrorismus in finanzieller, militärischer und politischer Hinsicht, seine Beteiligung bei Mordversuchen an ausländischen Staatsoberhäuptern, auch arabischen, ist uns wohl bekannt, ich brauche darüber nichts zu wiederholen.

Die Motivation hinter dem Versuch, den Tagesordnungspunkt zeitlich festzulegen, ist jedoch völlig klar, wenn man die Information berücksichtigt, die während des Wochenendes vom ägyptischen Präsidenten veröffentlicht wurde. In einem Interview der ägyptischen Zeitung *Akhbar El Yom*, so berichtete die Middle East News Agency am 10. Juli, sprach Präsident Sadat, der erst in der Woche zuvor den Libyschen Botschafter wegen Beteiligung an Terrorakten ausgewiesen hatte, offen mit dem Einverständnis, daß sein Name in diesem Zusammenhang genannt wurde, über die Verwicklung Libyens in den internationalen Terror.

Es ist bekannt, daß Libyen Anlaufstelle und Zufluchtsort für die meistgesuchten internationalen Terroristen ist, deren Kollegen unter denen waren, die die Entführung einer Air-France-Maschine nach Uganda durchführten.

Während in diesem Gremium die Überlegungen fortgesetzt wurden, unternahmen in der Praxis Streitkräfte, die von Libyen finanziert und unterstützt wurden, weitere Operationen im Sudan gegen die sudanesische Regierung.

Welcher weiteren Beweise bedarf es noch, um zu zeigen, daß Libyen das Recht, in dieser Frage abzustimmen, verwirkt hat und daß es überhaupt nicht qualifiziert ist, Mitglied des Sicherheitsrates zu sein, einer Körperschaft, deren Pflicht es ist, internationalen Frieden und Sicherheit zu fördern?

Zum Schluß darf ich allen jenen Vertretern meine Wertschätzung ausdrücken, die den Mut hatten, einen klaren, eindeutigen Standpunkt auf der Seite des menschlichen Anstands und der menschlichen Freiheit einzunehmen, gegen die Plage des internationalen Terrorismus und gegen die Länder, die ihn unterstützen, sei es durch Beteiligung oder Duldung.

Die beredte und ergreifende Stellungnahme des Vertreters der Vereinigten Staaten von Amerika, Mr. Scranton, und der Aufruf all der anderen Delegationen, die diese Körperschaft zum Handeln drängen wollen, muß ein Echo in aller Welt hervorrufen, ungeachtet aller politischer Differenzen. Ich bitte alle Länder, die ihren Standpunkt zu diesem Problem vor diesem Rat schon festgelegt haben, sich zusammenzuschließen und gegen Luftpiraterie und internationalen Terrorismus vorzugehen.

Ich bin sicher, daß viele ihrem Beispiel folgen werden. Diese Zusammenkünfte werden in mehr als einer Weise darüber entscheiden, ob die Vereinten Nationen ihren Weg abwärts in den Griff der Despoten fortsetzen oder ob sie ihre rechtmäßige Position im Interesse von Humanität und internationalem Frieden wieder einnehmen werden.

Mr. Abdalla (Uganda): Die Behauptungen der israelischen Delegation sind nicht wahr. Zum ersten bezog sich der Vertreter Israels in der Frage der Komplizenschaft auf Mr. Cojot. Aber Mr. Cojot ist nur einer der Leute, die sich über den Entebbe-Zwischenfall geäußert haben. Andere Berichte, die von Besatzungsmitgliedern gegeben wurden, sprechen positiv über meinen Präsidenten. Zum Beispiel haben der Bordmechaniker und der Kapitän Darstellungen gegeben, die man in »Le Monde« nachlesen kann.

Was Mrs. Bloch anbetrifft, so habe ich dem, was ich Freitag vor diesem Rat gesagt habe, nichts hinzuzufügen. Wie ich damals sagte, haben die israelischen Invasionsstreitkräfte alle in Entebbe verbliebenen Geiseln mitgenommen, einschließlich Mrs. Bloch.

Lassen Sie uns nicht abschweifen. Wir sind hier, um die israelische Aggression zu verurteilen, und nichts weiter. Im Namen der ugandischen Delegation weise ich darum alle von dem Vertreter des zionistischen Israel gegen mein Land aufgestellten Behauptungen zurück. Das meiste, was er sagte, war nichts als ein Bündel von Lügen.

Diese Debatte zieht uns nur in einen Packen Lügen und in Verwirrung. Und, Mr. Präsident, Sie sind dafür verantwortlich, daß dieses Gremium dahin geführt wird, daß wir eine konkrete Verurteilung Israels erreichen.

Israel hat natürlich das Recht, sich hier zu rühmen, ugandische Offiziere und Soldaten getötet und Eigentum zerstört zu haben, und die sogenannten Supermächte versuchen, Israel in Schutz zu nehmen.

Vielleicht wird es nicht mehr lange dauern, vielleicht doch, es liegt in Gottes Hand. Aber jene, die sich heute als Supermächte betrachten, werden dann beerdigt sein.

Wir sind keine Kinder, obwohl wir kleine Länder sind. Aber mit uns kann man nicht spielen.

Der Vertreter Israels verurteilt Uganda, alle afrikanischen Staaten und die Dritte Welt, für das, was sie getan haben. Weil wir klein sind, können wir nicht gegen die Vereinigten Staaten, Großbritannien oder Israel kämpfen. Wir haben keine Waffen, wir haben nichts, mit dem wir sie auf die Knie zwingen können.

Aber ich sage Ihnen, eines Tages wird uns die Geschichte Recht geben.

Aufzeichnungen von drei Telefongesprächen zwischen Colonel Baruch Bar-Lev und dem Präsidenten von Uganda, Idi Amin

Mittwoch den 13. Juni 1976, 14 Uhr

Bar-Lev: Ist da der Präsident?

Amin: Wer spricht?

Bar-Lev: Colonel Bar-Lev.

Amin: Wie geht's, mein Freund?

Bar-Lev: Wie fühlen Sie sich, Sir?

Amin: Ich freue mich sehr, gerade heute Ihre Stimme zu hören.

Bar-Lev: Ich spreche von zu Hause aus. Ich habe gehört, was passiert ist. Darf ich Sie etwas fragen?

Amin: Einverstanden, weil Sie ein guter Freund sind.

Bar-Lev: Ich weiß, Sir . . . Mein Freund, Sie haben jetzt eine gute Gelegenheit, als großer Friedensstifter in die Geschichte einzugehen. Mögen Menschen im Ausland, in England, in Amerika, in Europa, Negatives über Sie schreiben – jetzt haben Sie die Chance, ihnen zu zeigen, daß Sie ein großer Friedensstifter sind, wenn Sie die Menschen befreien, werden Sie als ganz großer Mann in die Geschichte eingehen, und das wird gegen Ihre Gegner sprechen. Seit ich heute morgen im Radio von den Ereignissen gehört habe, mußte ich darüber nachdenken.

Amin: Ein Gespräch mit der Volksfront zur Befreiung Palästinas verlief zufriedenstellend. Sie haben 47 Geiseln freigelassen. Jetzt haben sie noch 145 Israelis und Juden, dazu andere Geiseln, zusammen 250 . . . Ich habe gerade 47 Geiseln befreit und zum französischen Botschafter bringen lassen. Es ist wichtig, daß Sie um 17 Uhr Radio Uganda hören.

Bar-Lev: Was ist mit den israelischen Geiseln?

Amin: Ich möchte, daß Sie wissen, daß Sie für immer mein Freund sind . . . Ich haben den amerikanischen Journalisten erzählt, daß Colonel Bar-Lev mein Freund ist. Es würde mich freuen, Sie zu treffen, weil ich Sie gut kenne. Ich bin bereit, Frieden zu stiften zwischen den Israelis und den Arabern. Übermitteln Sie das Ihrer Regierung. Sagen Sie alles, was Sie von mir wollen.

Berichten Sie Ihrer Regierung, daß sie diese Erklärung den Franzosen übermitteln möge, daß ich die Forderungen der Palästinenser annehmen will, um das Leben der Israelis zu retten.

Bar-Lev: Können Sie etwas tun, um sie vom Töten abzuhalten?

Amin: Ich kann etwas tun, wenn Ihre Regierung deren Forderungen sofort annimmt ... Sie werden mich jetzt anrufen. Um 17 Uhr werden sie ihre endgültige Entscheidung veröffentlichen. Darum muß schnell entschieden werden, noch vor morgen mittag. Wenn nicht, werden sie das Flugzeug in die Luft jagen und alle Geiseln töten. Ihre Regierung muß alles nur Menschenmögliche unternehmen.

Bar-Lev: Mr. Präsident ... Erinnern Sie sich daran, daß Ihre Mutter Ihnen sagte, bevor sie starb, daß Sie den Israelis im Heiligen Land helfen sollten? Wenn Sie ein großer und heiliger Mann sein wollen, wenn Sie in die Geschichte eingehen und vielleicht sogar den Nobelpreis erhalten wollen, dann müssen Sie diese Menschen befreien ... Es ist eine große Chance. Gott hat sie Ihnen geschenkt, damit Sie aller Welt zeigen können, daß Sie großmütig und gütig sind.

Amin: Wie geht es Ihnen, mein Freund, und Ihrer Frau?

Bar-Lev: Alle wohlauf. Soll ich zu Ihnen kommen!

Amin: Das würde mich sehr freuen.

Bar-Lev: Können Sie verhindern, daß sie töten, bevor ich komme?

Amin: Können Sie sich schnell an Ihre Regierung wenden, damit ich eine Antwort bekomme?

Bar-Lev: Gut, Sir, ich rufe Sie später wieder an.

Amin: Sie können mich anrufen, wann Sie wollen. Ich warte ... Ich spreche vom Flughafen aus. Ich habe seit drei Tagen nicht mehr geschlafen. Ich will diese Menschen retten.

Mittwoch, 30. Juni, 23.05 Uhr

Bar-Lev: Durch einen Freund habe ich die Nachricht an die Regierung weitergegeben. Sie sagten, sie nehmen Ihren Vorschlag an und handeln danach, über die französische Regierung, wie Sie es angeregt hatten. Ich versuche jetzt, irgendwie zu Ihnen zu kommen.

Amin: Wenn Sie kommen, werden Sie sich wie zu Hause fühlen ... weil Sie mein guter Freund sind. Ihnen passiert nichts.

Bar-Lev: Ich kann Ihnen und Gott vertrauen, sonst keinem.

Amin: Meine Tochter Sharon läßt Sie grüßen.

Bar-Lev: Danke, Exzellenz. Bis ich eine Möglichkeit gefunden habe, zu Ihnen zu kommen, könnten Sie da alle irgend nur möglichen Schritte unternehmen, um sicherzustellen, daß den Geiseln nichts geschieht?

Amin: Ich stehe jetzt mit dem Anführer der PFLP in Verbindung. Er ist gerade angekommen. Der Mann, mit dem ich vorher verhandelt hatte, war deren Nummer zwei. Jetzt ist der richtige Mann angekommen. Vor vierzig Minuten erklärte er mir, daß er seine Entscheidung nicht ändern wollte, wenn er bis morgen, 10 Uhr Uganda-Zeit, eine Antwort bekäme.

Bar-Lev: Exzellenz, ich werde alles tun, um zu Ihnen kommen zu können. Vielleicht kann ich Ihnen nützlich sein . . . Als ich die Nachrichten im Radio hörte, sagte ich: Jetzt hat mein Freund Idi Amin Dada eine große Gelegenheit, eine Chance, etwas wirklich Großes zu tun. Alle werden von ihm sprechen. Bitte, verhindern Sie das Blutvergießen. Ich werde versuchen zu kommen, um eine andere Lösung zu finden.

Amin: Aber sie haben 145 Juden zusammengezogen, und sie sagen, sie werden einen Ring aus hochexplosiven Sprengstoffen um sie legen. Darum muß sofort eine Antwort kommen.

Bar-Lev: Ich bin nur Privatmann . . . Denken Sie daran, ich habe Ihnen immer nur richtige Ratschläge gegeben, niemals falsche. Es ist Ihr Land und Sie sind der Präsident und Sie haben die Macht. Wenn etwas passiert, tragen Sie die Schuld. Aber wenn Sie sie retten, werden Sie ein Heiliger sein. Wie ist die Lage, Exzellenz?

Amin: Sie haben abgelehnt. Sie haben sie eingekreist, und sie sagen, sie können alle Geiseln und die ugandischen Truppen, die bei ihnen sind, in die Luft sprengen.

Bar-Lev: Verstehe. Ich glaube nicht, daß sie so viel Sprengstoff haben. Wie hätten sie per Flugzeug mit so viel Sprengstoff landen können? Exzellenz, verstehen Sie richtig: Sie wollen, daß Mörder freigelassen werden, die viele Morde begangen haben. Sie haben Frauen und Kinder getötet. Ich glaube nicht, daß Sie jemanden, der versucht hat, Sie zu töten, einfach laufenlassen. Bei uns, das müssen Sie verstehen, ist es nicht leicht, die Leute dazu zu überreden, Mörder freizulassen. Ich spreche zu Ihnen als Soldat. Sie würden niemals nachgeben und Mörder freilassen. Es ist nicht einfach. Ich bin davon überzeugt, daß Sie, der Präsident des Staates, nicht jemanden anders entscheiden lassen, was in Ihrem Land zu geschehen hat.

Amin: Da gebe ich Ihnen vollkommen recht. Aber die Lage ist im Augenblick sehr kompliziert, weil diese Leute ganze TNT-Ladungen mitgebracht haben, sogar am eigenen Leib. Es ist wirklich kompliziert.

Bar-Lev: Sir, ich werde noch ein, zwei Tage brauchen, bis ich Sie erreichen und Ihnen behilflich sein kann. Können Sie sie noch ein paar Tage ruhighalten?

Amin: Sie haben abgelehnt und bekanntgegeben, daß morgen mittag der Termin abgelaufen ist. Sie werden auf mich nicht warten, sie sagten, sie würden zusammen mit den Geiseln Selbstmord begehen. Sie haben schon alles vorbereitet, um auf den Knopf drücken zu können, um alles in die Luft zu jagen und sich selber auch.

Bar-Lev: Wo sind die Leute, im Hotel oder im Flugzeug? Wo schlafen sie?

Amin: Im alten Flughafengebäude von Entebbe, wir haben einen neuen Terminal gebaut ... Der alte ist nur ein Gebäude, und da halten sie alle Geiseln gefangen. Dort sind keine Flugzeuge. Wir mußten alle Flugzeuge wegschaffen. Das gesamte Flughafenpersonal ist nicht mehr in Entebbe. Um alles herum haben sie Sprengladungen gelegt ... Zwei Reihen mit hochexplosivem Sprengstoff, eine draußen, eine drinnen. Sie hatten den Sprengstoff im Flugzeug in Kisten. Ich glaube, daß gewisse Leute, vielleicht in Athen, bestochen worden sind, damit sie die Kisten nicht kontrollierten.

Bar-Lev: Wo ist das französische Flugzeug?

Amin: In meiner Nähe. Einige Leute mit Sprengstoff sind darin und haben alles vorbereitet, um es in die Luft gehen zu lassen. Wenn Sie Ihre Regierung überreden könnten, die Leute freizulassen, die Sie Kriminelle nennen ... Es ist besser, das Leben von 200 Menschen zu retten ... Sie sagten, sie werden alle töten. Sie fangen mit dem Sprengen des Flugzeugs an, dann werden sie alle mit Sprengstoff töten. Wenn ein Flugzeug nach Uganda kommt, sagten sie, wollen sie automatisch alles in die Luft jagen. Sie wollen über Frankreich verhandeln. Ich sagte ihnen, ich hätte einige Freunde in Israel wie Sie, General Dayan und sogar den Premierminister, daß ich mit denen verhandeln könnte, aber sie sagten, sie wollten nur die französische Regierung.

Bar-Lev: Bedenken Sie, Sir, Sie haben eine einmalige Gelegenheit, die Ihnen Gott geschenkt hat.

Amin: Sagen Sie Ihrer Regierung, sie muß Druck auf die Regierung von Kenya ausüben, damit diese die Gefangenen freiläßt, die dort inhaftiert sind.

Andernfalls passiert Kenya etwas Schreckliches. Der Anführer der Palästinenser sagte mir, wenn ich mit Ihnen Kontakt aufnehmen könnte, müßte ich mit Ihnen über Kenya sprechen . . . Wenn nicht, werde Kenya furchtbar bestraft werden.

Bar-Lev: Gut, Sir. Ich werde das beste tun, was ich tun kann, aber ich bin Privatmann. Ich sah für Sie eine große Gelegenheit, in die Geschichte einzugehen, als großer Mann, als Heiliger . . . Ich werde versuchen, das zu tun, um das Sie mich gebeten haben.

Amin: Sagen Sie Ihrer Regierung, daß ich Sie in einer bedeutenden Stellung sehen möchte.

Bar-Lev: Vielen Dank und gute Nacht, Sir.

Donnerstag, 1. Juli, nach 10 Uhr morgens,
kurz nach Ablauf des Ultimatums

Amin: Informieren Sie offiziell Ihre Regierung, daß die PFLP um 11 Uhr (14 Uhr Ostafrika-Zeit) eine Verlautbarung herausbringen wird. Das ist die einzige Antwort, die ich Ihnen geben kann. Das sind die Instruktionen, die ich von der Volksfront bekommen habe. O. K.? Wir hatten bis jetzt sehr schwierige Verhandlungen. Das beste ist, Sie warten die Verlautbarung ab.

Bar-Lev: Können Sie sagen, was los ist? Was sind die Hauptpunkte?

Amin: Sie wissen, daß es kein Geheimnis ist, was ich sage. Meine Stimme wird von der Stimme Amerikas aufgezeichnet.

Bar-Lev: Können Sie sie daran hindern, etwas zu unternehmen, bis ich eintreffe? Ich komme mit einigen sehr interessanten Vorschlägen.

Amin: Rufen Sie mich an, wenn Sie die Verlautbarung gehört haben.

Bar-Lev: Sir, wie konnte es geschehen, daß nachträglich PFLP-Leute nach Uganda kamen? In dem Flugzeug waren nur sechs. Jetzt sind es mehr als sechs . . . zwanzig oder noch mehr. Wie sind sie hereingekommen?

Amin: Sie waren im Flugzeug. Da waren nicht nur sechs, da waren ungefähr dreißig aus aller Welt. Niemand kam mit einem anderen Flugzeug nach Uganda. Zu Ihrer Information: Ich habe versucht, die Geiseln in einen Bus zu setzen und sie in eine andere Richtung bringen zu lassen. Aber die Entführer bestanden darauf, daß alle in das alte Flughafengebäude gebracht wurden. Für mich ist das sehr schwierig. Ich habe das beste getan, was ich konnte.

Ich glaube, daß Ihre Regierung die Verantwortung für das Schicksal der Israelis, der Passagiere mit Doppel-Staatsangehörigkeit und der übrigen Geiseln hat.

Bar-Lev: Meine Regierung versucht zu helfen, indem sie mich mit neuen Ideen zu Ihnen schickt . . . Ich sage Ihnen noch einmal, Sie haben die Möglichkeit von Gott erhalten, eine große Tat zu vollbringen, die in die Geschichte eingehen wird . . . Lassen Sie sich nicht von diesen PFLP-Leuten beeinflussen, nur weil sie gerade bei Ihnen herumsitzen und Ihnen alle möglichen Geschichten erzählen.

Amin: Mich beeinflussen die PFLP-Leute nicht. Ich treffe meine eigenen Entscheidungen. Ich tue alles, um das Leben der Israelis und der anderen Passagiere zu erhalten. Zu Ihrer Absicht, nach Uganda zu kommen: Es ist nicht notwendig, daß Sie kommen. Wenn Sie etwas außerordentlich Wichtiges mitzuteilen haben, hören Sie sich die Verlautbarung an, rufen Sie mich danach an, und ich werde Ihnen schon sagen, was zu tun ist. Ich betone noch einmal, wenn ich nicht alles Menschenmögliche getan hätte, wären alle Geiseln und auch die Besatzungsmitglieder nicht mehr am Leben. Sie müssen an meine Position denken. Sie dürfen mich nicht beleidigen, wie Sie es eben getan haben, als Sie sagten, ich arbeite mit den Luftpiraten zusammen, die keine unschuldigen Menschen sind. Aber meine Lage ist außerordentlich schwierig, das müssen Sie einsehen. Die ganze Welt muß das einsehen.

Bar-Lev: Ich weiß drei Dinge von Ihnen: Sie sind ein guter Soldat, ein Ugander und ein Mann, der nur auf Gott vertraut. Darum glaube ich, daß Sie ein Massaker und Blutvergießen verhindern können. Niemand kann Ihnen Anweisungen geben. Nur Sie können tun, was für Ihre Landsleute wichtig ist und was Gott befiehlt. Die PFLP-Leute haben kein Recht, so etwas auf dem Boden Ihres Landes zu machen.

Amin: Sie umgeben die Geiseln mit Sprengstoff und schicken meine Soldaten fort. Das Leben der Geiseln ist in ihrer Hand. Was kann ich jetzt tun?

Bar-Lev: Sie können ihnen klarmachen, daß sie Ihre Gäste sind und daß sie Ihr Land in eine komplizierte Lage gebracht haben . . . Wenn so etwas in Israel passiert wäre, und es ist schon passiert, würden wir es fertigbringen, die Geiseln zu befreien. Die Volksfront hatte in Israel niemals Erfolg mit dem, was sie tun wollte, auch nicht mit hochexplosivem Sprengstoff, weil wir ihnen nicht erlaubt haben, zu tun, was sie wollten. Die Welt wird die Ausrede niemals anerkennen, daß Sie und Ihre großartige Armee nicht in der Lage sein könnten, sechs bis zehn Leute zu überwältigen. Wie kann die Welt glauben, daß die PLFP in Uganda machen kann, was sie will, und die gesamte ugandische Armee kann sie nicht überwältigen?

Amin: Ich weiß, daß sie in Ihrem Land niemals Erfolg hatten und daß ich sie töten kann.

Bar-Lev: Sie gewähren ihnen Schutz. Sie leben in Uganda wie im Hotel. Sie sind gut Freund mit Palästinensern und Arabern. Deshalb sollten die Sie nicht in eine schwierige Lage bringen und Ihnen Kummer machen. Sie dürfen nicht sagen und denken, daß sie in Uganda operieren können, ohne sich darum zu kümmern, was in Uganda geschieht. Sie müssen Ihr Problem bedenken und nicht immer nur ihr eigenes. Sie sind ein guter Freund von ihnen, aber sie müssen auch einmal an Sie denken. Ich glaube, daß sie nichts unternehmen werden, wenn Feldmarschall Idi Amin sie bittet, nichts zu unternehmen und ihr Unternehmen einen Tag zu verschieben, bis ich dasein kann.

Amin: Es stimmt nicht, daß sie hier wie Gäste im Hotel leben. Sie sind mit den Geiseln zusammen, und wenn wir etwas unternehmen, gefährden wir das Leben der Geiseln, also das Leben aller. Sie sind nicht meine Gäste. Es ist wahr, daß sie meine Freunde sind. Ich möchte Frieden in Palästina. Das liegt in der Verantwortung Ihrer Regierung. Sie dürfen die zionistische Politik und die zionistischen Aktivitäten nicht fortsetzen.

Sonntag, 4. Juli, 1 Uhr nachts (nach dem Überfall durch die israelische Armee; Amin wußte noch nichts davon)

Bar-Lev: Sir, ich wollte mich für Ihre Zusammenarbeit bedanken. Ich danke Ihnen vielmals.

Amin: Sie wissen doch, daß ich keinen Erfolg hatte.

Bar-Lev: Vielen Dank für Ihre Zusammenarbeit. Was? Die Zusammenarbeit hat nicht geklappt? Warum nicht?

Amin: Habe ich überhaupt etwas getan?

Bar-Lev: Ich wollte Ihnen nur danken, Sir, für die Zusammenarbeit.

Amin: Habe ich etwas getan?

Bar-Lev: Ich habe genau das gemacht, was Sie wollten.

Amin: Wa . . . wa . . . was ist passiert?

Bar-Lev: Was passiert ist?

Amin: Ja?

Bar-Lev: Ich weiß von nichts.

Amin: Können Sie mir das erklären?

Bar-Lev: Nein. Ich weiß nichts. Ich bin gebeten worden, Ihnen für Ihre Zusammenarbeit zu danken.

Amin: Können Sie mir etwas über den Vorschlag sagen, den Sie erwähnten?

Bar-Lev: Ich bin von einem Freund, der gute Verbindungen zur Regierung hat, gebeten worden, Ihnen für die Zusammenarbeit zu danken. Ich weiß nicht, was das bedeuten soll. Sie wissen es sicher besser.

Amin: Ich weiß nichts, weil ich gerade in großer Eile aus Mauritius zurückgekommen bin . . .

Bar-Lev: Ach so.

Amin: . . . um das Problem zu lösen, ehe das Ultimatum morgen früh abläuft.

Bar-Lev: Ich verstehe sehr gut, Sir . . . Danke für die Zusammenarbeit. Vielleicht rufe ich Sie morgen früh wieder an. Sind Sie damit einverstanden?

Amin: Ja.

Bar-Lev: Sehr gut, vielen Dank, Sir. Good bye.